각자의 자리에서
최선을 다하고 있는
학생과 학부모님들께
작은 도움이 되기를
바랍니다.

2023. 1.
정승익 올림

어머니, 사교육을 줄이셔야 합니다

어머니, 사교육을 줄이셔야 합니다

정승익(EBS강사) 지음

메이트북스

메이트북스 우리는 책이 독자를 위한 것임을 잊지 않는다.
우리는 독자의 꿈을 사랑하고,
그 꿈이 실현될 수 있는 도구를 세상에 내놓는다.

어머니, 사교육을 줄이셔야 합니다

초판 1쇄 발행 2023년 1월 17일 | **초판 14쇄 발행** 2023년 12월 1일 | **지은이** 정승익
펴낸곳 (주)원앤원콘텐츠그룹 | **펴낸이** 강현규·정영훈
책임편집 안정연 | **편집** 남수정·최주연 | **디자인** 최선희
마케팅 김형진·이선미·정재훈 | **경영지원** 최향숙
등록번호 제301-2006-001호 | **등록일자** 2013년 5월 24일
주소 04607 서울시 중구 다산로 139 랜더스빌딩 5층 | **전화** (02)2234-7117
팩스 (02)2234-1086 | **홈페이지** www.matebooks.co.kr | **이메일** khg0109@hanmail.net
값 17,000원 | **ISBN** 979-11-6002-390-9 03370

교육의 참된 목적은
각자가 평생 자기의 교육을 계속할 수 있게 하는 데 있다.

· 존 듀이(교육학자) ·

수많은 사교육 비판서 중 하나일 수도 있습니다. 다 안다고 생각할 수도 있습니다. 그러나 계속 시도를 안 하면 우리 아이들은 계속 상처받습니다.

한 반에 아이들 30명이 앉아 있습니다. 이 중 선생님의 수업을 따라오는 아이는 단 3명입니다. 나머지 12명은 초중고 성실성이 몸에 배어 선생님을 바라봅니다. 그런데 초점이 없습니다. 보면 압니다. 나머지 15명은 그냥 시간을 흘려 보냅니다. 분명 초등학교 때부터 사교육으로 선행학습을 한 아이들인데 왜 이런 결과가 나오는 걸까요? 이 기묘한 괴리감은 어디서 시작되는 걸까요? 대한민국 부모님들 대부분 가지고 계신 막연한 불안감은 어디서 비롯되는 걸까요?

혹시 이번 대통령 후보 교육 공약은 알고 계시나요? 사실 이번 대선 후보들 간 교육 이슈가 별로 없었습니다. 왜 없었을까요? 대통령

후보 공약은 '시대 정신'을 담습니다. 없거나, 이슈가 되지 않았다는 건 우리 시대가 공교육에 관심이 없다는 겁니다.

우리는 우리 자식 명문대 입학하기 프로젝트를 모두 눈치 보며 기존에 해오던 방식대로 하면서 묵인하고 있습니다. 분명 상대평가로 경쟁의 날을 옆 친구에게 들이대고 있는 비교육적 현실을 잘 알면서도, 공교육이 무너지고 있는 모습을 잘 알면서도, 고치기보다는 아이들에게 이겨내라고 막무가내로 등을 떠밀고 있습니다. 미안하니까 돈이라도 써가며 사교육으로 지원을 해주면서 말이죠. 이게 우리의 현실이 아닌가요?

그래서 이야기해야 합니다. 정승익 선생님은 유튜브 채널을 통해 거의 매일 교육의 현실에 대해 이야기하고 공유하고 있습니다. 이책을 통해 또 한 번 우리가 정신줄을 놓지 않도록 도와주시리라 믿습니다. 선생님들이 인정하는 진짜 선생님인 정승익 선생님의 사교육 진단법은 거시적인 진단보다 우리 부모님들과 학생들의 실생활에 직접 도움을 줄 수 있는 미시적 진단을 해드릴 겁니다.

아무쪼록 이 책이 계란으로 바위치기 끝에 결국, 바위를 뚫어내는 첫 페이지가 되리라 믿습니다. 저도 함께하겠습니다.

최태성('큰별쌤'으로 불리는 한국사 1타 강사)

　공교육 안에서 바라볼 때보다 밖에 나와 보니 사교육 시장은 훨씬 더 컸습니다. 영어만 해도 취학 전의 영어 유치원부터 퇴직 이후의 교양 영어까지 인생 전체를 커버할 정도의 방대한 스펙트럼을 자랑했습니다. 문제는 우리의 삶은 영어 외에도 수많은 과목과 주제의 교육 과업으로 가득 차 있다는 것입니다. 특히 대부분의 자녀들이 학교생활과 맞물려 겪게 되는 다양한 사교육 프로그램은 학군지와 비학군지라는 영역을 만들고 부모들의 거주 선호도에까지 영향을 미치게 될 정도입니다.

　교육과 노력, 경쟁의 조합으로 한국인들은 엄청난 성장을 이루었습니다. 그러기에 사교육과 맞물려 있는 교육 성과라는 것에 아직도 많은 부모님들은 의존할 수밖에 없는 실정입니다. 문제는 사교육은 공교육의 그림자처럼 계속 존재할 수밖에 없다는 사실이고, 노력과 경쟁이라는 공식에서 오는 불안감으로 그 위세가 좀처럼 꺾이기 힘들 것이라는 전망입니다.

하지만 초중고 교육을 다 해보고, 직접 자녀를 키우는 교육자로서 내린 결론은 결국 공부의 허리싸움과 마무리는 자기주도학습이 있어야 한다는 점입니다. 사교육 자체가 100% 필요 없다는 것이 아니라, 결국 학습자가 주체가 되는 학습 동력이 있지 않으면 인생 속에서 끊임없이 불안함 속에 과도한 지출을 할 수 있다는 것입니다.

맞벌이 시대이고 고물가 시대입니다. 앞으로 물가는 더 올라갈 것이고, 예전보다 물질적으로 풍요로워졌지만 지금 세대의 미래는 좀 더 단단한 대비가 필요합니다. 그러기 위해서는 사교육에 있는 거품과 우리가 사교육을 바라보는 거품을 걷어내면서 교육의 본질, 그리고 자녀의 행복, 나아가 진정한 능력이 무엇인지에 대해 다시 한 번 진지하게 토론해야 합니다.

이런 시기에 정승익 선생님의 다각도의 통찰이 담긴 이 책은 반갑기 그지없습니다. 공교육과 EBS, 그리고 강남구청 인터넷방송, 다수의 출간과 강연 등으로 공·사교육을 넘나드는 선생님의 입체적인 생각을 바탕으로 모든 가정에서 사교육에 대해 깊이 생각하고 고민하는 시간을 갖게 되길 강력히 권합니다.

허준석 (교육 크리에이터 혼공쌤)

학부모라면 최대 고민인 '사교육'이라는 부분에 대해서 어떻게 보면 조심스러울 수도 있는 부분인데 항상 진심으로 의견을 나누어주셔서 감사한 마음입니다. 목차를 보니 사교육 문제뿐만 아니라 궁극적으로 우리 아이들을 어떻게 잘 키울 수 있을지 고민하고 깊게 생각해볼 수 있는 부분들이 많이 담긴 것 같아서 너무나 기대가 되는 책입니다. 평소 '함께 잘 키우자'고 '같이'의 가치를 강조하시는 선생님이셔서 이 책 한 권에 담긴 선생님의 선한 영향력을 빨리 만나보고 싶어 출간일만 눈이 빠지게 기다리고 있습니다. **jun****u**

학업에 관련된 학원들은 한 군데도 안 보내고 집에서 아이와 함께 공부하는 저에게 정말 빛 같은 책이네요! 맘으로는 자기주도학습이 제일 중요하다 생각하며 서두르지 말자, 조급해하지 말자 하면서도 막상 아이들이 자라나는 모습을 보면 이 정도는 해야 하지 않을까, 다른 애들은 이것저것 한다던데 하는 불안감에 아이를 다그치게 되고 돌아서서 후회하는 날들이 쌓이다 아이와 멀어질까 걱정이 되기도 합니다. 때마침 인스타에서 이 책을 출간하신다는 글을 보았고 손꼽아 기다리고 있네요. 어서 만나보고 싶습니다! **ZZ***zi**

사교육 대한민국! 어느덧 사교육 없이는 대한민국의 교육을 논할 수 없는 게 현실이 되어버렸습니다. 두 아이가 중고등학생이 되니 부모는 스스로의 노년을 준비하지도 못한 채 아이들 사교육비에 많은 지출을 하고 있는 게 사실이네요. 불안해서, 공교육을 신뢰하지 못해서 등등의 이유로 사교육비를 줄이지 못하고 있습니다. 정말 줄일 수 있을까요? 열정과 바름의 대명사 정승익 선생님이라면 해법을 알려주실 것 같아 기대가 큰 도서입니다. **yu****ha**

EBS 유명 영어 강사이신 정승익 선생님께서 직설적으로 이야기하시는 제목부터 기대감과 호기심을 매우 강하게 유발시키고 있습니다. 넘치도록 사교육을 받고 있는 아이들이 사교육을 계속 많이 받게 된다면 어떤 부작용이 있을지 선생님의 경험에서 우러나온 진실한 이야기를 어서 듣고 싶습니다. 돈벌이로 아이들을 이용만 하는 사교육 업계 관계자들 틈에서 경종을 울리는 선생님의 진심, 사명감을 느낄 수 있어서 매우 기대됩니다. **de****mi**

늘 마음 한구석에 있는 '이게 과연 맞을까?'에 대한 명쾌한 해답을 찾을 수 있을 거라는 기대로 이 책을 기다립니다. 사교육을 시키는 데에 정답은 없지만, 많은 경우를 지켜보신 선생님이시라 해답을 찾는 길은 보일 거 같아요. 정말 기다리고 있습니다. **vlft****21**

저도 아이들을 가르치고 있는 강사지만 사교육을 줄인다는 말에 동의해요. 실제로도 제가 수업하는 아이들의 부모님께 무조건 사교육을 늘이는 것이 좋은 것은 아니며, 제 수업 또한 필요하다면 아이의 상황에 따라 종료하는 방법이 있다고 말씀드리지요. 선생님의 교육 철학을 진심으로 존중하고 선생님께서 가시는 길을 응원합니다. 이번에 나올 책 또한 정말 기대가 됩니다. **hy****ssar**

사교육을 줄이겠다고 결정한 이후에 현실성 있는 실천방법을 마련하는 데에 도움이 되었으면 좋겠습니다. 많은 학부모들이 사교육의 병폐를 알면서도 다수가 가지 않는 길을 선택할 때의 불안감 때문에 사교육에서 벗어나지 못하기도 하니까요. 그러니까 '왜'보다는 '어떻게'에 대한 답을 구하는 데 도움이 되길 기대합니다. **konga****93**

매달 드는 사교육비가 부담이 되면서도 안 시킬 수 없는 부모 마음을 공감해주고 읽어주실 것 같은 책이네요. 어떤 내용일지 기대하고 있습니다. 가정경제를 위해 사교육을 하더라도 똑똑하게 할 수 있는 방법, 혼공하는 자녀를 위해 부모가 도와줄 수 있는 방법 등 실질적인 내용 기대합니다. **lov***ag**

중학생 아이를 학원에 안 보내고 온라인 수업만 시키고 있는데 그러면서도 매번 고민이 됩니다. 학원을 보내야 되나, 지금으로도 괜찮을까 하고 말이죠. 책을 읽으면서 제 생각도 정리가 되길 바라는 마음이 커서 책 출간을 기대하고 있습니다. my****to

학원을 다니면서 학습량에 치여 버거워하는 아이를 볼 때면 이게 아이에게 맞는 걸까 하는 생각이 들곤 해요. 저와 같은 생각을 하는 많은 학부모들에게 용기와 조언을 주는 책이 될 것 같아 기대가 됩니다. 꼭 읽어보겠습니다. iwil****

경제력에 비해 매우 과도한 사교육비가 지출되고 있어요. 하지만 주변에 비해 절대 많지 않고 최소한이란 생각이 듭니다. 제 생각의 전환과 충격이 필요한 걸까 하는 고민이 깊습니다. 이 무한 굴레를 벗어날 선생님의 책을 고대합니다. jin****ry

지금까지 학원을 안 보내고 있는데 고학년이 되니 마음이 초초해지네요. 이 책을 보면서 마음을 다시 잡을 수 있을 것 같아서 기대됩니다. 뭐가 맞는지 몰라 확신이 없는 학부모들의 마음을 잘 읽어줄 수 있는 책인 것 같아요. ze****10

아이에게 스스로 찾아서 공부하는 힘을 길러주기 위해 여러 가지 방법을 공부하고 찾아보는 엄마입니다. 작년부터 사교육을 서서히 줄이고 아이의 공부자립심을 찾아줄 현명한 방법을 이 책에서 찾을 수 있을 것 같아서 무척 기대가 됩니다. **yeoj****ang**

저는 현재 사교육 없이 자기주도적으로 혼공하는 아이를 키우고 있습니다. 저희 아이는 겨울이 지나면 중1이 됩니다. 아무래도 불안한 마음에 학원을 고민하면서 흔들리고 있었습니다. 그런데 제 아이가 저를 잡아줍니다. 친구들이 학원에서 무슨 교재로 공부하는지 다 봤는데 자신이 하는 공부와 다르지 않다고 말합니다. 너무 미안하고 고마운 아이입니다. 이런 저희 가정에 선생님의 책이 괜찮다고 너무 잘하고 있다고 응원해주시는 것만 같아 이 글을 쓰는 동안 눈물이 쏟아집니다. 빨리 읽으며 책 속에서 저와 저희 아이의 혼공의 길을 칭찬받고 응원받고 싶습니다. **tere****03**

사교육이 필수인 시대에 어떻게 사교육을 해야 하는지 막막하고, 혼공만 할 수도 없는 상황에서 사교육 사용을 적절히 해야 하는지 혼란스러운 부모와 학생들에게 적절하고 절실한 이 시대에 꼭 필요한 책이라 너무 기대가 됩니다. **twinkl****ear**

교육학을 공부하고 있는 교육학도입니다! 우리 교육에서 공교육과 사교육 모두 중요하지만, 과열된 사교육 분위기로 인해 입시체제의 붕괴까지 여러 이야기가 나오고 있는 모습을 보면 많이 아쉬운 마음입니다. 공교육으로도 충분히 좋은 결과, 성과를 낼 수 있음을, 더 나아가 사교육 과열의 문제가 해결될 수 있기를 이 책을 통해 많은 사람들이 알 수 있는 좋은 기회가 되길 바랍니다! jaehyu****25

초등5학년과 2학년 두 아이를 사교육 없이 키우는 엄마입니다. 독서와 취미활동을 충분히 하면서도 다행히 학교 수업도 잘 따라가주니 감사할 따름입니다. 주변 친구들은 학원 스케줄로 바쁘다 보니 놀 시간도 없고 오히려 수업시간에 학원숙제를 몰래하는 아이들도 있다니 안타까운 마음이 들었습니다. 선생님의 책이 학부모들에게 교육에 대한 방향성을 제시하고, 사교육에 대해 한 번 더 생각해보게 하는 계기가 되었으면 좋겠습니다. clic****7

지나친 사교육에서 허우적대지만 방법을 몰라 어찌지 못하는 대다수의 학부모들에게 정말 큰 도움이 될 것 같습니다. 고학년이 되는 아이를 키우며 흔들릴 때가 많은데, 소신을 가진 교육을 이어갈 수 있도록 꼭 읽어보겠습니다. 너무 기대됩니다! fashi***6

불안감에 떠밀리듯이 시키는 사교육은 이제 그만!

7%의 확률인 '인서울 명문대'

인서울 대학교는 서울특별시 내에 소재하는 대학들을 말합니다. 서울 소재의 4년제 종합대학들은 43개 정도가 있습니다. 생각보다 서울에는 많은 대학들이 있습니다.

서울 소재의 대학보다 입학 커트라인이 높은 지방 대학들도 다수 존재합니다. 그러니 이 책에서는 이해를 돕기 위해서 '인서울 명문대'라는 표현을 쓰겠습니다. 이 책에서 말하는 인서울 명문대는 서울에 소재하고 있으면서 입학 성적 기준으로 상위 10위권 안팎의 대학들을 가리킵니다. 대학의 서열화를 조장하는 것이 아닌, 일반적으로 통용되는 표현을 사용한 것으로 이해해주시길 부탁드립니다.

인서울 명문대의 입학 정원은 전체 수험생의 7% 수준입니다. 우리 아이가 인서울 명문대에 입학하려면 그 해 시험을 치르는 전체 수험생 중에서 상위 7% 안에 들어야 한다는 의미입니다.

우리 아이가 어떤 능력으로 상위 7%에 포함될 수 있을까요? 전국에서 7% 안에 드는 공부 머리를 가지고 있다면 가능할 겁니다. 전국에서 7% 안에 드는 공부량을 확보할 수 있는 경우에도 목표 달성이 가능할 겁니다.

혼자서는 이 목표를 달성하기 어려울 것 같기에 각 가정에서는 자녀를 학원에 보냅니다. 혼자서는 도저히 공부를 하지 않으니까, 아이가 주도적으로 계획을 세워서 공부를 지속하지 못하니까 부모는 학원에 보냅니다. 많은 가정에서 아이를 학원에 보내지 않으면 안 될 것 같은 마음에 사교육비를 지출하고 있습니다. 그런데 이렇게 학원에 간 아이가 과연 '사교육의 힘'으로 전국에서 상위 7% 안에 드는 입시 결과를 얻을 수 있을까요?

그래도 불안해서 시키는 사교육

사교육을 시키는 부모의 마음에는 확신보다 불안의 감정이 더 많습니다. 목적지가 어딘지 몰라도 주변에서 달리니까 함께 달리는 겁니다. 하지만 '불안한 마음'이 사교육의 원인이 되어서는 안 됩니다.

사교육을 시키더라도 확신을 가지고 시켜야 합니다. 주관 없이 불안한 마음에 이것저것 시키면 사교육의 효과도 없고, 돈도 잃습니다.

"사교육은 나쁘니까 무조건 시키지 말자"는 식의 이야기를 이 책에서 하지는 않을 겁니다. 그보다는 사교육 이전에 생각해야 할 '교육의 본질'에 대해 이야기하고자 합니다. 무작정 학원에 보내는 것이 아니라, 사교육을 시키기 전에 부모와 자녀가 가정에서 할 수 있는 것들에 대해서 먼저 이야기를 나누려고 합니다. 그리고 왜 그래야만 하는지를 함께 고민해보려 합니다.

'시켜서'는 최고가 될 수 없습니다

2022년 제16회 반 클라이번 국제 콩쿠르에서 18세의 나이에 우승을 차지한 임윤찬 씨는 친구들이 태권도를 배우러 다니는 것을 보고 자신도 뭐라도 배워야겠다 싶어서 7세 때 아파트 상가에서 피아노를 배우기 시작했다고 합니다. 이후 피아노에 푹 빠지게 되어 하루에 12시간 이상씩 새벽 4시까지 피아노 연습을 했다고 합니다.

누군가 시킨다고 해서 하루에 12시간씩 새벽 4시까지 이어지는 고된 연습을 10년 넘게 할 수 있을까요? 여러분의 자녀에게 "네가 10년간 하루 12시간씩 피아노를 치기만 하면 세계 대회에서 우승할 수 있다"고 말하면서 연습을 시키면 과연 아이는 10년의 고된 연습을 견딜수 있을까요? 아마도 한 달도 되기 전에 도망칠 겁니다. 이런 노력은 절대로 시켜서 할 수 있는 일이 아닙니다.

임윤찬 씨는 인터뷰에서 유명해지고 싶은 마음이 없다고 했습니다. 산속에 들어가서 피아노만 치고 싶다고 말합니다. 0.1%도 커리어에 대한 욕심이 없다고 합니다. 그저 피아노가 너무 좋은 겁니다. 그렇게 피아노에 미쳐서 살고 있고, 그러고 싶은 겁니다. 이렇게 피아노를 사랑하기 때문에 시키지 않아도 매일 12시간씩 피아노를 쳤고, 마침내 세계적인 수준에 이르게 된 것입니다.

공부가 아이들에게 의미가 있으려면

임윤찬 씨가 7세에 시작해서 18세에 세계 대회 우승이라는 성과를 올린 것은 우리네 교육과정과 묘하게 비교됩니다. 7~8세에 시작하는 초등 교육은 18세 무렵에 '대입'이라는 결과로 한 매듭이 지어집니다. 우리 아이들도 고3이 다가올수록 점점 공부량이 많아지고, 마침내는 하루 12시간 또는 그 이상 공부에 매진하게 됩니다. 그리고 이 공부량을 달성한 학생들만 본인이 원하는 대학에 입학할 수 있습니다.

공부를 정말 싫어하는데, 누가 시킨다고 해서 임윤찬 씨가 피아노를 연습하는 것처럼 10년을 공부할 수 있을까요? 절대로 불가능할 겁니다. 우리 아이들이 공부를 통해 가야 할 길도 임윤찬 씨의 피아노 수련 과정과 비슷합니다. 피아노라고 해서 공부보다 더 재밌을 것도 없습니다.

세계 정상 수준에 오른 연주자들은 하루하루 피나는 연습을 했습니다. 노는 것을 포기하고, 세상의 재밌는 것들과 담을 쌓고, 매일 같은 연습을 반복하는 것이 공부보다 결코 재밌지 않을 겁니다. 다만, 그들은 분명히 이 연습이 자신들에게 의미가 있다고 생각하면서 하루하루 최선을 다했을 겁니다.

여기서 '악기'를 '공부'로 치환해보겠습니다. 공부가 아이들에게 의미가 있어야 하고, 시키지 않아도 스스로 찾아서 공부를 해야 하고, 많이 힘들어도 견딜 수 있어야 합니다. 그래야 이 경쟁 세계에서 원하는 목표를 달성할 수 있습니다. 자녀가 한 살이라도 어릴 때 부모는 어떻게 하면 우리 아이가 이런 마음가짐과 습관을 가질 수 있을지를 고민해야 합니다.

임윤찬 씨도 피아노 학원을 다녔고, 개인 레슨도 받았습니다. 하지만 그 뒤에는 본인의 피아노에 대한 애정, 동기부여, 그리고 엄청난 연습량이 수반되었습니다. 마찬가지로 아이가 공부를 하다 보면 학원도 보내게 되고, 과외도 받게 됩니다. 그걸 하지 말자는 이야기가 아닙니다. 피아노를 싫어하는 아이에게 고액의 레슨을 받게 하는 것이 의미가 없고, 30분도 피아노 앞에 앉아 있지 못하는 아이에게 10시간의 피아노 연습을 강제하는 것이 불가능하다는 이야기를 하는 겁니다. 공부할 의지가 없는 아이에게 사교육을 퍼붓는다면 원하는 결과를 얻기보다는 도리어 역효과가 날 가능성이 훨씬 더 높습니다.

사교육비의 딜레마에서 벗어나기

이 책에 다루는 내용은 대다수의 평범한 가정과 함께 나눌 이야기입니다. 매달 지출되는 사교육비가 분명히 부담스러운데, 안 쓰자니 불안감을 느끼는 가정과 함께 고민하려고 합니다. 그리고 그 가정에서 자라는 아이들이 초중고 12년을 어떻게 하면 안전하게 또 효과적으로 보낼 수 있을지에 대해서 이야기합니다. 우리 가정의 형편 안에서 무엇을, 어떻게 해야 하는지를 구체적으로 제시하는 책이 될 겁니다.

교육 분야의 흥미로운 점은, 결과에 영향을 미치는 수많은 변인들이 존재하기 때문에 어떤 변인이 결과에 영향을 미쳤는지 정확하게 파악하기 어렵다는 것입니다. 아이들이 초중고 12년을 보내면서 부모, 가정환경, 타고난 유전인자, 친구 관계, 학교, 선생님, 교재, 강의, 학원을 비롯해 수많은 것들이 아이의 12년 과정에 영향을 미칩니다. 하지만 그 많은 요인들 중에서도 '본질'이라는 것이 존재합니다.

사교육이 본질이라면, 사교육을 받지 않고 교과서만 보고 서울대에 입학하는 아이들이 없어야 합니다. 사교육은 분명 교육의 결과에 영향을 미치는 요인 중 하나입니다. 하지만 그것이 전부는 아닙니다. 연구와 경험을 통해서 증명이 된 '교육의 본질에 더 가까운 것들'이 존재합니다. 이 책에서는 이러한 교육의 본질에 대해서 우선적으로 이야기를 나누고자 합니다.

인서울, 자녀가 못할 수 있습니다

우리는 결과로 많은 것들이 평가되는 세상에 살고 있습니다. 만약 자녀가 인서울 명문대에 입학을 못하면 지난 19년 또는 그 이상의 세월이 모두 무의미해지는 건가요? 인서울 명문대의 입학 정원이 전체의 7% 수준인 것을 감안하면 그렇게 평가하는 것은 아이에게 너무 가혹합니다.

비겁한 이야기 같지만 현실적으로 우리 자녀가 바늘구멍 같은 인서울의 구멍을 통과하지 못할 가능성이 훨씬 더 높습니다. 인서울 명문대 정원이 7% 수준이라면, 우리 아이가 나머지 93%에 속할 확률이 10배는 더 넘습니다.

교육에는 수많은 변인들이 작용합니다. 초등학교 고학년만 되어도 부모 품을 떠난 아이들은 수많은 경험을 하게 됩니다. 그 과정에서 부모의 생각과는 전혀 다르게 성장할 수 있습니다. 이제 갓 열 살이 된 아이가 스무 살이 되었을 때 어떤 모습일지 상상할 수 있나요? 말 그대로 그것은 상상에 불과합니다. 지금 책상에 앉아 있는 자녀가 내년에 어떤 생각과 태도로 공부를 할지도 감히 상상하기 어렵습니다. 교육의 결과는 정말 예측 불가입니다.

그렇다면 부모는 어떻게 자녀를 교육해야 할까요? 부모가 생각하기에 보다 더 본질에 가깝다고 생각하는 방식으로 교육을 해야 할 것입니다. 부모가 생각하는 원칙과 본질을 지켜 '과정'에 집중해야 합니다. '결과'는 어쩌지 못해도 '과정'만은 부모가 뜻대로 운영할 수 있습니다. 이 책에서는 초중고 12년의 과정 동안 부모와 자녀가 할 수 있는 것들에 대해서 이야기를 할 겁니다.

플라톤의 '동굴 우화' 속 죄수들

그리스 철학자 플라톤의 '동굴 우화'를 아시나요? 그는 우리가 사는 세상 말고 '이데아'라는 더 완전한 세상이 존재한다고 주장했습니다. 그리고 우리가 살고 있는 세상은 이데아의 그림자에 불과한 불완전한 곳으로 보았습니다.

플라톤의 대화편 『국가』에서 제시된 동굴 우화를 보면, 동굴 안에 갇혀 있는 죄수들은 동굴 벽에 있는 너울거리는 그림자만 볼 수 있도록 묶여 있습니다. 그들이 아는 것은 그 그림자들이 전부입니다. 그중 한 죄수가 동굴 밖으로 올라가서 진짜 세상을 보고 동굴로 내려옵니다. 그리고 나머지 죄수들에게 바깥세상의 진실에 대해서 알리지만, 묶여 있는 동굴 속의 죄수들은 동굴 밖의 이야기를 믿지 않고 오히려 그를 조롱합니다.

우리가 살고 있는 이 세상은 동굴 속일까요, 동굴 밖일까요? 제가 이 책을 집필하면서 가장 경계했던 것이 이 책의 내용이 또 다른 혼란을 가져오는 것입니다. 지금 학원에 다니면서 착실하게 공부하는 학생이 있는 가정에서 제 이야기를 듣고 괜한 불안감을 느끼실까봐 책을 쓰는 내내 고민했습니다.

저는 제가 믿고 있는 동굴 밖의 태양을 소개하는 것입니다. 여러분이 굳게 믿고 계신 길에 큰 문제가 없다면 그 길로 가셔도 됩니다. 확신을 가지고 교육을 하고 계신 가정에서는 제 이야기를 참고만 해주세요. 분명 참고하실 만한 내용이 있을 겁니다.

플라톤이 말하는 동굴 입구 언저리에서 다시 동굴로 들어갈지, 세상 밖으로 나갈지를 고민하면서 자녀 교육에 혼란을 겪고 계신 분들이라면 저의 이야기에 귀를 기울여주세요. 최종적으로 어디로 향할지는 여러분이 결정하시면 됩니다.

저 또한 부모가 되니

부모가 되니, 이 자리가 참 어렵게 느껴집니다. 아이에게 지나친 기대를 하면 독이 되지만, 너무 기대를 하지 않고 방임을 하는 것도 문제가 됩니다. 잔소리를 많이 해도, 그렇다고 칭찬을 너무 많이 해도 아이에게 좋지 않다고 합니다.

교육에 관련된 정보가 쏟아지는 현대 사회를 살다 보니 그에 맞추어 부모로서 사는 일이 참 쉽지 않습니다. 자녀 교육에 대해서 알수록 충분히 부모 역할을 하고 있지 않은 것 같아서 마음이 무거워집니다. 저는 부모도, 자녀도 행복하면 좋겠습니다. 그리고 그런 방법에 대해 터놓고 이야기를 하고 싶습니다. 이 책을 통해서 솔직한 이야기들을 나누려고 합니다.

어릴 적 시골에 외갓집이 있었습니다. 방학 때 외갓집을 방문하면 오랜만에 만난 친척끼리 작은방에 모여서 도란도란 살아가는 이야기를 나누었습니다. 요즘은 그런 자리가 참 드물지요. 이 책을 통해서 그렇듯 편하게 도란도란 이야기를 나누었으면 합니다.

교육에 열을 올리는 지역에서 사교육을 줄이자는 이야기를 꺼냈다가는 당장 자리에서 쫓겨나실 겁니다. 하지만 그분들도 사교육에 대해서 불안한 마음이 있기 때문에 다른 의견을 듣고 싶지 않으신 겁니다. 어쩌면 우리 모두는 비슷한 마음입니다. 이 책에서 여러분들과 정말 솔직한 이야기를 나누고자 합니다. 책을 다 읽으신 후에는 자녀 교육에 있어서 여러분들만의 확신을 가질 수 있기를 바랍니다.

두 아이와 함께 거실에서

정승익

차
례

2부

사교육 줄이는 법 | 부모 실천 편 |

3부

사교육 줄이는 법 | 학생 실천 편 |

어머니, 사교육을 줄이셔야 합니다

어머니, 사과목을 좋아셔야 합니다

1부

사교육을 줄여야 하는 이유

'사교육'은 자녀를 키우는 부모라면 반드시 고민하게 되는 문제입니다. 전 세계 어디든 입시 경쟁이 있는 곳에서는 사교육이 활성화되어 있습니다. 더 빨리 원하는 목표에 달성하기 위함이죠. 시스템적으로 사교육이 생겨나고 이에 대한 수요가 늘어나는 것은 선택의 자유가 보장된 현대 사회에서 막을 수 없는 일입니다.

문제는 우리 가정입니다. 여러분들은 확신을 가지고 사교육을 하고 계신가요? 투자한 만큼의 성과가 나올 것이라고 믿고 계신가요? 혹시 불안한 마음에 막연하게 사교육을 하고 있지는 않으신가요? 실제로 사교육의 효과가 전혀 없지는 않나요? 그럼에도 불안한 마음에 매월 사교육비를 우는 심정으로 지출하고 계시진 않나요?

우리는 사교육에 대해서 솔직하게 이야기를 나눌 기회가 없습니다. 불안한 마음에 집집마다 사교육을 시키고 있는 상황에서 사교육을 줄이겠다고 하면 다들 이상한 시선으로 쳐다볼 겁니다. '괴짜 엄마, 현실 감각이 없는 아빠'로 취급받을 수 있습니다. 그래서 생각은 하면서도 말을 꺼내기가 어렵습니다.

한 달에 학원 수강으로 두 과목을 공부시키면 60만 원 정도의 비용이 듭니다. 매월 60만 원을 12년간 지출하면 원금만 8,600만 원 정도가 됩니다. 이 돈을 매월 적금으로 넣으면 12년간 딱 1억이라는 금액이 만들어집니다. '1억으로 사교육을 할 것인가? 적금을 할 것인가?' 우리는 이 이야기를 좀 더 솔직하게 할 필요가 있습니다.

치열한 경쟁 사회에서 주변 학부모님들과 이런 이야기를 터놓고 하기가 결코 쉽지 않을 겁니다. 1억을 아껴서 적금 들겠다고 하면 교육에 무지한 자린고비 엄마 취급을 받을 수도 있습니다. "아낄 곳이 없어서 교육비를 아끼냐"는 손가락질을 당할 수도 있습니다.

사실 그들도 불안해서 그러는 겁니다. 본인들도 사교육에 대한 확신이 없는 상황에서 누군가가 다른 생각을 하는 것이 불안한 겁니다. 자신에 대한 확신이 없는 것은 불안을 유발하는 제1요소입니다. 자기 확신이 있다면 남들이 어찌 하든 상관할 바가 없습니다. 우리 모두 불안합니다. 매일의 삶은 전투 같은데 이 전투의 끝에 승리가 있을지 확신이 없습니다.

이 책은 사교육을 다 같이 그만두자는 이야기가 절대 아닙니다. 사교육은 무조건 나쁘고, 사교육을 안 시킨다고 해서 꼭 원하는 교육의 성과가 나오는 것도 아닙니다. 마치 스마트폰을 쓰면 나쁘고 안 쓰면 잘하는 것이 아닌 것과 비슷합니다. 스마트폰을 쓰면서도 공부를 잘하는 아이가 있고, 스마트폰을 안 쓰는데도 공부에 집중을 못하는 아이도 있습니다. 그래서 우리는 시간을 들여서 사교육에 대해서 다방면으로 이야기를 나누어야 합니다.

1부를 읽고 난 이후에 교육에 대한 계획을 세우는 일은 각 가정의 몫입니다. 단, 교육비를 쓰시더라도 좀 더 확신을 가지고 쓰시고, 돈을 안 쓰신다면 주변 눈치 안 보고 자신 있게 계획대로 하시면 됩니다. 우리가 여기서 나누는 이야기가 여러분의 확신에 힘을 실어줄 수 있기를 바랍니다.

사교육은 계속될 것이지만
고민이 필요합니다

대한민국 입시 시스템의 문제점

우리나라에 조기교육의 열풍이 분 것은 '세계화'라는 추세가 대세가 되었던 1990년 무렵입니다. 지금으로부터 30년도 더 된 일입니다. 조기교육과 사교육은 결이 비슷합니다. 다른 가정보다 조금 더 빨리, 조금 더 앞서 자녀를 교육해서 경쟁에서 우위를 점하겠다는 겁니다. 그리고 30년이 지난 지금, 사교육비는 매년 늘고 있습니다.

"사교육이 나쁘니까 줄여야 한다"고 말하는 것은 사교육에 종사하고 계신 많은 강사들에게 실례라고 생각합니다. 그들은 사명감을 가지고 아이들을 지도하고 있습니다. 우리가 문제 삼아야 하는 것은 '대한민국의 입시 시스템'입니다.

아이들의 입시를 결정하는 수능 시험과 고등학교에서의 내신 시험은 상대평가로 실시됩니다. 상대평가는 내 옆의 친구보다 나의 성적이 더 높아야 내가 원하는 등급을 받을 수 있습니다. 옆 친구보다 앞서기 위해서 더 많이 공부해야 하는데, 공부할 수 있는 시간은 모두에게 24시간으로 똑같이 주어지다 보니 더 효율적으로 공부하기 위해서 사교육을 찾게 되는 겁니다.

대한민국 입시 시스템에 대해서는 학생, 학부모, 학교 등 모든 교육 주체들이 문제의식을 느끼고 있습니다. 그래서 새로운 시험 시스템인 IB(International Baccalaureate, 국제 바칼로레아)의 도입이나 서·논술형 수능의 도입이 논의되고 있습니다. 하지만 단기적으로 보면 대한민국의 입시 시스템은 근본적인 변화가 없을 것이고, 우리는 무한경쟁에서 계속 사교육비를 지출해야 할 것입니다. 따라서 사교육은 계속될 수밖에 없습니다.

공부를 통한 신분 상승을 꿈꾸는 사회

우리나라는 경제적으로 양극화가 가장 심한 나라로 손꼽힙니다. 매년 경제적으로 발전하고 있지만, 소득 상위 10%와 소득 하위 50%의 차이는 갈수록 벌어지고 있습니다.

상위 10%의 금수저가 아닌 평범한 가정에서 태어나면 남들보다 더 노력을 해야 하는 상황에 처하게 됩니다. 그리고 성공하기 위한 수단으로 '명문대 입학을 통한 신분 상승'을 제일 먼저 떠올리게 됩니다.

실제로 우리 사회는 공부를 통한 성공의 길이 어느 나라보다도 잘 보장되어 있습니다. 누구나 공부를 마음껏 할 수 있고, 계급이 존재하는 사회도 아닙니다. 그러다 보니 우리는 10년 전에도, 20년 전에도 그랬던 것처럼 공부에 매달립니다.

저 또한 이런 과정을 거쳤습니다. 학창 시절에 집안이 어려워져서 무조건 공부를 열심히 해야겠다는 생각이 있었습니다. 부유해 보이는 친구들은 여유가 있어 보였고, 그렇지 않은 저는 공부라도 그들보다 더 열심히 해야겠다는 생각을 했습니다. 직업을 선택할 때에도 안정적인 직장을 우선적으로 찾았고, 그래서 찾은 것이 학교 교사였습니다.

모두가 공부를 통한 신분 상승을 꿈꾸는 사회에서 사교육은 반드시 존재할 것이라고 생각합니다. '신분 상승'이라는 목표를 둘러싼 사교육의 수요가 굳건하기 때문입니다.

스마트폰을 통한 정보의 과잉 노출

현대의 산업은 기존에는 없던 사람들의 욕구를 만들어서 물건을 팝니다. 스마트폰, 아이패드가 대표적입니다. 스마트폰이 없어도, 아이패드가 없어도 우리는 일상생활이 충분히 가능했습니다. 카카오톡으로 시시각각 연락을 주고받지 않아도 우리는 친구와 약속도 잡고 잘 만났습니다. 하지만 산업은 스마트기기에 대한 수요를 만들어냈습니다. 그리고 사람들이 사물인터넷에 의존하게 만들었습니다. 그래서 우리는 불과 20년 전만 해도 존재하지 않았던 물건인 스마트폰이 없으면 큰 불안을 느낍니다. 카카오톡이 먹통이 되면 전국적으로 난리가 나고, 뉴스에 크게 보도되는 세상을 살고 있습니다.

스마트폰이 생활의 필수품이 된 이후 정보의 공유가 빛의 속도로 이루어지면서 사교육에 대한 정보도 빠르게 각 가정으로 공유됩니다. 스마트폰 하나로 세상 모든 정보를 들여다볼 수 있는 기술의 발달은 편리함과 동시에 정보과잉으로 인한 불안감을 갖게 만들었습니다.

10년 전 저희 가정에서 아이를 출산할 때, 출산에 필요한 모든 정보들이 인터넷상에 정리되어 있었습니다. '국민○○'으로 불리는 꼭 사야 하는 물품들의 리스트를 검색으로 손쉽게 찾을 수 있었고, 이를 보면 임신 개월 수에 따라서 무엇을 어떻게 해야 하는지 너무나도 완벽하게 정리가 되어 있었습니다. 아이 있는 집마다 한 권씩 구비하는 『삐뽀삐뽀 119』라는 책을 사놓는 것도 잊지 않았습니다. 정보가 너무 많아서 이 지침대로 다 실천하는 일이 힘들 지경이었습니다.

문제는 출산 이후에도 부모들이 이런 정보에 둘러싸여 살아간다는 점입니다. 부모들은 자녀의 연령에 따라서 교육해야 하는 수많은 것들에 노출됩니다. 정보에 더 많이 노출될수록 우리는 불안해집니다. 현실적으로 각 가정에 요구되는 교육들을 충실하게 해내기 어렵기 때문입니다. 우리 아이만 뒤처지는 것 같고, 부모의 역할을 다하고 있지 않은 것 같은 우울감에 빠집니다.

그래도 또 꾸역꾸역 무언가를 하는 일을 멈추지 않습니다. 여간 피곤한 일이 아닙니다. 스마트폰과 인터넷, 그리고 온라인상에서 발달한 각종 커뮤니티, 카페에서 접하게 되는 넘치는 정보들이 우리의 마음을 더욱 불안하고 조급하게 만듭니다. 손 안의 스마트폰이 편리함과 함께 비교로 인한 불안감과 우울감도 가져다준 셈입니다. 불안한 마음은 곧 사교육비 결제로 이어집니다. 우리 아이만 뒤처지는 느낌으로 고통받을 수 없기 때문이죠. 따라서 사교육은 계속될 것입니다.

사교육은 계속될 것이지만 …

사교육이 없는 세상이 올까요? 각 가정에서 사교육을 과감하게 줄이기 위해서는 사회적인 분위기와 상황이 지금과는 달라져야 합니다.

우리 사회에 일자리가 넘쳐나야 하고, 누구나 자신의 적성에 맞는 원하는 일을 할 수 있어야 할 겁니다. 더불어 '직업에 귀천이 없다'는 옛말처럼 모든 직종이 존중받아야 합니다. 그래야 대학의 서열이 무너지고, 입시에서의 경쟁이 사라집니다.

대학은 하나의 자격증으로만 쓰이고, 사람들은 자신의 특기를 살려서 자신에게 맞는 일자리를 찾을 수 있어야 합니다. 그러면 각 가정에서는 입시 경쟁에서 벗어나 아이를 사랑으로 키우고, 원하는 교육을 자유롭게 할 겁니다. 악기를 가르칠 여유도 생기고, 자연 속에서 숨을 돌리기도 할 겁니다.

하지만 우리는 알고 있습니다. 이런 세상은 쉽게 오지 않으리라는 것을 말이죠. 우리 사회에서 양질의 일자리는 계속해서 부족할 것이고, 원하는 일자리를 얻는 것은 지금처럼 힘들 것입니다. 이런 사회적 분위기는 대학으로, 다시 초중고의 입시 현장으로 전해질 겁니다. 한 살이라도 더 일찍 남들보다 앞서 달리기 시작해야 자녀의 인생이 남들보다 성공적일 것이라는 생각은 여전할 겁니다. 하다못해 '경쟁을 통한 선발'이라는 입시 제도만이라도 변화가 있어야 하는데, 그것도 쉽지 않습니다. 따라서 사교육은 계속될 것입니다.

그럼에도 우리는 왜 사교육에 대한 이야기를 나누어야 할까요? 맹목적으로 사교육을 하지 않기 위해서입니다. 사교육을 하든 안 하든 확신을 가지고 결정하기 위해서입니다. 불안해서 떠밀리듯이 사교육을 해서는 안 됩니다. 돈을 써도 확신을 가지고 써야 하고, 돈을 안 쓴다고 하면 마음이 편해야 합니다. 그런 판단을 돕기 위해 우리는 사교육에 대해서 솔직한 이야기를 해야 합니다.

ACTION

- ■ 우리나라의 교육 시스템에서 사교육은 계속될 것입니다.
- ■ 각 가정에서 사교육에 대한 고민이 필요합니다.

돈과 노후준비

부모의 착각 : 아이 양육에 1억이면 충분?

저는 마트에서 쇼핑할 때 한우가 수입산 소고기보다 훨씬 비싸지만 우리 아이들 입에 들어간다고 생각하기에 과감하게 한우를 구매합니다. 이처럼 우리 아이들 입에 들어가는 것에는 돈을 안 아끼듯이, 아이들의 교육에 들어가는 돈도 부모로서 아낌없이 써야 한다고 생각하시나요?

이렇게 우리 아이들에게 들어가는 돈이 얼마인지 계산해보신 적이 있나요? 과거에는 아이 한 명 키우는 데 1억이면 된다는 이야기도 있었습니다. 아이 한 명을 출산해서 대학교 입학할 때까지 키우는 데 얼마의 돈이 필요할까요? 저를 포함해 대부분의 가정에서는 이런 계산을 꼼꼼하게 해보신 적이 없을 겁니다.

기록을 찾아보니 2013년에 조사해 발표한 총양육비 통계에서 자녀 1인당 총양육비는 3억 896만 원이었습니다. 물가가 계속해서 상승하고 있는 현 상황을 고려하면 총양육비는 계속해서 올라갈 것입니다. 자녀 한 명을 키우는 데 최소 3억 이상의 비용이 들어가면, 자녀 2명이면 무려 6억입니다. 1억으로는 어림도 없습니다.

저도 2명의 자녀가 있습니다. 제가, 그리고 우리가 정말 이렇게 많은 돈을 육아에 쓰고 있는 걸까요?

대한민국의 양육비 영수증

2019년에 인터넷상에 흥미로운 프로그램이 공개된 적이 있습니다. '2019 대한민국 양육비 계산기'라는 프로그램인데 갓난아이가 대학을 졸업하고 성인이 될 때까지 부모가 들이는 비용을 계산해보는 내용입니다. 오른쪽의 QR코드를 통해서

2019 대한민국
양육비 계산기

양육비를 계산해볼 수 있습니다. 아이의 출산부터 대학 졸업까지 들어가는 비용을 항목별로 제시하고 직접 클릭해서 양육에 들어가는 비용을 계산해보는 겁니다. 모든 선택을 마치고 나면 대학까지 드는 양육비 명세표를 받게 됩니다.

다음의 명세표는 한 유튜버가 시청자들과 소통하면서 같이 계산해본 하나의 샘플입니다. 월소득 600만 원을 기준으로 계산한 내역입니

다. 보통의 가정이라면 맞벌이를 생각하면 되겠네요. 월소득이 600만 원인 가정에서는 자녀 한 명당 양육비가 6억으로 계산되는 것을 아래 표에서 확인할 수 있습니다.

◆ 대학 졸업까지 드는 양육비 계산 ◆

품명	(월)단가	개월	금액
초등 사교육비 *월소득 600만 원 평균 사교육비	580,000	72	41,760,000
중등 사교육비 *월소득 600만 원 평균 사교육비	1,000,000	36	36,000,000
고등 사교육비 *월소득 600만 원 평균 사교육비	1,430,000	36	51,480,000
초등 생활비(의복, 식비, 교통비) *월소득 600만 원 평균 생활비	2,470,000	72	177,840,000
중등 생활비 *월소득 600만 원 평균 생활비	3,330,000	36	119,880,000
고등 생활비 *월소득 600만 원 평균 생활비	4,940,000	36	177,840,000
대학교 평균 등록금, 사교육비, 용돈 등	1,800,000	48	86,400,000
사설 태아실비의료보험 – 30세 만기	50,000	180	9,000,000
양육 도우미 – 출퇴근	1,300,000	36	46,800,000
양육 도우미 – 한국인	400,000	36	14,400,000
총지출액	590,076,000원		

양육 도우미를 고용하는 비용을 제외한다고 해도 5억이 훌쩍 넘는 큰 금액이 양육비로 산출되었습니다. 6억이라는 큰 금액이 산출된 이유는 입력한 소득을 바탕으로 생활비와 사교육비의 평균값이 계산되었기 때문입니다. 소득이 높을수록 생활비와 사교육비도 높은 금액으로 자동 계산됩니다.

사교육비는 가구의 소득에 따라서 아래 표에 근거해 계산되었습니다.

◆ 가구의 소득에 따른 사교육비 ◆

월 가구소득분위	자녀 1인당 평균 교육비		
	초등학생	중학생	고등학생
~299만 원	250,000원	150,000원	310,000원
300~399만 원	330,000원	410,000원	330,000원
400~499만 원	490,000원	570,000원	520,000원
500~599만 원	520,000원	660,000원	760,000원
600만 원~	580,000원	1,000,000원	1,430,000원

자녀 1인당 6억이라는 금액에 의심을 품고(?) 제가 월소득 수준을 한 구간 더 낮추어서 월 500만~599만 원으로 다시 양육비 계산을 해 보았습니다. 그러니 자녀 1인당 양육비가 3억까지 줄었습니다(44쪽 표 참고).

자녀 1인당 양육비 3억에서 초중고 사교육비가 8,856만 원으로 계산됩니다. 자녀 1인당 약 9천만 원입니다. 이는 총양육비의 약 1/3 수준입니다. 초등에서 한 달에 50만 원 수준, 중등에서 한 달에 66만 원 수준, 고등에서 76만 원 수준으로 계산한 값입니다. 사교육비를 지출하고 있는 가정에서는 충분히 납득할 수 있는 수준의 금액일 겁니다. 이 정도의 금액은 학원을 한두 곳 정도 보내는 비용입니다. 너무 적지도, 너무 많지도 않은 수준이라고 생각됩니다.

이렇게 한 가정에서 사교육비로 지출되는 금액이 자녀 1인당 9천

4단계 명세표			
구분	(월)단가	개월	금액
사교육비 초등학생 (소득별 평균)	520,000	72	37,440,000
사교육비 중학생 (소득별 평균)	660,000	36	23,760,000
사교육비 고등학생 (소득별 평균)	760,000	36	23,760,000
생활비 초등학생 (소득별 평균)	1,500,000	72	106,000,000
생활비 중학생 (소득별 평균)	1,470,000	36	52,920,000
생활비 고등학생 (소득별 평균)	1,860,000	36	66,960,000
대학교 평균 등록금, 사교육비, 용돈 등	1,800,000	48	86,400,000
사설 태아실비의료보험 30세 만기	50,000	180	9,000,000
4단계 지출액		309,468,000원	

만 원, 자녀 2명이면 약 2억에 달합니다. 대학까지 자녀를 키우면서 지출되는 사교육비만 2억입니다.

부모가 지출해야 하는 내역은 여기서 끝이 아닙니다. 이 비용은 대학 졸업까지를 계산한 것입니다. 자녀가 대학을 졸업한다고 해서 부모로부터 독립하는 것은 아니죠. 자녀가 결혼하고 집을 마련할 때 아직은 부모가 일정 금액 도와주는 것이 보편적입니다. 이는 워낙 집값

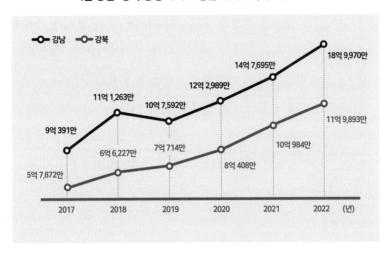

◆ 서울 강남·강북 중형 아파트 평균 매매가격 추이 (단위 : 원) ◆

강남   강북

연도	강남	강북
2017	9억 391만	5억 7,872만
2018	11억 1,263만	6억 6,227만
2019	10억 7,592만	7억 714만
2020	12억 2,989만	8억 408만
2021	14억 7,695만	10억 984만
2022	18억 9,970만	11억 9,893만

이 비싸고 사는 것이 퍽퍽하니 부모로서 도와주고 싶은 마음이 반영된 우리만의 정서이자 문화입니다. 그렇다면 자녀 양육비는 대학 졸업까지 필요한 3억에서 자녀의 결혼 비용, 전세금 마련 비용이 또 추가됩니다.

일자리가 서울을 중심으로 한 수도권에 몰려 있는 탓에 자녀들은 수도권에서 사회생활을 시작할 가능성이 높습니다. 서울의 평균 집값은 꾸준히 상승해 2022년 기준 10억이 넘습니다. 10억이 넘는 집을 사주는 것은 보편적인 가정에서는 비현실적인 일이라고 생각해서 여기서는 전세금 1억~2억 수준을 지원해주는 것으로 계산하겠습니다.

그러면 자녀 1인당 대학까지 3억가량의 돈이 들고, 결혼하고 집 마련하는 데 1억~2억 정도를 지원해준다고만 해도 4억~5억이 필요합니다. 사실 자녀가 집을 마련하는 데 1억~2억을 부모가 지원을 해준다는 것은 나머지는 자녀의 몫으로 돌리는 겁니다. 이것이 자녀의 독립을 위해서는 당연한 것인데, 우리나라 정서로 보면 부모가 자녀에게 미안한 감정을 느낄 수 있는 지점입니다. 이마저 도움을 주지 못한다면 내 집 마련은 오롯이 자녀가 해결해야 할 문제가 되겠죠.

그러면 자녀를 공부시키고, 결혼해 분가하면 모든 상황이 평화로워지나요? 아니죠. 이제 부모 스스로의 노후를 챙길 때입니다. 수명은 길어지고 은퇴 시기가 점점 앞당겨지고 있는 이 시대에 부모의 노후는 보장되어 있을까요?

당신의 노후는 안전하십니까?

의학 기술의 발전으로 우리의 수명은 계속해서 늘어나고 있습니다. 한 해 동안 사망자의 빈도가 가장 많은 나이를 살펴보면, 1999년에 82세, 2017년에 88세, 2025년에는 약 90세에 이를 것으로 예상됩니다. 2025년이 되면 90세의 노인들이 가장 많이 사망하는 시기에 이르고, 우리도 평균적으로 90세까지 살 수 있을 것입니다. 60세에 은퇴를 한다고 해도 무려 30년의 세월을 더 살아야 합니다.

노후에 건강은 점점 악화되고, 꾸준한 소득을 확보하기 어렵기 때문에 젊었을 때보다도 더욱 재정적인 대비를 철저하게 해야 합니다. 그렇다면 노후에 필요한 자금은 얼마일까요?

2018년에 발표된 국민연금연구원의 자료에 따르면, 우리나라 중고령자들은 부부 기준 월 243만 원, 개인의 경우는 154만 원의 노후 자금을 필요로 합니다. 지역 건강보험료, 실손, 개인 보험, 아파트 관리비, 통신료, 병원비, 건강 보조제, 취미 여가활동비, 자동차 연료비, 대중교통요금, 외식비, 경조사 및 모임 회비, 식료품 구입비를 기준으로 계산된 결과입니다. 이 금액을 단순하게 '은퇴 이후 20년의 세월'로 곱하기를 하면 5억 8,320만 원이 필요합니다.

즉 노후에 약 6억이 필요합니다. 이 계산은 80세에 사망할 때를 기준으로 계산한 것입니다. 80세보다 더 오래 살수록 더 많은 노후 자금이 필요합니다.

'100세 시대'라는 요즘, 60세에 은퇴하고 100세까지 살기 위해서 필요한 자금을 단순 계산하면 무려 12억 원입니다(월 250만 원 기준). 물론 매달 250만 원을 쓰지 않고 더 적게 소비를 하면 더 줄일 수 있는 부분이 있을 겁니다. 그리고 실제 소비 통계를 봐도 연령대가 높아질수록 더 적게 소비를 한다고 합니다. 아무래도 활동을 적게 하면서 소비가 줄어드는 겁니다. 아무리 그래도 은퇴 이후 최소 20년 정도를 산다고 생각하면, 이 금액은 소극적으로 1억~2억 수준으로는 절대로 계산할 수 없습니다.

크고 작은 질병에 걸려서 이를 치료해야 하거나 더 활동적으로 여행도 다니고, 여가 활동도 하려면 필요 자금은 더 커질 겁니다. 그러니 4억~5억은 잡아야 현실적인 노후 대비 자금이라고 볼 수 있습니다.

우리나라의 노인들은 최소 4억~5억을 노후 자금으로 확보해두었을까요? 현실은 전혀 그렇지 않음을 통계가 보여줍니다. 보건복지부의 자료에 따르면, 우리나라의 노인빈곤율은 OECD 국가들 중 1위에 해당하며 46.7%의 노인들이 빈곤을 겪고 있다고 합니다. 절반가량의 고령 인구가 빈곤에 시달리고 있는 겁니다. 이는 OECD 평균의 3배에 달하는 수치입니다.

국민연금은 노인을 위한 가장 기본적인 노후보장 수단입니다. 2021년 12월 기준으로 56.9%의 노인들이 국민연금 노령연금으로 40만 원 이하를 받고 있습니다. 국민연금의 도움을 받는다 해도 월 200만 원의 추가 생활비가 필요합니다. 고정 수입이 없는 상태에서 월 200만 원의 생활비를 충당하지 못하기 때문에 우리나라 노인 인구의 절반가량이 빈곤에 시달리고 있습니다.

노후 자금으로 4억~5억 정도를 확보해뒀다면 어느 정도 마음을 놓으셔도 될 겁니다. 하지만 그렇지 않은 가정에서는 저와 함께 계산을 부지런히 해봐야 합니다. 도대체 일생 동안 얼마가 필요한 걸까요?

대한민국에서 태어나 필요한 비용

우리가 부모로서 자녀를 출산해서 양육하는 동시에 우리의 노후까지를 생각한다면 얼마의 돈이 필요한 걸까요?

내 집을 마련하는 비용은 지역별로 워낙 차이가 커서 물음표를 붙였습니다. 계산을 위해서 집값을 5억으로 설정하고 계산하겠습니다. 지역의 환경에 따라서 가감하시면 됩니다.

필요한 집값을 5억으로 계산하면 13억~19억의 돈이 필요합니다. 최소한으로 다시 생각해보겠습니다. 내 집 마련에 5억, 자녀 1인당 양

◆ 얼마의 돈이 필요할까요? ◆

품명	금액
내 집 마련 비용	5억?
자녀 1인당 양육비	3억~6억
자녀 1인 결혼 비용, 자녀집 마련 비용 지원	1억~2억
60세 이후의 노후 비용	4억~6억
총계	13억~19억

육에 3억, 자녀가 결혼하면 1억 보태줘야 하고, 노후 비용에 4억입니다. 노후에 작은 집으로 옮기고 아껴 쓴다고 쳐도 최소한 10억이라는 돈이 필요합니다.

10억이 넘는 돈을 일생 동안 모을 수 있는 가정이 얼마나 될까요? 2022년 신한은행에서 발간한 〈보통사람 금융생활 보고서〉라는 자료를 참고해보겠습니다. 이 자료는 전국 만 20세~64세인 경제활동자 1만 명을 대상으로 한 자료입니다. 소득 구간을 20%씩 총 5개의 구간으로 나누었습니다. 초등생 이하의 자녀를 둔 40대 기혼 가정의 소득 상황을 보고서를 통해서 살펴보겠습니다.

총자산 규모상으로 5구간, 즉 상위 20%가 11억 3,881원으로 10억이 넘는 자산을 보유하고 있었습니다. 이들의 월소득은 972만 원 수준입니다. 즉 우리가 앞에서 계산한 비용을 충당할 수 있는 것은 상위 20%입니다. 나머지 80%의 가정에서는 내 집을 마련하고, 자녀를 교육하고, 노후를 대비하는 것이 당연히 힘들 수밖에 없는 상황입니다.

◆ 초등 자녀를 둔 40대 기혼 가정의 소득 상황 ◆

소득구간	가구총소득	소득운용 현황			보유자산			부채잔액
1구간 하위20%	339 만 원	소비	213	62.8%	총자산 3억 9,520 만 원	금융	3,462	6,401 만 원
		부채상환	46	13.6%		부동산	33,947	
		저축/투자	54	15.9%		기타	2,111	
		예비자금	26	7.7%				
2구간	468 만 원	소비	284	60.7%	5억 4,593 만 원	금융	4,968	9,609 만 원
		부채상환	57	12.2%		부동산	46,624	
		저축/투자	73	15.6%		기타	3,001	
		예비자금	54	11.5%				
3구간	551 만 원	소비	309	56.1%	6억 3,295 만 원	금융	6,693	9,072 만 원
		부채상환	60	10.9%		부동산	52,948	
		저축/투자	93	16.9%		기타	3,654	
		예비자금	89	16.1%				
4구간	677 만 원	소비	337	49.8%	7억 1,596 만 원	금융	8,543	8,710 만 원
		부채상환	62	9.2%		부동산	59,437	
		저축/투자	121	17.9%		기타	3,616	
		예비자금	157	23.1%				
5구간 상위20%	972 만 원	소비	421	43.3%	11억 3,881 만 원	금융	14,515	1억 1,760 만 원
		부채상환	84	8.6%		부동산	93,348	
		저축/투자	210	21.6%		기타	6,018	
		예비자금	257	26.5%				

400 ▶ 만 원
500 ▶ 만 원
600 ▶ 만 원
Group 05 평균
800 ▶ 만 원

출처 : 신한은행 보통사람 금융생활보고서

50

YOLO에서 무소비로

요즘은 청년들 사이에서 '인생을 즐기자'는 YOLO족이 저물고 무소비를 지향하는 층들이 늘고 있다고 합니다. 코로나19 이후 물가가 치솟고 있는 상황에서 위기감을 느낀 젊은 층에서 중고 거래가 유행하고, 무지출을 통한 소위 '짠테크'가 유행하는 겁니다. 짠테크는 돈을 안 쓰고 모으겠다는 것이죠. 코로나19 이후 경제 전망 또한 좋지 않습니다. 청년들은 힘든 시기를 살아가고 있고, 경기침체는 앞으로도 계속 이어질 것으로 전망되고 있습니다. 그 위기감이 YOLO를 무소비로 바꾼 겁니다.

사실 고소득층도 사회 전체의 변화를 위해서는 합리적인 사교육비에 대해서 함께 고민해야 하지만 이는 이상적인 바람일 뿐입니다. 무엇보다 중요한 것은 우리 가정입니다. 10억이 훌쩍 넘는 돈을 모을 수 있는 가정이 아니라면 사교육비에 대한 현실적인 고민을 반드시 해야 합니다.

내 집이 없는 상태에서, 노후 대비도 안 하고 사교육비로 1억가량을 지출하는 것은 위험합니다. 노후 대비를 해야 하지만 안타깝게도 우리는 아이 한 명을 키우는 데 돈이 제일 많이 든다는 대한민국에서 살고 있습니다.

힘들게 벌어서 사교육비에 큰돈을 지출하는 분들의 주된 논리는 "아이들 교육비에 대한 투자는 아끼지 말아야 한다"는 겁니다. 여기에는 인서울 명문대를 발판으로 한 자녀의 출세와 성공을 바라는 부모의 마음이 당연히 반영되어 있겠죠.

자녀의 더 나은 삶을 바라는 부모의 마음은 충분히 이해합니다. 단, 사교육이 자녀의 명문대 입학과 성공을 위한 필수 조건이라고 생각하시는 분들은 이 책을 계속 읽어주시기 바랍니다.

ACTION

- 자녀 1인당 양육비가 가장 많이 드는 나라 중 하나가 한국입니다.
- 자녀 1인당 양육비 3억 원 중에서 약 9천만 원은 사교육비입니다.
- 사교육은 1억 원 투자 이상의 가치를 과연 창출할 수 있을까요?

사교육을 줄여야 하는 이유 2
인서울 명문대의 현실

인서울 명문대에 대한 욕망

이 책에서 저는 부모로서 솔직해지고 싶습니다. 이름만 대면 누구나 알 만한 인서울 명문대에 자녀를 입학시키고 싶은 부모 마음이야 저도 충분히 공감합니다. 힘들게 낳고 키웠는데, 그 끝에 부모로서 만족할 만한 결과를 기대하는 것은 어쩌면 당연한 일입니다.

우리 사회에서 지도층이라고 불리는 사람들은 명문대 출신이 대다수입니다. 2022년 기준, 대통령이 서울대 법대 출신이고, 당 대표도 명문대 출신입니다. 이른바 SKY대학 출신들이 정부의 주요 인사들의 60~70%를 차지하고 있습니다. 인서울 명문대에 대한 부모의 욕심을 더욱 부추기는 요인입니다.

부모가 교육에 열을 올리는 것은 비단 우리나라만의 유별난 현상은 아닙니다. 교육열이 지나쳐 입시 비리를 저지르고 이것이 언론에 보도되면서 공정성 이슈가 제기되는 것과 비슷한 일이 우리나라뿐만 아니라 미국에서도 발생했습니다.

한국과 다를 바 없는 미국의 입시 비리

2019년 미국에서는 초대형 입시 비리에 연루된 자들이 법정에서 유죄 판결을 받았습니다. 존 윌슨은 2013년 입시 컨설턴트 윌리엄 릭싱어에게 아들을 명문대인 서던캘리포니아대학교에 수구 특기생으로 입학시키기 위해서 22만 달러(약 2억 6천만 원)를 건넨 혐의를 받았습니다. 이후 2018년에도 150만 달러(약 18억) 이상을 지불하고 쌍둥이 딸을 스탠퍼드대학교와 하버드대학교에 입학시킨 혐의를 받고 있습니다. 전 카지노 경영자인 압델라지즈는 2018년 30만 달러(약 3억 6천만 원)로 아들을 서던캘리포니아대학교에 농구 특기생으로 부정입학시켰다는 혐의를 받았습니다. 이때 입시 비리로 기소된 57명의 학부모들 중에는 유명 연예인, 기업가 등이 포함되어 있었습니다.

이들은 수억의 거금을 건네주고 불법으로 자녀들을 미국의 명문대에 입학시켰습니다. 이 사건은 후에 넷플릭스에서 〈작전명 바시티 블루스〉라는 제목의 다큐멘터리로 제작되기도 했습니다.

이 다큐멘터리에 따르면 릭이라는 인물은 한 해에만 부유층 자녀를 700여 명씩 체육특기생으로 둔갑시켜 여러 명문대에 입학시켰다고 합니다. 한 번도 운동을 해본 적이 없는 학생들을 그럴듯한 허위 스펙을 만들어서 뇌물을 준 대학 체육팀 관계자들을 통해 특기생으로 명문대에 입학시켰습니다. SAT나 ACT와 같은 미국의 대학입학 자격시험의 경우 일부러 어눌한 척을 해서 '학습 장애' 테스트를 받도록 해 감독관과 일대일로 시험을 보면서 시험 시간을 추가로 확보하고 시험지를 바꿔치기할 수 있도록 했습니다. 선진국인 미국에서도 부모의 자녀 교육에 대한 욕심은 한결같다는 것을 엿볼 수 있는 사건입니다.

학원들이 넘쳐나는 인도의 주요 도시들

인구 13억의 인도에서도 교육 열기는 뜨겁습니다. 인도의 경우 '우수한 대학이 좋은 직업을 보장한다'는 우리와 비슷한 믿음이 사회 전반에 강하게 깔려 있습니다.

인도의 학생들도 우리처럼 진학의 첫 관문인 졸업 시험에 대한 극심한 스트레스를 받습니다. 이 시험에서 낙방하면 극단적인 선택을 하는 경우도 있다고 합니다. 특히 인도는 '가난에서 벗어날 수 있는 기회는 교육'이라는 생각이 있어 더욱더 교육에 매달립니다.

인도의 주요 도시에는 학원들이 넘쳐납니다. 특히 미국 실리콘밸리에서 일하는 인도계 IT 인재들을 배출하는 인도 공과대학에 입학하기 위해서 학생들은 최소 3~4년의 시간을 공부에 매진해야 합니다. 인도 공과대학 출신의 파라그 아그라왈(Parag Agrawal)은 2022년 트위

터의 최고경영자 자리에 올랐고, 명품 브랜드 샤넬의 대표도 이 대학 출신인 리나 나이르(Leena Nair)가 임명되었습니다. 이외에도 구글, 마이크로소프트, 어도비 등 세계적인 기업에서 인도 공과대학 출신들이 중역을 맡고 있습니다. 이 대학 출신인 것만으로도 실력이 증명되고 상당한 급여가 보장되는 겁니다.

상당한 성공이 보장되는 만큼 입학 경쟁은 치열합니다. 2020년 입학시험에서 111만 8,673명이 6시간 동안 합동 시험을 봤고, 그중 15만 838명이 1차 통과를 해 최종적으로 4만 3,204명이 합격했다고 합니다. 한 해 인도의 고교 졸업생이 1,200만 명 수준이라고 하니, 인도 공과대학 입학생은 1%도 되지 않는 비율입니다. 그야말로 바늘구멍이 따로 없습니다. 인도의 입시 상황이 이렇다 보니 입시를 준비하기 위한 사교육이 발달되어 있고, 우리나라처럼 매년 사교육비가 증가하고 있습니다.

이처럼 대학이 성공의 열쇠라고 여겨지는 곳에는 어김없이 경쟁을 통한 입시가 존재하고, 또 이 입시를 대비하는 사교육이 치열한 경쟁과 맞물려 활성화되어 있습니다. 이것은 우리나라뿐 아니라 어느 사회, 어느 문화권에서나 벌어지는 일입니다. '출신 대학이 성공적인 사회생활에 큰 영향을 미친다'는 믿음이 지속되는 한 우리의 입시는 계속 '경쟁 모드'일 것이고, 이 경쟁에서 파생되는 사교육은 피할 수 없을 겁니다.

부모의 착각 : 한양대, 이대는 가겠지?

이런 치열한 경쟁을 뚫고 우리 아이가 인서울 명문대에 입학할 수 있을까요? 생활비를 줄여가면서 사교육비에 투자했을 때 인서울 명문대에 입학할 수 있는 가능성은 얼마나 되는 걸까요?

초등 자녀를 둔 부모님들은 최대한 긍정적으로 생각하실 수 있습니다. "우리 아이가 열심히 공부하면 서울대, 연세대, 고려대는 아니라도 우리가 각 대학의 첫 글자를 따서 '서성한중경외시이'라고 부르는 대학은 가겠지?"

과연 그럴까요? 입시판에서 흔히 부르는 순서대로 입학 정원을 따져보겠습니다.

이들 대학의 총 입학 정원은 전체 수험생의 7% 수준입니다. 졸업 이후에도 수능에 도전하는 N수생의 비율이 높아지고 있는 실정이어서 총 수험생의 수가 늘어나면 이들 대학의 입학 비율은 더 줄어들 수 있습니다.

과연 우리 아이는 전체 수험생의 상위 7% 안에 들 수 있을까요? 초등학생이 부모 말을 잘 듣고, 공부를 열심히 하면 상위 7% 안에 과연 들 수 있을까요? 냉정하게 따져보면 우리 아이는 하위 93%에 속할 확률이 더 높습니다.

이런 수치를 보면서도 아이들이 과거보다 학원을 열심히 다니고, 인터넷 강의도 부지런히 들으면서 공부하니까 목표 달성이 가능할 것이라고 부모님들은 믿습니다. 분명 과거보다 요즘 아이들이 공부를

◆ 주요 대학의 입학 정원 ◆

대학	2021년 3월 입학생(정원 내) 기준 대학알리미 공시자료 기준	누적 인원	누적%
서울대	3,153		
고려대	3,896	7,049	1.5%
연세대	3,431	10,480	2.2%
서강대	1,587	12,067	2.6%
성균관대	3,303	15,370	3.3%
한양대	2,906	18,276	3.9%
중앙대	3,207	21,483	4.6%
경희대	4,741	26,224	5.6%
한국외대	3,377	29,601	6.3%
서울시립대	1,751	31,352	6.7%
이화여대	3,036	34,388	7.3%
2023학년도 대입 예상 수험생	47만 명		

더 많이 합니다. 부모 세대에서는 초등학생 때부터 이렇게 학원을 부지런히 다니지 않았습니다. 고등학교에 진학해서야 마음먹고 제대로 공부를 시작한 기억이 대부분일 겁니다. 과거보다 학원을 다니는 시기가 빨라졌고, 인터넷의 발달로 인터넷 강의 시장도 활성화되었습니다.

하지만 우리가 놓쳐서는 안 되는 부분은 '입시는 상대적 경쟁'이라는 겁니다. 우리 가정에서만 부지런히 공부를 하는 것이 아니고, 어느 가정에서나 과거보다 교육에 힘을 쏟고 있습니다. 우리 아이가 달리고 있지만, 옆집 아이도 달리고 있습니다. 과거보다 열심히 해서는 안 되고, 옆집 아이보다 더 열심히 해야 합니다. 다 같이 학원을 다니고, 다 같이 인터넷 강의를 들어서는 앞서갈 수 없습니다.

여기서 반문하셔야 합니다. 옆집에서 사교육을 시키면서 달릴 때 우리 아이만 사교육을 줄이면 오히려 걷거나 멈추는 셈인데 왜 자발적으로 뒤처져야 하는가에 대해 의문을 가져야 합니다.

지금부터 나누는 이야기는 대한민국 사회가 안고 있는 문제이며, 우리 가정이 그 대상일 수 있는 마음 아픈 이야기입니다. 사교육으로만 입시에 성공할 수 없는 이유는 우리 가정보다 소득이 더 많고, 교육비를 더 많이 지출하는 가정이 전국에 적어도 7% 이상 있을 것이기 때문입니다.

ACTION

- 인서울 명문대의 누적 입학생 비율은 전체의 7~8% 수준입니다.
- 사교육만으로 인서울 명문대를 입학하려면 교육비 지출이 상위 7% 안에 들어야 합니다.
- 그렇지 않은 경우라면 사교육 외에 다른 전략이 필요합니다.

소득의 격차

소득의 격차가 사교육의 격차로

매년 통계청에서는 사교육 실태를 조사해 발표합니다. 이 통계를 뉴스나 신문에서 접하셨을 수 있습니다. 전국 통계에 따르면 각 가정에서 매달 사교육비로 30만 원 정도가 지출된다고 하는데, 여러분의 거주 지역이 도시에 가까울수록 이 통계가 현실과 맞지 않다고 느끼실 겁니다. 주변에서 이것보다 훨씬 더 많은 사교육비를 지출하는 것을 목격하셨을 테니까요. 이 평균은 사교육이 활성화되지 않은 지역을 모두 포함한 전국을 대상으로 계산한 값이기 때문에 일부 지역의 현실과는 다른 것입니다.

현실과 약간의 거리감이 있더라도 이 조사는 우리에게 2가지 큰 시사점을 줍니다.

첫째, 사교육비는 해마다 증가하고 있습니다. 조사가 시작된 2007년 이후부터 살펴보면 2021년에는 사교육비 지출이 최고치를 기록합니다. 코로나19로 인해서 학교에 정상 등교하지 못하는 상황이 이어진 것이 영향을 미쳤을 것으로 분석됩니다. 하지만 코로나19 상황이 오지 않았다고 해도 우리 교육 현장에 사교육비 지출이 자연스럽게 감소될 만한 요인은 없습니다. 사교육비 지출의 증가는 당분간 계속될 것으로 생각됩니다. 이보다 더 중요한 것은 가정의 소득 수준에 따른 사교육비 지출과 참여율의 차이입니다. 통계청에서 공식 발표한 아래의 자료를 참고하겠습니다.

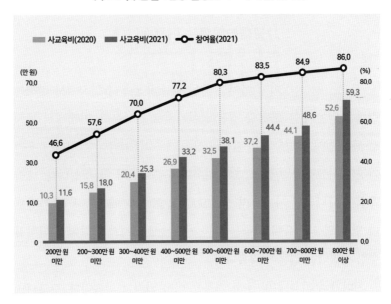

◆ 가구 소득수준별 1인당 월평균 사교육비 및 참여율 ◆

가구의 소득이 높을수록 사교육의 참여율이 높았고, 사교육비 지출액도 더 높았습니다. 이 조사에 따르면 월평균 소득 800만 원 이상인 가정에서는 월 59만 3천 원을 교육비로 지출했고, 소득이 200만 원 미만인 가정은 월 11만 6천 원을 지출하는 것으로 집계되었습니다. 이는 약 5배 이상의 차이입니다. 즉 가정의 소득에 따라서 교육비 지출이 5배 이상 차이가 나는 겁니다.

또 다른 조사에서는 김회재 더불어민주당 의원이 통계청 데이터를 세부 분석한 자료에 따르면, 상위 20% 소득 수준이 하위 20%보다 사교육비를 8배 이상 더 지출한다고 합니다. 이 계산에 따르면 우리 가정에서 매달 50만 원 수준의 사교육비를 지출하고 있을 때 어딘가에서는 400만 원 수준의 사교육비를 쓰고 있다는 겁니다.

사교육만으로는 어렵습니다

'부모는 돈을 벌어서 아이를 학원에 보내 공부나 입시에서 원하는 결과를 얻는다'는 전략의 맹점이 여기서 드러납니다. 가정에서 목표로 하는 인서울 명문대는 전국의 상위 7% 수준입니다. 그렇다면 우리 가정의 사교육비 지출도 그와 비슷한 수준이어야 할 것입니다. 그런 가정이 아니라면 사교육비'만'으로 교육을 했을 때에는 우리 가정보다 몇 배의 사교육비 지출을 하는 가정에게 입시의 결과에서 뒤처질 수밖에 없다는 결론이 나옵니다.

게다가 우리 사회의 소득 격차는 더욱 커지고 있습니다. 코로나19

이후 이런 현상은 가속화되었다는 것을 앞서 살펴본 신한은행의 보고서에서 확인할 수 있습니다. 지난 4년 중에 2021년에 소득 하위 20% 구간과 상위 20% 구간의 차이가 가장 크게 벌어졌습니다. 하위 20% 구간에 속하는 가정의 소득은 월 181만 원, 상위 20% 구간의 가정은 월 948만 원의 소득을 올리고 있습니다. 이는 약 5.2배의 차이입니다.

◆ 갈수록 벌어지는 소득 격차 ◆

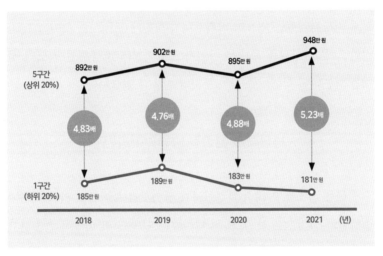

출처 : 신한은행 보통사람 금융생활보고서

통계청 조사에서 발표한 사교육비의 차이가 약 5배이고, 소득의 차이도 약 5배입니다. 각 가정의 소득 격차만큼 사교육비 지출이 차이나고 있다고 합리적으로 생각해볼 수 있습니다.

이런 계산 끝에 사교육으로 인서울 명문대에 입학하려면 우리 가정이 상위 7% 수준의 교육비를 지출해야 합니다. 그런데 우리 가정이 그 정도의 돈을 쓰고 있을까요? 저를 포함해서 대다수의 가정은 교육비 상위 7%가 아닌 하위 93%를 지출하고 있을 겁니다. 이런 상황에서 학원 1~2개 보내는 것으로 입시를 위한 준비를 하고 계시다면 전략 변경이 필요합니다.

학원 1~2개를 보내는 부모의 마음을 저는 잘 알고 있습니다. '이것이 최고의 전략이다, 이렇게 하면 분명히 잘될 것이다'라는 마음으로 학원에 보내시는 것이 아니지요. 집에서는 공부를 안 하니까, 부모가 직접 지도하기에는 내용이 버거우니까 학원에 보내시는 것이지요. 하지만 그렇게 학원을 보내서 아이가 고등학교에서 중위권 정도의 성적을 받는다면 학원비를 많이 투자할 이유가 없습니다.

사교육의 결과가 중위권이라면?

출산율 감소로 인해서 학령인구가 급속도로 줄어들고 있기 때문에 중위권의 성적으로 갈 수 있는 대학에는 입학 정원 미달이 속출하고 있습니다. 만약 중위권의 학생이라면 100% 합격을 보장하는 입학 정원 자리가 전국에 수만 석이 있습니다. 생활비를 줄이고 노후까지 포기하면서 사교육비를 과도하게 지출한다면 그 목표는 분명 '인서울 명문대'일 텐데, 그 목표는 사교육만으로 경쟁을 해서는 절대로 달성할 수 없습니다.

공부나 입시가 사교육만으로 경쟁하는 곳이라면, 이 '기울어진 운동장'에서 소득이 많고 교육비 지출을 많이 하는 상위 7~10%만이 성공을 거둘 것입니다. 하지만 희망적인 것은 우리는 주변에서 그렇지 않은 사례들을 자주 목격하고 있다는 겁니다.

그 정도의 부유한 가정이 아니어도, 사교육을 그렇게 많이 받지 않아도, 탄탄하게 공부를 잘 해나가는 아이들이 있습니다. 이들의 사례를 보면서 모두 물려받는 공부 머리 때문이라고 치부하고 눈을 다른 곳으로 돌리면 그곳에는 오직 '기울어진 운동장'만이 기다리고 있습니다.

다소 답답한 현실입니다. 집에서 부모 말을 잘 듣지 않고, 특히 공부에 집중을 하지 못하는 아이를 보면 더 답답한 마음이 드실 겁니다. 집에서는 뾰족한 해결책이 없으니 아이가 학원이라도 다녀야 공부를 한다고 생각하시는 분들이 분명히 계실 겁니다. 그런데 집에서 공부를 하지 않던 우리 아이가 과연 학원에서 공부를 잘하고 있을까요?

ACTION

- 인서울 명문대 입학 정원은 전체 수험생의 7%에 불과합니다.
- 사교육비를 전국 상위 7% 수준으로 지출하고 있지 않은 대다수의 가정에서는 다른 전략이 필요합니다.

하위권의 딜레마

사교육을 하면 성적이 정말 오를까요?

사교육과 관련한 현실적인 이야기를 지금까지 나누었습니다. 그럼에도 사교육이 투자 대비 높은 성과를 가져온다면 빚을 내서라도 사교육을 시켜야 할 겁니다. 그러나 사교육과 학업성취도에 대한 지난 연구들을 살펴보면, 사교육 효과는 확신할 수 없거나 효과가 있다고 해도 미미한 수준이라는 의견이 다수입니다.

믿을 수 없는 결과죠. 세상에는 분명히 학원을 다니면서 높은 성적을 유지하는 학생들이 있습니다. 아파트 입구 게시판에는 ○○중 전교 1등, ○○고 100점과 같이 높은 성적을 받은 학생들을 앞세운 학원이나 과외 광고가 수시로 붙어 있습니다. 이런 사례들을 우리가 직접 눈으로 확인하고 있다 보니, 사교육의 효과가 미미하다고 하는 말을 도통 믿을 수가 없습니다.

저는 개인적으로 사교육 효과에 관한 연구 결과가 이해됩니다. 사교육의 효과가 미미하다는 계산이 나오는 이유는 1등부터 꼴찌까지 너무나 많은 가정이 사교육을 시키고 있기 때문입니다.

100명의 아이가 사교육을 받는다고 가정해보겠습니다. 이 중에는 사교육을 이용해서 성적을 올린 아이들이 분명 있을 겁니다. 하지만 동시에 공부할 마음이 전혀 없는데 부모의 의지 때문에 학원으로 내몰린 아이들도 다수 있을 겁니다. 이 아이들은 학원에서 공부하는 흉내만 내고, 당연히 성적이 오르지 않을 겁니다. 그래서 전체 학생들의 성적을 분석하면 사교육과 학업 성취의 연관성이 약하게 나올 수 있다고 봅니다.

학원에서 잘못 가르쳐서 그럴까요? 저도 영어 강의를 오래 하고 있지만, 사교육에 종사하는 분들은 이것이 직업이기 때문에 열과 성을 다해서 학생들을 지도합니다. 밤을 새워서 콘텐츠를 개발하고, 학생들을 끝까지 지도합니다. 학생들의 시험 기간에 보충 수업은 필수입니다. 강사들은 될 때까지 아이들을 지도합니다.

문제는 학생입니다. 대한민국 최고의 강사가 가르쳐도 공부할 의지가 없는 학생이 이를 받아들이지 않으면 아무런 효과가 없습니다.

현재 우리나라를 대표하는 축구 선수인 손흥민 선수를 키워낸 손흥민 선수의 아버지에게 제가 축구를 배운다고 해서 제가 훌륭한 축구 선수가 될 수 있을까요? 저는 축구를 할 마음이 전혀 없는데 최고의 시설에서 최고의 지도자에게 축구를 배운다고 해서 축구 실력이 늘까요? 전혀 아니겠죠. 축구를 할 마음이 없는데 억지로 축구를 시켜봤자 돈만 낭비하고 결과는 나오지 않습니다.

이와 마찬가지로 집에서 혼자서는 공부를 안 한다고 해서 학원으로 내몰린 아이들은 스스로 공부를 하고자 하는 마음이 없다면 학원에서 겉돌기만 할 겁니다. 이런 학생들은 공교육, 사교육 그 어떤 수단으로도 성적이 오르지 않습니다.

왜 학원은 상위권 아이들만 받을까요?

지역에서 인기가 높은 학원들의 공통적인 특징이 있습니다. 학원비를 내도 학원에 다닐 수가 없다는 겁니다. 이미 정원이 다 차 있고, 대기 인원까지 있을 겁니다. 이런 학원들은 학원에서 제시하는 테스트를 통과해야 학원에 등록할 수 있습니다. 수학 실력이 모자라서 학원을 가고 싶은데 학원의 테스트를 통과하지 못해서 학원에 다닐 수 없는 겁니다. 웬만큼 인기 있는 학원들은 반드시 '등록 전 테스트'가 있습니다. 이런 테스트가 왜 존재하는지 부모들은 교육수요자의 입장에서 반드시 생각을 해봐야 합니다.

성적이 낮은 아이들을 받은 뒤 공부시켜서 성적을 올리는 것이 더 수월할 수 있습니다. 고등학교에서 모의고사 기준으로 7~9등급을 받는 학생들은 기초가 아예 없는 상태입니다. 이런 학생들이 기초를 익히면 5등급 수준까지 금방 올라갈 수 있습니다. 상위권이 포진해 있는 1~3등급 사이에서 성적을 올리는 것이 훨씬 어렵습니다. 중상위권 학생들은 웬만하면 열심히 공부를 하고 있기 때문에 그들 사이에서 탁월한 노력을 하지 않으면 성적이 잘 안 올라갑니다. 그럼에도 불구하고 왜 학원에서는 3등급 학생들을 받아서 1등급에 도전을 시키는 걸까요? 여기에는 2가지 이유가 있습니다.

첫 번째 이유는 상위권 학생들이 학원 홍보에 유리하기 때문입니다. 아파트에 붙어 있는 학원 전단을 보면 중학생이라면 전교에서 몇 등을 했는지, 특목고나 자사고에 몇 명을 진학시켰는지를 홍보하고, 고등학생이라면 전교에서 몇 등을 했는지, 인서울 명문대에 몇 명이나 보냈는지를 홍보합니다. 학원 강사의 화려한 스펙보다 이런 교육의 결과가 학부모의 눈길을 끕니다. 학부모들은 본인의 자녀 또한 이런 탁월한 성과를 거두기를 기대하면서 이 학원에 등록을 희망하게 됩니다.

그러니 하위권인 9등급이 5등급으로 성적이 향상되는 것은 학부모님들의 감흥을 끌어낼 수 없습니다. 학원 입장에서는 한 명이라도 전교 1등을 배출하고, 한 명이라도 인서울 명문대에 입학하는 사례를 만드는 것이 학원 홍보를 위해서 중요한 겁니다. 그럴 목적으로 웬만큼 준비가 된 3등급 이상의 학생들을 가려 받는 겁니다.

두 번째 이유는 3등급을 1등급으로 만드는 것이 9등급을 5등급으로 만드는 것보다 쉽기 때문입니다. 성적이 3등급인 학생들은 공부를 할 준비가 다 되어 있는 상태입니다. 학원에서 제시하는 고유한 콘텐츠를 가르치기만 하면 성적이 올라갈 수 있는 아이들입니다. 같은 시간에 몇 배에 달하는 내용을 가르칠 수 있습니다. 학원 입장에서는 당연히 3등급 학생들을 가르치는 것이 수월하고 보람도 있을 겁니다. 거기에다가 성적 향상 시 학원 홍보 효과까지 확실하니 인기 학원에서 하위권 학생을 가려내는 테스트를 하는 것은 당연합니다.

반면에 성적이 지극히 낮은 학생들은 공부할 마음이 없습니다. 학습에 대한 동기가 없는 상태입니다. 여기서 발끈하는 학생이 있을 겁니다. 성적은 낮아도 공부는 잘하고 싶다는 학생이 있을 수 있죠. 그런 학생은 공부하는 습관이 없을 겁니다. 학습 동기, 공부 습관, 더 나아가 인생의 목표가 없는 학생들을 학원에서 받으면, 이들에게 인생의 목표를 찾아주고, 동기를 만들어주고, 습관까지 잡아줘야 합니다.

문제는, 혼자서 공부를 못하는 하위권 학생들입니다. 이들은 보통의 학원에서도 사교육의 효과를 제대로 누리기 어렵고, 인기 있는 학원에는 등록 자체가 불가능한 경우가 많습니다. 혼자서는 공부가 어려우니까 사교육의 도움이 가장 필요한 집단이 하위권인데, 역설적으로 이 집단이 사교육의 효과가 가장 미미합니다. 바로 이것이 '하위권의 딜레마'입니다.

상위권은 갈수록 사교육을 줄입니다

〈청소년 사교육 이용 실태 및 효과에 대한 종단분석〉이라는 연구에는 학교 성적과 사교육 이용 비율의 관계를 분석한 흥미로운 자료가 담겨 있습니다. 이 자료를 들여다보면 상위권과 하위권의 사교육

활용 차이를 여실히 알 수 있습니다.

　이 자료를 보면, 우선 초등학생은 성적이 높은 집단이 사교육을 더 많이 받았습니다. 사교육을 받은 아이들이 초등학교에서 높은 성취를 보였다고도 볼 수 있습니다.

　주목해야 할 점은 중학교, 고등학교 학생들에 관한 분석 결과입니다. 중학교, 고등학교의 사교육 이용은 초등학교와 정반대였습니다. 중학교 때는 최하위 성적군보다 최상위 성적군이 사교육을 받는 비율이 높았습니다. 최하위권은 67.3%가 사교육을 받았는데, 최상위 성적군에서는 91.9%가 사교육을 받았습니다. 하지만 이 양상은 고2가 되면서 뒤바뀝니다. 최하위 성적군은 61.3%가 사교육을 받으며 최상위 성적군은 54.9%만이 사교육을 받는 것으로 조사되었습니다. 상위권에서 사교육을 이용하는 비율이 절반 수준으로 줄어든 겁니다.

　바라보는 시선에 따라서 결과에 대한 다양한 해석이 가능하겠지만, 20년 동안 중고등학교에서 학생들을 가르친 제가 확실하게 말씀드릴 수 있는 것은 '고등학교의 최상위권은 혼자서 공부하는 학생들이 절대다수'라는 것입니다.

　저는 항상 최상위권들의 일상에 주목했습니다. 탁월한 성취를 하는 아이들은 혼자서 공부하는 시간이 압도적으로 많습니다. 그리고 그 누구보다도 오랜 시간을 집중해 공부합니다. 학교에 단 한 명이 남아서 공부를 하고 있다면 그 학생은 전교 1등이었고, 명절 연휴에도 학교에 공부하러 나오는 단 한 명의 학생도 전교 1등이었습니다.

　수능에서 만점을 받은 학생이 혼자서 교과서만 보고 공부했다고 이야기하는 건 결코 거짓말이 아닙니다. 그들의 공부하는 태도나 시간을 고려해보면 교과서만 보고도 최고 수준의 학업 성취를 달성하는 것이 타당하게 느껴집니다.

중학교 때는 그들도 선행학습을 어느 정도 했을 겁니다. 초등학교에서 중학교로 넘어가면서 국영수와 같은 전략과목의 기초를 다지고, 중학교에서 고등학교를 대비해 개념을 익히고 문제를 풀었을 겁니다. 하지만 최상위권들은 고등학교에 진학하면 혼자서 공부하는 시간을 압도적으로 늘립니다. 학원은 꼭 필요한 경우에만 선택적으로 이용합니다.

중하위권은 학원에 '의존'하고, 최상위권들은 학원을 '이용'합니다. 이 차이가 결정적입니다. 최상위권들은 학원에 의존하는 것이 아니라 학원을 필요에 따라 이용합니다. 내신을 대비할 때 학원을 이용해서 시간을 벌 수 있고, 수능 대비를 하면서 부족한 개념을 학원에서 채울 수 있습니다. 최상위권들은 자신이 부족한 부분을 정확하게 알고 이를 보완하기 위해서 '학원이 필요한 경우'에만 학원을 이용합니다. 불안하니까, 혼자서는 공부를 안 하니까 등의 이유로 학원에 의존하는 것은 절대로 최상위권의 이야기가 아닙니다.

고등학교 진학 이후에 하위권 아이들은 더욱 안타까운 상황을 맞이합니다. 성적이 학교생활의 기준처럼 여겨지는 곳에서 학교 수업을 따라가기 어렵고, 낮은 성적을 받으면서 자존감이 떨어지고, 더욱 불안해지면서 학원에 대한 의존도는 더욱 커집니다. 불안한 마음에 사교육비를 상위권보다 더 많이 지출하지만, 이렇게 해서는 결코 스스로 탄탄하게 공부하는 최상위권을 따라잡기 어렵습니다.

안타깝지만 자녀가 고등학교까지 진학을 해버리면 공부에 대한 정서, 습관, 실력 등 많은 부분이 굳어져서 이를 바꾸기가 어렵습니다. 극적인 성적 향상도 극소수의 이야기입니다. 사교육은 중하위권이 포기하지 않고 공부를 지속할 수 있도록 도와주지만, 극적인 역전을 만들어내기는 어렵습니다.

최상위권과 중하위권의 차이는 언제, 어디서부터 발생한 걸까요? 다니는 학원이 다르거나 생활하는 학군이 달라서라고 생각하시면 안 됩니다. 그건 지금 우리가 바꿀 수 없는 요소입니다. 그 요소를 원인이라고 굳게 믿으시면 현실을 결코 바꿀 수 없습니다.

ACTION

■ **최상위권은 고등학교로 갈수록 사교육을 줄입니다.**

■ **최상위권은 혼자서 공부하는 시간이 절대적으로 많습니다.**

■ **최상위권은 학원을 필요에 따라 이용합니다.**

■ **중하위권은 학원에 의존하니, 그 효과를 제대로 누릴 수 없습니다.**

자기주도성

아이의 공부를 관리해주는 학원?

최근에 학원은 크게 2가지 기능을 하고 있습니다. 내신, 수능과 같은 명확한 목표를 달성하기 위해서 수업을 제공하는 것은 전통적인 학원의 기능입니다. 여기에 추가로 최근 부쩍 강화된 것이 '관리' 기능입니다. 혼자서 공부하는 방법을 모르는 아이들을 관리해주는 겁니다. 학습 동기를 만들어주고 계획을 세우는 방법, 엉덩이 붙이고 공부하는 방법, 그리고 시간 관리하는 방법까지 알려주는 등 아이들이 공부할 수 있도록 철저하게 관리해주는 겁니다.

이런 학원들이 제공하는 콘텐츠가 틀렸다는 것이 아닙니다. 혼자 공부를 못하는 아이를 학원에서 최상위권으로 만들 수 없다는 점을 이야기하는 겁니다.

우리 어른들도 혼자서는 운동하기 어려우니까, 의지가 약하니까 PT(퍼스널 트레이너)를 돈을 주고 고용합니다. 그런데 혼자서는 운동을 지독히도 하기 싫어하는 사람이 돈을 주고 PT를 받는다고 해서 운동에 미쳐 있는 연예인 김종국 씨 같은 근육을 만들 수 있을까요? 절대로 불가능합니다. 이와 마찬가지로 혼자서는 계획도 세울 줄 모르고, 공부하는 방법도 모르는 아이가 누군가의 도움을 받아서 그 방법을 알게 되는 것이 굉장히 타당한 과정처럼 보이지만 이렇게 만들어진 아이는 결코 스스로 하는 아이를 이길 수 없습니다.

집에서 아이들과 공부 때문에 씨름을 하고 있는 어머님들에게는 이런 이야기가 현실 감각이 없는 이야기처럼 들릴 수도 있습니다. 이해합니다. 하지만 우리는 다시 한 번 명심해야 합니다. 목표가 인서울 명문대라면 이는 바늘구멍을 통과하려고 하는 겁니다. 우리 아이에게 놀라운 공부 재능이 있는 것이 아니라면 잠을 줄이고 스트레스에 시달리면서 수많은 좌절을 넘어 달성해야 하는 험난한 목표입니다. 이 길은 부모가 시켜서 갈 수 있는 길이 아닙니다.

만들어진 아이는 결코 스스로 공부하는 아이를 이길 수 없습니다. 앞에서 말했듯이 세계적인 피아니스트로 성장한 임윤찬 씨는 엄마가 시켜서 피아노를 새벽 4시까지 친 것이 아닙니다.

누구나 처음은 어렵습니다. 아이들도 당연히 공부를 어려워합니다. 엉덩이가 들썩이고, 안 풀리는 문제에 짜증이 나고, 낮은 성적에 좌절도 할 겁니다. 혼자 공부하다가 목표 달성에 실패할 수도 있습니다. 혼자 해보면서 자꾸 실패하는 아이의 모습을 부모가 참지 못해서 자녀를 학원에 보내버리면, 이는 아이 스스로 잘할 수 있는 소중한 기회를 잃는 겁니다.

집에서 큰 발전 없이 아이가 끙끙대는 것이 부모 입장에서 답답하게 여겨질 수 있습니다. 하지만 스스로 시행착오를 겪으면서 경험한 것들은 아이에게 큰 자산이 될 겁니다. 왜냐하면 세상은 4차 산업혁명 시대를 향해서 달려가고 있기 때문입니다.

4차 산업혁명 시대와 사교육

우리 사회는 인공지능이 주도하는 4차 산업혁명을 향해서 나아가고 있습니다. 2016년 스위스에서 열린 다보스포럼에서 의장이었던 클라우스 슈바프(Klaus Schwab)는 1, 2, 3차 산업혁명이 전 세계적 환경을 혁명적으로 바꿔놓은 것처럼 4차 산업혁명이 전 세계 질서를 새롭게 만드는 동인이 될 것이라고 말했습니다.

4차 산업혁명은 인공지능, 사물인터넷, 로봇기술, 드론, 자율주행차, 가상현실이 주도하는 혁명입니다. 10년 전만 해도 공상과학영화에 나오던 전기차가 도로를 돌아다니고, 구글 딥마인드에서 개발한 바둑 인공지능인 알파고가 이세돌 9단에게 승리하는 것을 보면서 우리는 새로운 시대가 올 것임을 직감할 수 있습니다.

과거처럼 변화가 상대적으로 느린 시대에서는 미래에 대한 예측이 가능했습니다. 대다수가 희망하던 직업을 초중고에서 차근차근 준비해서 대학 졸업 이후에 꿈을 이루는 식으로 살아가는, 예상이 통하던 시대였습니다. 하지만 다가오는 시대는 변화의 속도가 빠르기 때문에 예측이 불가능합니다. 인공지능의 발달로 인해서 어떤 세상이 펼쳐질지 알기 어렵고, 인간에게는 어떤 일자리가 남을지 예측해보려고 하지만 그 작업이 결코 쉽지 않습니다.

초등학생 때 바둑기사의 꿈을 품고 있던 학생은 이세돌 9단의 패배를 보면서 자신의 꿈을 수정하지 않았을까요? 그럼 그 학생은 어떤 진로를 새롭게 가져야 할까요? 지금 학생들이 희망하고 있는 직종의 60% 이상이 미래에는 사라진다고 합니다.

세상이 빠르게 변하고 있음을 분명하게 보여주는 사례는 글로벌 시가총액 1위에서 10위까지의 기업의 변화입니다. 기업의 시가총액은 증권시장에 상장되어 있는 모든 주식의 시가를 전부 더한 금액을 의미합니다. 시가총액은 그 기업이 시장에서 인정받는 가치라고 볼 수 있습니다.

1999~2000년에 닷컴 버블이라고 해서 기술 관련 주식들의 가치가 급등했습니다. 이 거품은 곧 꺼지면서 5년 후인 2004년에는 에너지 회사인 GE(General Electric)와 엑슨모빌(Exxon Mobil)의 시대가 열렸습니다. 당시 GE의 CEO인 잭 웰치(Jack Welch)가 집필한 자기계발서들은 국내에서도 엄청난 인기를 끌었습니다. 그의 강력한 리더십과 결단의 기술이 미국을 넘어 멀리 우리나라에까지 큰 영향을 준 것입니다.

하지만 경제 분야에 영원한 것은 없습니다. 전문가들이 '창조적 파괴'라고 부를 정도의 강력한 변화들이 일어납니다. 2014년에 애플과

알파벳(구글)이 강력하게 등장합니다. 시가총액에서 애플이 1위, 엑슨모빌(에너지 회사)이 2위, 알파벳이 4위를 차지합니다. 그리고 2016년에는 애플, 알파벳, 마이크로소프트, 아마존, 페이스북이 시가총액 1~5위까지를 모조리 차지하면서 기술의 가치가 얼마나 높은지를 세상에 보여줍니다.

기업의 시가총액은 '현재 기업이 얼마의 돈을 벌고 있느냐'도 중요하지만 미래의 잠재력이 주가에 반영되어 영향을 미칩니다. 이들 IT 기업들은 미래 가치를 인정받았기 때문에 타 산업 분야보다도 높은 시가총액을 평가받게 된 것입니다. 2022년 7월 기준 글로벌 시가총액 1위부터 10위까지의 기업은 아래와 같습니다.

◆ 2022년 7월 기준 글로벌 시가총액 1~10위 기업 ◆

순위	국적	기업
1	사우디아라비아	사우디 아람코
2	미국	애플
3	미국	마이크로소프트
4	미국	알파벳(구글)
5	미국	아마존닷컴
6	미국	테슬라
7	미국	버크셔 해서웨이
8	미국	유나이티드 헬스
9	미국	존슨앤드존슨
10	중국	텐센트

1위에 랭크된 사우디 아람코는 사우디아라비아의 국영 석유회사입니다. 사우디아라비아에 매장된 원유를 독점 생산하고 있는 기업으로 자원을 바탕으로 이익을 내기에 타 기업들과는 분리가 필요합니다. 실질적으로 애플을 시가총액 1위 수준으로 평가해야 하며, 마이크로소프트, 알파벳, 아마존닷컴, 테슬라와 같은 기술 관련 기업들이 그 뒤를 따르고 있습니다. 테슬라는 전기차를 생산하고 있지만 우주 산업 등 다양한 분야로 사업 영역을 확장하고 있으며, 다른 기업들도 미래 사회에 발맞추어 다양한 사업을 전개하고 있다는 공통점이 있습니다.

이들은 쉼 없이 미래의 먹거리를 찾으며 변화를 선도하고 있습니다. 예를 들어 애플은 2025년 출시를 목표로 전기차 프로젝트인 '타이탄'을 가동하고 있습니다. 핸들이나 브레이크 페달이 없는 자동차를 만들기 위해서 연구중이라고 합니다. 승객이 차량에서 누워 잘 수 있는지 여부를 미국 도로교통안전국과 논의했다고 하니 완전한 자율주행을 계획하고 있는 것 같습니다. 미래에는 운전자가 누워서 자는 동안에 차가 목적지에 도착하는 세상이 올지도 모르겠습니다.

앞으로 또 10년이 흘렀을 때에는 어느 기업이 시가총액 1위를 차지하고 있을까요? 여전히 석유회사가 높은 유가로 인해서 1위를 차지하고 있을까요? 시간이 지나 화석 연료에 대한 수요가 줄어들고 대체 에너지가 개발되면 사우디 아람코의 기업 가치가 떨어지지 않을까요? 그럼 어느 기업이 최고의 자리에 오를까요? 그것을 알 수 없다는 것이 미래 사회의 특징입니다.

알 수 없는 미래에서 살아남기

미래 사회가 갖는 가장 큰 특징은 '예상이 어렵다'는 점이라고 생각합니다. 다가오는 미래를 예상할 수 있다면 우리는 유망한 직종만을 골라서 준비를 할 것이고, 미래를 선도할 기업에 투자해 모두 부자가 될 겁니다. 하지만 5년 후의 일도 예상하기 어려운 것이 미래 사회의 특징입니다.

예상이 어렵다면 우리 인간이 할 수 있는 것은 '변화에 대한 적응' 밖에 없습니다. 우리 아이들이 사회에 진출할 15년, 20년 후의 모습을 가늠하기 어렵다면 우리 아이들에게 가장 필요한 능력은 변화에 대한 적응력이 아닐까요?

그리고 이런 변화에 대한 대응은 스스로 하는 겁니다. 부모가 자녀에게 변화한 미래 사회의 대응법을 상세하게 알려줄 수 없습니다. 독립한 자녀는 스스로 시대의 변화를 읽고, 이에 맞는 대응을 해 자신의 삶을 주도적으로 이끌어가야 할 것입니다. 지금 여러분은 이런 능력을 자녀에게 길러주고 있나요?

고교학점제와 자기주도성

미래 사회에 꼭 필요한 주도적인 대응 능력을 길러주기 위해서 학교 교육과정에도 변화가 예고되어 있습니다. '고교학점제'라는 개념을 들어보셨을 겁니다. 대학처럼 원하는 과목을 학생이 신청해서 수

강하고 일정 학점 이상을 이수하면 졸업이 인정되는 방식을 고등학교에 적용하는 것이 고교학점제입니다.

고교학점제를 실시하는 가장 큰 이유는 학생들에게 자기주도적인 힘을 길러주기 위해서입니다. 국가가 정해놓은 천편일률적인 수업을 받는 것이 아니라 자신이 원하는 수업을 자기 의지로 선택하라는 겁니다. 주도적으로 자신의 미래를 개척하라는 의미입니다.

이 제도와 관련해서 개인적으로 가장 염려하는 점은 초중등에서 스스로 선택하는 경험을 제대로 하지 않은 아이들이 제대로 선택할 수 있을지입니다. 주변에서 정해준 대로 시키는 공부만 한 아이들이 자신의 학점을 주도적으로 챙길 수 있을지가 걱정입니다. 하지만 미래 사회에 대비해 이런 변화는 반드시 필요하다고 개인적으로 생각하고 있습니다.

가정에서 실천하는 자기주도성

아이를 키우면서 아이들에게 무언가를 시키면 부모는 2배로 힘듭니다. 아이들과 요리를 하면 뒤치다꺼리할 것이 산더미입니다. 청소를 시켜도 오히려 집이 더러워질 수 있습니다. 아이들은 미숙하고, 아직 발달중이기에 어떤 일을 처음부터 잘할 수가 없습니다.

하지만 몇 번만 시키면 아이들은 놀라운 능력을 발휘합니다. 공원에 가보면 꼬맹이인데 자전거를 기가 막히게 타고, 어떤 아이는 아빠와 야구를 어른처럼 합니다. 초등학생도 안 된 아이가 줄넘기를 어른보다 훨씬 더 잘하는 장면도 목격하게 됩니다. 그들은 신동이 아닙니다. 부모가 기회를 제공해서 어떤 계기에 그 일을 계속해서 하게 되면서 잘하게 된 것입니다. 아이들은 충분히 기회를 주면 누구나 잘할 수 있습니다. 그 기회를 빼앗는 것은 사실 우리 부모들입니다.

저는 개인적으로 요리하는 것을 좋아하는데, 특히나 제 계획대로 요리를 착착 진행시켜서 완성하는 맛 때문에 요리를 좋아합니다. 가족들을 위해서 김밥을 자주 싸는 편인데, 재료를 마련해서 김밥을 만든 뒤 얇게 썰어서 접시에 예쁘게 놓으면 기분이 좋아집니다.

언젠가부터 아이들과 김밥을 같이 쌌습니다. 처음에는 저의 요리 시간은 완전히 망쳐졌습니다. 아이들은 밥풀을 여기저기 발랐고, 김밥은 제대로 싸지지도 않았고, 저의 소중한 재료들은 모두 낭비되었습니다. 하지만 그런 몇 번의 경험 끝에 이제는 재료만 준비해주면 아이들은 알아서 김밥을 쌉니다. 물론 어른처럼 정상적인 김밥이 만들어지는 것은 아닙니다. 하지만 아이들은 적어도 기본적인 요리에 대한 감을 익혔을 겁니다.

아이들의 본성과 공부는 맞지 않는 부분이 많은 것 같습니다. 아이들은 놀이터에서 놀 때 제일 행복한 것 같은데, 가만히 앉아서 30분, 1시간을 공부한다는 것이 아이들의 본성과는 분명히 맞지 않습니다. 그러니 공부가 힘들 수밖에 없습니다. 그렇다고 해서 공부를 안 할 수는 없습니다. 우리는 평생 공부를 해야 하는 사회에 살고 있으니까요.

아이들은 스스로 공부할 수 있는 기회를 충분히 부여받아야 합니다. 혼자서는 공부를 제대로 안 하니까 사교육의 힘을 빌리는 가정이 대다수지만, 스스로 공부를 안 하는 자녀가 학원에 가면 앞서 이야기한 '하위권의 딜레마'에 빠지게 됩니다. 아이가 의욕을 가지고 계속해서 공부에 도전할 수 있도록 가정에서 도와야 합니다.

당연히 학원을 보내는 것보다 가정에서 공부를 시키는 것이 더 힘듭니다. 하지만 이것이 단기적으로 공부만의 문제가 아니라 미래 사회에 꼭 필요한 역량을 기른다고 생각하면 그만한 투자의 가치가 충분히 있다고 생각합니다.

ACTION

- 시켜서 하는 아이는 스스로 하는 아이를 이길 수 없습니다.
- 혼자 공부하면서 겪는 시행착오를 통해 미래 사회에 꼭 필요한 역량이 길러집니다.

공부정서

공부정서가 망가지는 아이들

'공부정서'라는 개념을 아시나요? 자녀교육 멘토인 임작가는 『완전학습 바이블』이라는 책에서 초등 단계에서 공부정서의 중요성을 매우 강조합니다. 이 책에서 말하는 공부정서란 공부에 관한 정서적 경험의 반복으로 인해 쌓인, 공부를 떠올릴 때 느껴지는 고착된 정서 상태를 말합니다. 쉽게 말해 '공부를 떠올렸을 때 어떤 마음이 드느냐'입니다.

공부하는 것이 좋을 수 있을까요? 결코 쉽지 않습니다. 하지만 분명한 점은 공부가 싫어지면 절대로 공부를 잘할 수 없다는 것입니다. 특히 초등학생 때 공부에 대한 감정이 안 좋아지면, 중학생이 되고 사춘기에 들어서면 부모의 명령이나 지시가 통하지 않기 때문에 스스로 계기를 만들지 못한다면 공부를 잘할 수 있는 기회는 영영 사라집니다.

초등학교에서 배우는 거의 모든 과목의 교육목표는 해당 과목에 대한 흥미를 유지하는 것입니다. 교육부에서 공식적으로 명시한 초등 영어 교육의 목표는 다음과 같습니다.

초등 영어 교육의 목표
- 영어 학습에 대한 흥미와 자신감을 기른다.
- 자기 주변의 일상생활 주제에 관하여 영어로 기초적인 의사소통을 할 수 있다.
- 영어 학습을 통해 외국의 문화를 이해한다.

영어로 된 원서를 많이 읽고, 막힘없이 영어로 말을 하고, 중학교 공부를 선행하는 것이 아니라 '흥미와 자신감을 기르는 것'이 초등 영어 교육의 목표입니다. 이 목표를 망각한 채 아이의 수준에 맞지 않게 선행을 한 경우, 개념을 제대로 익히지 않은 채 속도만 강조해 학습 결손이 발생한 경우, 아이의 감정은 무시한 채 공부만 강요한 경우에는 공부정서가 망가지게 됩니다.

초등학교에서 교사와 전문가들은 선행하지 말 것을 강조합니다. 교과서를 완전하게 익혀야 한다고 말합니다. 이는 여러 가지가 고려된 최선의 조언입니다.

초등학생들은 덩치는 커지고 있지만 아직은 미성숙한 면이 많습니다. 학교에서 배울 내용을 선행하게 되면 학교 수업에서 잘난 척을 하느라 수업에 집중하지 않습니다. 그 과정에서 덤벙대는 성격의 아이라면 학습 결손이 생기게 됩니다. 차곡차곡 쌓여야 할 개념의 어딘가가 텅 비게 되는 겁니다.

당장은 티가 안 나도 학습 결손은 시간이 지나면서 다음 개념을 익히는 데 악영향을 주게 되고, 결국 초등 고학년이 되어서 배우는 내용이 어려워지기 시작하면 순식간에 공부가 어려워지고, 아이의 공부정서는 망가지게 됩니다.

덤벙대면서 앞서가는 것이 초등학생의 공부가 아닙니다. 흥미를 느끼면서 꼭꼭 개념을 씹어서 이해하는 것이 초등학생 때 해야 할 일입니다.

남들보다 더 느리게 가면 손해 아니냐고요? 빨리 가려고 하다가 공부정서가 망가지면 두 번 다시 일어나서 달릴 수 없습니다. 경쟁이라는 대회에서 포기 내지는 탈락인 겁니다.

게다가 선행을 하는 동안 아이는 충분히 쉬거나 놀지도 못했을 겁니다. 생계를 유지하기 위한 분명한 목적을 가지고 일하는 어른도 수시로 지치고 번아웃이 오는데, 딱히 공부를 해야 하는 명확한 동기가 없는 상태에서 학원을 오가면서 놀지 못하고 공부하는 아이들의 속이 멀쩡할 리 없습니다.

'공부가 미래를 위한 투자이고 성공의 열쇠'라는 생각은 부모의 생각일 뿐이지, 아이들이 이를 뼈저리게 느끼고 있을 리가 없습니다. 그렇다면 공부는 아이들에게 금세 너무 힘들고 고통스럽고 좌절을 주는 것으로 인식되기 쉽습니다. 이렇게 아이들의 공부정서가 망가지게 되는 겁니다.

자녀가 공부를 못한다고 부모가 잔소리하고 화를 자주 내면 여기에 기름을 붓는 겁니다. 이렇게 무너진 공부정서를 회복하는 것은 정말 어려운 일입니다.

이를 알지만 공부를 안 하는 아이와 씨름을 하다가 아이는 공부정서가 망가지면서 점점 더 공부를 안 하게 됩니다. 부모가 그 꼴을 보기 싫어서 학원에 보내게 되면 앞서 이야기한 '하위권의 딜레마'가 시작되는 겁니다. 아이가 눈에 안 보이니까 부모의 마음은 편할 수 있지만, 이렇게 떠밀려서 학원에 간 아이가 대단한 성과를 거둔 사례를 저는 거의 보지 못했습니다.

아이들이 많이 아픕니다

2022년에 국립중앙의료원, 경희대병원, 서울의료원은 2016~2019년 국립중앙의료원 국가응급진료정보망을 활용해 극단적 선택 시도로 응급실에 내원한 14~19세를 분석한 논문을 공개했습니다. 중1에서 고3까지의 나이에 해당합니다. 이런 사례는 2016년 1,894건에서 2019년 3,892건으로 4년간 2배 이상 증가했습니다. "최근 우리나라 전체의 자살률은 감소세이지만 청소년의 자살 시도는 증가세"라고 논문의 교신저자인 성호경 전문의는 말합니다.

2022년에 MBC에서는 초중고생을 대상으로 한 설문조사 결과를 공개했습니다. 초중고생 4명 중 1명이 '학업 스트레스로 극단적인 선택을 생각해봤다'는 충격적인 결과였습니다. 실제 극단적 선택을 한 학생은 2019년 10만 명당 2.5명이었지만 2020년은 3.6명 수준으로 해마다 증가하고 있습니다. 또한 응답 학생의 51.4%의 학생들은 '경쟁, 대학입시 때문에 고통받고 있다'고 답했는데, 이는 학년이 높아질수록 증가해 고3 학생의 경우 70%의 학생이 '극심한 스트레스를 느끼고 있다'고 응답했습니다.

스트레스를 받는 이유로는 '나 자신에 대한 실망과 자신감 상실'이 제일 컸고, '상급 학교에 대한 입시 부담'과 '대학이 서열화되어 있어서'가 다음 순위였습니다. 성적으로 인해서 아이들은 자존감을 깎아내리면서 불안해하고 있었고, 극단적 선택까지도 생각하고 있었습니다. 29.2%의 학생들은 '물건을 때려 부수고 싶은 충동을 느낀다'고 답했습니다.

특히 이 조사에서는 영재고, 특목고, 자사고 학생들의 비율이 높았습니다. 한 학급 25명 기준으로 6~7명이 '죽음까지를 생각하고 있다'고 응답했습니다.

저는 특목고에서 5년 이상의 근무 경험을 가지고 있습니다. 특목고, 자사고는 기숙사 학교가 다수입니다. 보통 아침 6시 30분에 기상해서 밤 11시 넘게까지 단체로 면학을 하고, 밤 12시 넘어서 잠에 듭니다. 이런 일상을 3년간 보냅니다.

특목고 아이들은 공부 자체도 힘들지만, 자존감의 문제도 심각합니다. 이 학생들은 중학교 때 모두 공부로 인정받던 학생들입니다. 그런데 고등학교 입학 이후 누군가는 1등급을 받을 때 누군가는 최하등급인 9등급을 받습니다. 모든 활동에서 친구들과 비교가 되고, 그러니 성적이 의식될 수밖에 없습니다. 이들이 높은 스트레스를 느끼는 것은 당연합니다.

과거보다 아이들의 경쟁은 더 치열해졌습니다. 더 정확하게 말하면 과거에도 경쟁은 있었지만, 지금은 학원도 너무 많고 인터넷 강의도 발달하다 보니 아이들이 예전보다 공부를 더 많이 해야 하고 더 많은 스트레스를 느낍니다.

20년 전에는 놀이터에 아이들이 가득했습니다. 하지만 이제 웬만한 놀이터는 텅 비어 있습니다. 놀이터에서 뛰어놀던 아이들은 모두 학원에 있습니다. 학원에 가면 친구들을 만날 수 있고, 학원을 안 다니면 오히려 친구들을 만나기 어려운 세상이 되었습니다.

옆의 친구가 하는 만큼 나도 공부를 해야 하고, 내가 더 공부를 많이 해야 더 좋은 성적을 얻습니다. 옆의 친구들이 모두 달리니 나도 숨이 넘어갈 것 같은데도 달려야 합니다. 그래서 아이들이 더 이상 참지 못하는 단계에 달하고 있습니다.

이런 식의 무한경쟁이 이어지면 아이들은 더욱더 힘든 상황으로 내몰릴 겁니다. 학교에서는 등급으로 평가를 받고, 학교가 끝나면 학원에서 공부를 해야 합니다.

아이들이 쉴 곳은 집밖에 없습니다. 그런데 집에서도 부모님들이 아이를 성적으로 평가하고 아이의 자존감을 깎아내리면 아이들은 갈 곳이 없습니다. 가정에서 부모님이 아이들의 마음을 살펴야 하는 이유입니다.

아이의 성적 때문에 놓치고 있는 아이의 눈빛을 읽어야 합니다. 오늘 아이의 눈빛은 어땠나요?

ACTION

- 초등 교육의 본질은 공부정서를 챙기는 것입니다.
- 초등학생 때는 흥미를 갖고 개념을 차근차근 공부해야 합니다.
- 아이의 눈빛을 읽고, 아이의 마음을 반드시 들여다봐야 합니다.

기성세대의 책임

아이들에게 늘 미안합니다

저는 2006년에 중학교를 시작으로 인문계 고등학교, 특목고, 마이스터고까지 다양한 학교들에서 교사로서 근무를 했습니다. 15년이 넘는 시간 동안 학교에 있었네요.

그 시간 동안 많은 것이 변했습니다. 처음 근무를 시작할 때는 종이에 결재 문서를 출력해서 연필로 부장 선생님께 수정을 받고, 교장실에 직접 가서 인사를 드리고 결재를 받던 시대였습니다. 지금은 전자 시스템이 도입되어서 온라인상에서 모든 기안과 결재가 이루어집니다. 세상은 15년 전과 비교가 안 될 만큼 변했습니다.

하지만 학교 현장의 근본은 그리 크게 바뀌지 않았습니다. 책상 배치도 바꾸고 아이들이 교실을 이동하면서 수업을 듣던 때도 있었고, 영어 말하기와 쓰기를 평가하겠다는 시도도 있었습니다. 다양한 시도들이 있었지만 지금의 학교는 15년 전과 본질적으로 비슷합니다. 여전히 선생님이 앞에 서서 수업을 합니다. 아이들은 수업 내용을 들으면서 공부를 합니다. 그리고 시험을 봅니다. 시험을 보고 나면 고등학교의 경우 1~9등급까지의 성적이 나옵니다. 아이들은 성적을 올리기 위해 계속 노력합니다. 그리고 선생님들은 더 열심히 공부하라고 격려합니다. 이 모습들이 15년 전, 아니 50년과도 비슷하지 않을까요?

세상은 미래를 향해서 달려가고 있는데, 교육 현장의 모습은 바뀌지 않았습니다. 좋은 것은 지켜야겠지만 성적으로 모든 것이 평가되는 지금의 대한민국 교육 환경이 세계적인 수준이라고, 자랑스럽다고 생각하는 분은 별로 없을 겁니다. 더 좋은 방향으로 바꾸어야 하는데 그러지를 못했습니다.

교육 환경을 바꿔야 할 책임은 기성세대에 있습니다. 그걸 우리가 못 한 겁니다. 특히 교육계에 몸을 담은 저는 능력이 부족해 이걸 바꿀 힘은 없었기에 아이들에게 미안한 마음을 갖게 됩니다.

아이들은 죄가 없습니다

아이들은 태어날 때부터 선택권이 없었습니다. 생물학적 과정을 거쳐서 세상에 던져지듯 태어났습니다. 부모와 자식의 갈등이 심화되면 "왜 엄마는 나를 낳았느냐?"라는 말이 레퍼토리로 늘 나올 수밖에 없습니다. 이 부분에서는 부모가 할 말이 없습니다. 계획하에 아이를 낳았든 그렇지 않든 아이들은 그들의 출생에 대한 선택권이 없었습니다.

그런 아이들이 살게 되는 세상도 그들이 만든 것이 아닙니다. 초등학생 때부터 학원에 다니면서 공부에 매진하는 이 문화는 우리 기성세대들이 만든 겁니다. 이들이 겪어야 하는 입시 시스템도 어른들이 만든 겁니다. 아이들은 이 세상을 살게 된 것 뿐입니다. 어른들이 만든 시스템 속에서 어른들이 만든 과업을 수행하면서 고통받는 겁니다.

고등학교에서 근무하면서 성적을 가지고 아이들과 상담을 할 때 저는 계속 이야기합니다. "인생은 성적순이 절대로 아니다. 네가 하고 싶은 것을 찾아서 하면 된다. 성적 때문에 절대로 기죽지 마라. 100가지 잣대 중에서 성적이라는 하나의 잣대로 네가 평가된 것뿐이니, 성적이라는 잣대로 절대 너의 가치를 낮추지 마라."

아이들의 기를 살리기 위한 갖은 말을 다 꺼냅니다. 하지만 교직 15년 동안 이 이야기를 듣고 자신의 낮은 성적에도 웃음을 보이는 아이를 본 적이 없습니다.

아이들은 성적 때문에 슬퍼합니다. 성적 때문에 자신의 자존감을 깎아내립니다. 성적이 낮은데 예쁘게 꾸미고 다녀도 되는지, 성적이 낮은데 반장을 해도 되는지, 성적이 안 나오는데 연애를 해도 괜찮은 건지를 고민합니다.

〈행복은 성적순이 아니잖아요〉라는 영화는 1989년 김보성·이미연 주연의 작품입니다. 이 영화에서 얼굴이 예쁘고 전교 1등을 하던 주인공 은주는 공부를 못하는 봉구에게 마음을 열고 행복한 시간을 보냅니다. 그러다 성적이 전교 32등으로 밀려나서 이를 견디지 못하고 아파트 옥상에서 투신합니다. 은주에게는 언제나 성적으로 은주를 평가하던 어머니가 계셨습니다.

1989년을 2022년으로 바꾸어서 개봉을 해도 이 내용에 이질감이 느껴지지 않습니다. 30년이 넘는 세월이 무색하게도 우리의 교육이 이렇게도 변화가 없었습니다.

아이의 권리보다 성적이 우선인가요?

아동들의 놀 권리는 역사적으로 꾸준히 보장되어 왔습니다. 1959년 유엔에서는 '아동권리선언'을 발표하면서 아동들의 교육받을 권리와 놀 수 있는 권리를 규정하고 보장했습니다. 1989년 유엔에서는 아동들의 기본적 권리 보호를 위해서 유엔아동관리협약(Convention on the Rights of the Child)을 제정했습니다.

이 협약에 따르면 18세 미만의 어린이·청소년들은 생존권, 보호권, 발달권, 참여권을 보장받습니다. 이 중 31조에는 '당사국은 아동에게 문화, 미술, 오락, 여가 활동을 위한 적절하고 균등한 기회의 제공을 장려해야 한다'라고 명시되어 있습니다.

과연 우리는 아이들에게 여가 활동을 위한 여유를 제공하고 있나요? 공부하느라 도저히 이런 시간을 갖지 못하는 아이들이 대부분일 겁니다. 아이들이 순수하게 자연 속에서 뛰어놀고, 다양한 활동을 하면서 전인적으로 발달할 수 있는 기회가 점점 사라지고 있습니다. 학교 현장에서도 입시에 가까워질수록 즐겁고 의미 있는 다양한 활동들이 점점 입시를 위한 스펙 쌓기 활동들로 변질되어갑니다.

지금 우리는 성적이 곧 능력으로 평가되는 패러다임에 철저하게 지배받는 세상을 살고 있습니다. 현실을 부정할 수는 없습니다. 하지만 아이들은 지금보다 더 행복해야 합니다. 왜냐하면 그들은 이 세상에 태어나기를 선택한 적도, 이런 시스템 속에서 피 터지게 경쟁하기로 선택한 적도 없거든요. 경쟁 사회를 마주하게 한 것이 미안해서라도 아이들이 행복할 수 있도록 가정에서 지켜야 합니다.

꿈틀거리기라도 해야 합니다

지금의 우리 교육은 참 가슴 아프죠. 툭하면 경쟁을 부추기는 입시 정책으로 돌아갑니다.

이해는 됩니다. 경쟁을 통해서 더 인내심이 강하고 성실한 아이들이 우리나라의 인재가 되어서 국가 경쟁력을 높인다는 논리가 납득은 됩니다. 하지만 그 과정에서 아이들이 힘들고 아프고 다치면 안 된다는 것을 명심해야 합니다. 어쨌든 아이들은 권력 있는 기성세대가 만들어놓은 프로그램을 그대로 수행하고 있을 뿐이니, 이 프로그램을 무사히 마치도록 하는 것까지가 우리 기성세대의 책임입니다.

이렇게 말을 하고 있지만 저도 일개 교사에 불과합니다. 어떤 정책에도 영향을 주지 못합니다. 대다수의 부모님들도 마찬가지 입장이실 겁니다. 그럼에도 우리는 꿈틀거리기라도 해야 합니다. 이 시스템 속에서 아이들을 안전하게 지켜낼 방법을 생각해야 합니다.

다 같이 공부를 멈추고 놀자는 이야기가 아닙니다. 어떻게 하면 조금이라도 아이들이 더 안전하게 초중고 12년을 마칠 수 있을지를 함께 고민해야 합니다.

ACTION

- 아이들은 부모의 의지로 세상에 태어나서 살아갑니다.
- 기성세대가 만들어놓은 시스템 속에서 아이들이 고통받습니다.
- 아이들을 지켜주는 것까지가 우리 기성세대의 책임입니다.

사교육을 줄여야 하는 이유 8

더 나은 미래를 위해서

학교에서 아이들 모두가 행복한 시간

저는 입시 전문가이자 수능 영어 강사입니다. 기성세대가 만든 시스템을 아주 잘 이해하고 이를 통해서 먹고살고 있는 사람이죠. EBS와 강남구청 인터넷수능방송에서 10년 넘게 강의를 하면서 좋은 일도 많이 했지만, 근본적으로 제가 하는 일이 아이들을 기쁘게 만들고 행복하게 만드는 일은 아니죠. 그런 점에서 늘 마음속에 짐이 있습니다.

기성세대인 여러분들의 기억 속의 학교는 어떤 곳인가요? 너무나 행복한 곳이었나요? 그런 기억도 있으실 겁니다. 그런데 성적이라는 프레임으로만 보자면 학교는 그리 즐거운 곳이 아닙니다.

인문계 기준으로 내신 1등급 아이들은 '인서울 명문대'의 희망을 안고 열심히 공부합니다. 하지만 1등급은 전체의 4% 수준밖에 되지 않습니다. 절반 이상의 아이들은 인서울 명문대가 불가능하지만 그렇다고 학교를 그만두는 것도 답은 아니어서 꾸역꾸역 학교를 다닙니다. 수업 시간에는 자면서 시간을 때우고, 시험 시간에도 답을 대강 작성한 후에 자기 일쑤입니다.

시험 시간에 잠을 도대체 왜 자는지 부모님들은 궁금하실 수 있는데, 내신 성적으로 목표하는 대학을 가는 것이 이미 불가능한 경우에 학생들은 시험의 중요성을 전혀 느끼지 못합니다. 그래서 시험 공부도 안 한 채 시험 시간에는 빨리 답을 찍곤 자는 겁니다.

이런 아이들에게도 행복한 날이 있습니다. 수업 때는 단 한 번도 웃지 않던 아이들까지 모두 활짝 웃는 날이 있습니다. 소풍날, 체육대회 같은 날들입니다. 그날은 성적으로 아무도 뭐라 하지 않습니다. 자연 속에서 깔깔대고, 열심히 뛰어놀면 됩니다. 수업 때는 책상에서 고개도 안 들고 인상만 쓰고 있던 아이들 모두가 활짝 웃습니다.

그 모습을 보면 가슴이 아픕니다. 이렇게 잘 웃는 아이들인데 성적 때문에 자존감이 깎여 고개도 못 들고 하루를 살아가는 겁니다.

여러분은 행복하십니까?

대한민국에서 태어나서 저는 40년을 살았습니다. 학창 시절에는 죽도록 공부를 한 모범생이었고, 지금은 내 집 마련하고 아이들을 키우기 위해서 주말도 없이 일을 하고 있습니다. 행복하고 싶은 마음은 간절한데 "지금 행복하냐"고 누군가 물어본다면, 자신 있게 "행복하다"고 말할 자신이 없습니다. 30~40대 부모들의 삶은 저와 거의 비슷하지 않을까 싶습니다. 내 집 마련하고 생계를 꾸려가기도 벅찬데 사교육으로 인해 교육비 부담이 가중됩니다.

우리나라의 노인 빈곤율은 40%를 넘어섭니다. OECD 회원국 가운데 가장 빠른 속도로 노인이 증가하고 있는 나라이면서 동시에 빈곤율이 가장 높습니다. 2021년 기준으로 타국의 노인빈곤율은 미국 23.1%, 일본 19.6%, 영국 14.9%, 독일 10.2%, 프랑스 4.1% 수준입니다. 이와 비교해 대한민국에서는 경제력을 갖춘 노인이 되기도 쉽지 않습니다. 경제력이 중요한 자본주의 사회에서 중장년도 그리 행복하지 않고 노인이 되어서도 그다지 행복하지 않은 나라에 우리는 살고 있습니다.

마지막 희망인 아이들은 어떨까요? 어린이와 청소년은 행복한가요? 아마 그들은 가장 불행한 세대라고 스스로 생각할 겁니다. 우리의 학창 시절을 생각해보면 경쟁에 치여서 빨리 어른이 되고 싶다고 생각했습니다. 저도 그런 생각을 했던 기억이 납니다.

저는 매일 밤까지 공부하고, 친구를 경쟁자로 생각하는 사막 같은 나날들이 그리 행복하지 않았습니다. 어른이 되면 뭔가 달라질 줄 알았는데 그렇지도 않네요. 아이들의 하루 일과를 보면 그들을 행복하게 만드는 일들이 별로 없습니다. 학교에서는 경쟁을 해야 하고, 학원에서는 부족한 공부를 해야 합니다. 집에 와서 맘 편히 쉴 수 있는 것도 아닙니다. 아이들이 우울할 수밖에 없는 이유입니다.

이대로 지속 가능할까요?

외국 여행을 하고 한국으로 돌아오면 우리나라가 타국보다 뛰어난 면이 분명 있습니다. 인터넷이 어느 곳이든 시원하게 됩니다. 택배로 주문한 물건은 하루면 집 앞에 도착합니다. 대중교통도 저렴하게 이용할 수 있습니다. 밤늦게까지 가게들이 문을 열고, 편의점은 24시간을 운영해 밤중에도 편하게 원하는 물건을 구매할 수 있습니다. 대형마트도 곳곳에 있어서 잠깐의 운전으로 대형 마트에 들러 필요한 물건을 살 수 있습니다. 백화점도, 아웃렛도 곳곳에 있어서 원하는 소비를 마음껏 할 수 있는 환경입니다.

이러한 사항들은 '편리함'에 대한 이야기입니다. 편리하다고 해서 본질에 가깝다는 의미는 아닙니다. 우리는 올바른 가치를 지향하면서 나아가고 있을까요?

우리는 경제적인 양극화가 극심한 나라에 살고 있습니다. 자본주의를 택한 나라들에 빈부의 격차는 생길 수밖에 없다지만, 우리는 그 정도가 심하다는 평가를 받고 있습니다. 그리고 이 불평등함을 이겨내고자 '공부를 통한 성공'을 택합니다. 공부를 해서 명문대에 들어가는 것으로 성공의 발판을 마련하고자 하는 가정이 대다수입니다. 그리고 이것은 그대로 경쟁으로 이어집니다.

'경쟁은 공정해야 한다'는 생각에 논술형보다는 객관식을 선호합니다. 그래서 우리는 아직도 오지선다의 객관식 시험으로 이루어진 수능 시험이 입시에서 절대적인 영향력을 발휘합니다. 공정하게 채점이 되기 위해서는 정답이 하나여야 합니다. 개인의 생각보다는 출제자의 의도에 맞춘 사고를 해야만 정답을 맞출 수 있습니다. 그래서 개인의 생각은 포기하고 철저하게 수능식 사고를 해야 합니다.

개념을 익히고 문제를 다수 풀면서 수능 대비를 합니다. 이 과정에서 개인의 생각은 사라집니다. 초중고 12년 동안 엄청난 시간과 재화를 교육에 투자하지만 아이들은 미래 사회에 대비한 역량을 제대로 갖추지도 못하고, 결정적으로 행복하지가 않습니다.

이런 환경 속에서 부모들도 마음이 편하지 않습니다. 사교육비를 마련하느라 2배로 일해야 합니다. 자녀들과 함께 대화를 나누고 쉴 수 있는 시간이 없으니 삶에 여유가 없습니다. 자연히 자녀와의 유대도 약해집니다. 게다가 그런 부모들이 맞이하게 되는 노후는 경제적으로 넉넉하지 않습니다. 은퇴 이후에도 많게는 40~50년의 세월이 기다리고 있는데 빈곤함 속에서 삶의 후반을 버텨야 합니다.

이 세상에 변화가 가능할까요? 아이들이 행복하고, 가족이 화목하면서 노후도 보장되는 그런 사회를 만들 수 있을까요?

우리 사회는 변할 수 있을까요?

우리는 허겁지겁 발전을 해온 사회에 살고 있습니다. 그리고 여전히 더 잘 살기 위해서 온 국민이 노력하고 있습니다. 우리보다 더 일찍 일어나고 더 늦게 잠드는 나라는 없을 겁니다. 그런데 그 과정에서 너무 많이 공부하고, 너무 많이 일하고 있습니다. 국민 70% 이상이

'행복하지 않다'고 설문에 답한 통계도 있습니다. 여러분의 삶은 지금 여유롭고 행복하십니까? 아니시죠? 저도 그렇습니다.

예전의 마을 공동체와 같은 개념은 도시에서는 거의 사라졌고, 아파트 엘리베이터에서 만나는 사람과의 가벼운 인사도 어색합니다. 바로 옆집에 사는 사람과도 교류를 하지 않는 경우가 태반입니다. 저도 아직 옆집 꼬마와 인사를 제대로 못 했습니다. 요즘 아파트는 거실이 크지 않습니다. 거실에 가족이 모이기보다는 각자의 방에서 생활하기 때문입니다. 이게 맞는 방향으로 가고 있는 걸까요? 우리 사회가 안고 있는 소득 양극화와 같은 커다란 문제를 한 가정에서 해결하기는 불가능합니다. 하지만 우리 모두는 변해야 함을 느껴야 합니다.

우리 아이들은 분명 더 주체적으로 자신의 인생의 주인공이 되어야 합니다. 정답은 하나인 시험을 치르지만 그럼에도 자신의 생각은 살아 있어야 합니다. 우리가 서로 공감하면서 혼자가 아닌 함께 잘 살수 있는 길을 찾아야 합니다. 물질적인 욕구를 채우기만 하는 삶이 아닌, 환경을 돌보고 다음 세대를 위하는 삶을 살아야 합니다.

사교육에 대해 고민해야 하는 이유

사실 1부 내내 이야기를 한 사교육 자체가 우리 사회의 문제가 아닙니다. 학원을 안 보낸다고 해서 우리네 교육이 정상화되고, 우리 사회가 올바른 가치를 향해서 나아가는 것이 아닙니다. 더군다나 학원을 안 보낸다고 해서 우리 아이가 갑자기 '자기주도적'으로 공부를 하는 것도 아닙니다.

그럼에도 사교육에 대한 이야기를 꺼낸 것은 지금의 우리 현실을 조금 더 솔직하게 바라보기 위해서입니다. '부모가 열심히 번 돈으로 아이를 학원에 보내서 공부를 잘하게 만드는 것'이 이상적인 교육의 본질이라고 생각하지 않기 때문입니다.

우리는 사교육에 대한 고민을 시작으로 부모의 역할, 부모가 지향하고자 하는 가치, 우리 자녀의 미래 모습 등에 대해서 고민을 차례대로 해보려고 합니다. 그 이야기를 2부에서 나눕니다.

ACTION

- 우리 사회는 다양한 문제들을 안고 있습니다.
- 지금의 우리 사회 모습이 당연한 것은 아닙니다.
- 우리 아이들을 위해서 옳은 방향으로 아이들을 함께 잘 키워봅시다.

어머니, 사교육을 줄이셔야 합니다

사교육 줄이는 법

부모 실천 편

이 책을 읽고 계신 부모님께서는 꽤 많은 육아서와 자녀 교육서들을 읽으셨을 겁니다. 사실 저보다 더 많이 자녀 교육에 대한 정보를 알고 계실 수 있습니다. 정보를 어디서든 쉽게 구할 수 있는 세상이기도 하지요. 하지만 정보의 양보다 훨씬 더 중요한 것은 '내가 어떤 생각으로 아이를 키울 것인가'입니다. 내 생각이 명확해야 정보의 홍수 속에서 뿌리 깊은 나무처럼 흔들리지 않고 우리 가정에서 내 아이들을 양육할 수 있습니다.

2부에서는 부모로서 중심을 잡기 위한 이야기들을 나누고자 합니다. 사교육을 안 받고 공부를 잘 할 수 있는 방법을 빨리 알고 싶으시겠지만, 일단 그런 방법은 없습니다. 사교육도 답이 아니고, 집에서 공부를 한다고 해서 그것도 정답은 아닙니다. '아이가 학원에 있느냐, 집에 앉아 있느냐'는 공부나 교육의 결정적인 요소가 아니라고 생각합니다. 부모의 생각, 부모의 태도, 그리고 여기서 나오는 부모의 말들, 그걸 받아들이는 자녀, 그리고 그들을 둘러싼 환경들, 이 모든 것들이 어우러져서 서서히 변화가 일어나고, 결국 아이가 원하는 목표를 달성할 수 있다고 생각합니다.

인정합시다! 단기간에 부모가 원하는 교육의 목표를 달성하는 방법은 없습니다. 그런 방법이 있는데 나만 모르고 있는 것이 아닙니다. 그런 방법이 없는데 있는 것처럼 말하는 이들이 있을 뿐입니다. 전국 곳곳에서 일어나는 일을 인터넷으로 생생하게 공유할 수 있는 세상에서 그런 공부의 '왕도'가 있었다면 우리가 지금 그 방법을 다 공유하고 있지 않겠습니까! 그런 지름길은 없다는 것을 반드시 명심해야 합니다.

초중고 12년간 아이가 공부해서 원하는 결과를 얻는다는 것은 농사를 짓는 것과 비슷한 일입니다. 농사를 지으려면 씨를 심고, 양분을 주고, 물을 주고, 잡초를 뽑으면서 아주 오랜 시간 동안 공을 들여야 합니다. 그럼에도 어떤 열매를 맺을지는 모릅니다. 2부에서는 부모인 저와 여러분들이 솔직하고도 본질에 가까운 이야기를 나누려고 합니다. 처음 듣는 이야기들이 아닐 수 있습니다. 우리는 광활한 정보의 바다 한가운데 있으니까요. 하지만 이런 상황일수록 우리는 더욱 '본질'에 집중해야 합니다.

대한민국에서 아들딸을 키우고 있는 부모가 가장 집중해야 할 자녀 양육의 본질은 무엇일까요? 인서울 명문대에 수단과 방법을 가리지 않고 입학하는 것이 본질일까요? 우리가 그것을 위해서 이 아이들을 이토록 힘들여 키우고 있는 건가요? 다시 한 번 말씀드리지만 '인서울 명문대'를 다 같이 포기하자는 이야기가 아닙니다. 아이의 인생에서 '입시에서의 성공'이라는 성취는 큰 자산이 될 것입니다. 다만 그 절차가 다음과 같아서는 안 된다는 것입니다.

'아이가 공부를 하지 않는다 → 학원에 보낸다 → 집에서 적극적으로 아이에게 잔소리를 한다 → 아이와 부모의 유대가 점점 약해진다 → 부모는 아이를 위한다는 생각에 계속 잔소리를 한다 → 아이는 결국 명문대에 입학하지만, 부모와 좀처럼 연락을 하지 않는다 → 부모와 아이는 남처럼 살아간다'

아이가 공부를 안 하는데 어떻게 부모가 잔소리를 안 하냐고 반문하실 수 있습니다. 맞는 말씀입니다. 부모도 인간이기에 그럴 수는 있지만, 그것이 모범 답안은 아닙니다.

2부에서 나눌 이야기의 궁극적인 목적은 자녀가 독립된 하나의 인격체로서 스스로 의지를 가지고 공부해서 인서울 명문대에 입학하는 것입니다. 참 이상적인 이야기이죠. 저도 잘 알고 있습니다. 그런데 공부하기 싫어하는 아이에게 잔소리를 퍼붓고 학원에 끌고 가서 대학에 보내는 것도 답은 아니라는 겁니다.

명문대는 부모가 보내는 게 아닙니다. 아이가 스스로 가는 겁니다. 따라서 부모가 이러이러했으니 아이가 명문대에 진학할 수 있었다는 것은, 반은 맞고 반은 틀린 이야기입니다. 부모로서 적절한 환경이나 조건을 제시한 것은 맞지만 나머지 반은 아이가 스스로 걸어간 것입니다.

이 이야기를 풀어낼 저조차도 저의 아들딸이 인서울 명문대에 입학할 수 있을지 자신이 없습니다. 그럼에도 저는 부모로서 저의 마인드를 정리하고, 제가 맞다고 생각하는 일들을 실천할 뿐입니다. 제가 만들어낸 정서적·물리적 환경 속에서 아이가 열심히 공부를 해준다면 감사한 일이고, 그렇지 않다고 해도 저는 괜찮습니다. 그런 각오로 아이를 키우고 있습니다.

자식은 키우는 게 아니라
알아서 크는 겁니다

부모의 착각 : 자식을 내 생각대로 키운다

교육 정보를 찾다 보면 흔히 볼 수 있는 문구가 있습니다.

'서울대를 보낸 엄마'

'하버드대학을 보낸 엄마'

자녀의 학업적 성취가 있기까지 부모들의 노력과 헌신이 있었겠지만, 정확히는 부모가 자녀를 보낸 것이 아니라 자녀가 스스로 노력해서 대학을 간 것입니다. 서울대를 가기 위해서, 하버드대학에 입학하기 위해서 얼마나 많은 시간과 노력의 투자가 필요했겠습니까? 그 노력을 실제로 해낸 것은 자녀입니다.

물론 그 아이의 부모가 환경을 제공하고, 지지해주고, 격려해주고,

각종 뒷바라지를 했을 것입니다. 하지만 부모가 아무리 판을 깔아줘도 자녀가 공부를 하고 노력을 하지 않으면 이런 결과는 절대로 나올 수 없습니다.

유튜브에서 인터뷰를 통한 다양한 교육 정보를 전달하는 〈교육대기자TV〉에서 세 자매를 모두 하버드대학교에 보낸 어머니와 인터뷰를 진행한 것을 보았습니다. 이 인터뷰의 초입이 굉장히 인상적이고 공감이 되었습니다. 첫째 딸이 하버드대학교에 입학을 했을 때에는 주변 사람들도, 부모도 딸이 소위 돌연변이라고 생각했다고 합니다. 워낙 대단한 일을 해냈으니 부모로서 얼떨떨하셨겠죠. 그런데 둘째 딸도, 셋째 딸도 하버드대학교에 입학을 했을 때는 이 어머니께서 다음과 같이 생각하셨다네요.

'우리 집 교육에 중요한 무언가가 있구나!'

그제서야 어머니는 과거를 돌아보며 아이들을 어떻게 키웠는지를 정리하십니다. '내가 아이들에게 정확한 규칙을 세워서 남들이 보면 엄하다고 할 정도로 훈육을 했구나. 우리 집은 아이들이 고3이 될 때까지 스마트폰을 사주지 않았구나.' 이런 식으로 자신의 교육을 돌아보며 정리하셨습니다. 이게 맞지 않습니까?

가수 이적 씨의 어머니는 여성학자 박혜란 씨입니다. 아들 셋이 모두 서울대학교에 진학했습니다. 한 예능에서 이적 씨는 초등학교 때 비가 갑자기 내리는 날 절대로 어머니는 학교에 우산을 갖고 오시지 않았다고 합니다. 덕분에 이적 씨는 우산 없는 아이들과 비를 맞으며 즐겁게(?) 하교를 했다고 하죠.

이적 씨의 어머니 박혜란 씨는 그저 열심히 살림하고 자신의 연구를 어떻게든 이어나간 여성학자였습니다. 아들 셋을 서울대학교에 보내기 위해서 철저한 계획 아래 교육을 한 부모가 아니었습니다. 하지만 결과적으로 아들들이 모두 공부를 잘했으니 그 가정에도 우리가 분명히 '참고할 만한' 것이 있을 겁니다.

자녀가 입시에서, 인생에서 성공을 거둔 가정에는 분명 무언가 '참고할 만한' 것들이 있을 겁니다. 하지만 그 부모가 철저한 계획하에 교육하고 자녀가 그것을 100% 수행했기 때문에 성과를 거둔 것이 아닙니다. 그런데 참 많은 교육 정보들은 부모가 A를 했기 때문에, B를 강조했기 때문에 자녀가 성공했다고 이야기합니다. 그래서 자녀를 성공'시켰다'거나 명문대에 '보냈다'는 이야기가 나오는 겁니다.

부끄럽지만 잠시 저희 집 이야기를 하면, 저의 누나는 부산에서 평생 전교 1등을 하면서 서울대학교에 입학한 시험의 달인이었습니다. 저도 누나만큼은 아니지만 여러분들이 제 글을 이렇게 읽고 계실 정도까지는 공부를 했고, 지금도 연구하고 있습니다. 누나와 저는 학원을 다녀본 적이 없습니다. 그렇다면 홈스쿨링이라도 했느냐? 아닙니다.

아버지는 제가 어렸을 때는 지방에서 일을 하시느라 집에 거의 안 계셨고, 이후에 집으로 오셔서도 공부하라는 말씀은 하지 않으셨습니다. 어머니는 워킹맘이셔서 누나와 저의 공부에 대해서는 일절 관여하지 않으셨습니다. 어머니는 집안 사정상 직장을 다니셔야만 했습니다. 어머니는 한 성격 하셨던 시어머니를 돌아가실 때까지 모셨습니다. 어머니는 집에 오시자마자 가방을 던져두시고 주방으로 들어가셔서 밤 10시가 되어서야 주방에서 나오셨습니다. 아들딸 공부를 봐주실 여유 따위는 없었습니다.

그럼에도 누나와 저는 공부로는 부모님 속을 썩인 적이 없습니다. 그러면 저희 집에 '뭔가'가 있었다는 이야기죠. 그제서야 다시 어린 시절을 돌아보면서 우리 집만의 특별한 요소들을 찾아보게 됩니다.

부모님은 각자의 자리에서 참 열심히 사셨습니다. 그 모습을 보면서 저도 부지런히 공부를 했습니다. 공부하라는 말씀을 한 번도 하지 않으셨습니다. 그래서 알아서 열심히 했나 봅니다. 부모님은 책을 사랑하셨고, 돈은 없어도 저희 집은 문화를 사랑했던 것으로 기억합니다. 수원 외갓집에 가면 부산 촌놈인 제가 그렇게 가고 싶어 하는 놀이공원을 가지 않고 미술작품 감상을 위해 미술관을 찾았으니까요.

사실 저는 어릴 적 기억이 잘 나지 않습니다. 하지만 이런저런 요소들이 저의 성장에 영향을 미쳤을 겁니다. 확실한 것은 저와 누나가 부모님이 철저하게 계획하시고 지도하신 대로 성장한 것은 아니라는 점입니다.

아이는 그 자체로 독립된 인격체

봉준호 감독의 영화 〈기생충〉에는 영화를 보신 분이라면 모두가 기억할 명대사가 있습니다. 부유한 집안을 대상으로 사기를 쳐서 기생충처럼 먹고살려고 하는 가족이 있습니다. 아들의 사기 계획을 듣고 아빠 역할의 배우 송강호 씨는 이렇게 말합니다.

"아들아, 너는 계획이 다 있구나."

그런데 영화가 진행되면서 상황은 이 가족이 계획한 것과는 전혀 다르게 흘러갑니다. 그리고 이 영화에는 더 무시무시한 명대사가 숨어 있습니다. 일이 계획대로 흘러가지 않는 상황에서 아빠 송강호 씨는 아들에게 말합니다.

"절대 실패하지 않는 계획이 뭔지 알아? 무계획이야 무계획…"

상황이 의도한 대로 흘러가지 않는 것에 대한 자조가 섞인 대사입니다. 여기에는 대사를 잘 쓰기로 유명한 봉준호 감독의 통찰이 담겨 있습니다.

세상 일은 우리가 계획한 대로 절대로 흘러가지 않습니다. 그걸 모르는 것은 미래를 자기가 원하는 대로 만들 수 있다고 착각하고 있는 자기 자신뿐입니다. 어떤 계획이든 실패할 수 있지만 무계획은 절대로 실패할 리가 없겠죠. 무섭고도 서글픈 '팩트'입니다.

자녀가 미취학 아동일 때는 부모가 원하는 대로 먹이고 입히면서 키울 수 있습니다. 아이와 24시간을 함께하면서 부모가 원하는 대로 아이를 양육할 수 있습니다. 하지만 유치원만 가도 아이들은 부모와 함께하는 시간이 줄어들기 시작합니다. 아이들은 부모와 떨어져서 다양한 사람을 만나고 경험을 쌓으면서 자신만의 세계를 만들어갑니다. 자녀의 교육을 계획하면서 아이를 부모가 원하는 방향대로 키우겠다는 것은 부모의 '착각'에 불과합니다.

게다가 아이는 애초에 부모가 원하는 대로 키우는 존재가 아닙니다. 우리는 아이들의 생물학적인 부모입니다. 엄마와 아빠가 만나서 아들딸을 낳았습니다. 하지만 그 사실이 아이들의 인생이 우리에게 종속된다는 의미는 아닙니다. 이 사실을 우리는 계속해서 기억해야 합니다.

동물의 새끼들은 출산 후에 약간의 시간만 지나면 바들거리면서 일어서서 걷습니다. 하지만 인간의 아기는 그 어떤 동물보다 연약한 존재입니다. 일어서기는커녕 몸을 뒤집을 수도 없습니다. 부모가 철저하게 돌봐줘야 하는 존재입니다.

이런 관계이다 보니 자녀의 모든 면을 부모가 돌보면서 그들의 인생 또한 돌봄의 대상으로 보는 경향이 생깁니다. 자녀는 미숙하기에 성숙한 어른인 부모가 자녀 인생의 길잡이가 되어주어야 한다고 생각하게 됩니다. 하지만 과도한 부모의 개입은 자녀의 발달과 궁극적인 독립에 전혀 도움이 되지 않습니다. 아이는 그 자체로 독립된 인격체임을 인정받아야 합니다.

인생의 점들을 연결시켜나가다

애플의 전 CEO 스티브 잡스는 누구나 인정할 만한 업적을 세웠습니다. 그중 하나가 아이폰을 개발해 스마트폰의 대중화의 길을 연 것입니다. 그의 생애를 짧게 훑어보겠습니다.

- 1955년 출생
- 1976년 스티브 워즈니악, 로널드 웨인과 함께 애플사 창업

- 1985년 자신이 만든 회사에서 쫓겨남, NeXT사 설립

- 1986년 컴퓨터 그래픽 스튜디오 설립(현재의 Pixar)

- 1996년 애플사로 귀환

- 1997년 애플의 CEO로 임명, iMac 발표

- 2001년 휴대용 음악기기 iPod 발표

- 2007년 iPhone 공개

역사상 가장 성공한 전자기기인 아이폰이 출시되기까지 스티브 잡스의 간단한 이력입니다. 그의 부모는 스무 살에 시작된 스티브 잡스의 이 파란만장한 이력을 상상이나 했을까요? 성인이 된 스티브 잡스의 인생은 오로지 그의 결정에 의해서 이루어진 것이고, 그가 만든 것입니다. 부모가 계획한 것이 절대로 아닙니다.

사실 스티브 잡스는 친부모가 출생 직후에 입양을 결정해 양부모 밑에서 자랐습니다. 잡스의 어린 시절은 넉넉하지 않았습니다. 잡스는 학교를 빼먹기도 하는 등 모범학생은 아니었다고 합니다. 그러던 중 친구가 소개해준 히스키트라는 아마추어 전자공학 키트에 관심을 갖게 되면서 전자제품의 작동 원리에 관심을 갖기 시작했다고 합니다. 이후에는 휴렛 팩커드(HP)의 조립 라인에서 일을 하면서 엔지니어들에게 관심을 갖게 되었고, 이렇게 그는 어렴풋이 자신의 커리어에 대한 방향을 잡아갔습니다.

그의 부모님은 그 누구보다 따뜻하게 잡스를 보살폈지만 궁극적인 그의 커리어에 대해 계획을 세워준 것은 아니었습니다. 친구를 만나

면서, 자신의 관심을 확장시키면서, 형편상 어려서부터 다양한 일들을 하면서 그는 인생의 점들을 스스로 연결시켜나갔고, 그렇게 자신의 커리어를 하나하나 만들어 나갔습니다. 바로 이것이 그가 2005년 스탠포드대학교 졸업식 축사에서 말한 'connecting the dots(점들을 연결하기)'의 개념이죠.

우리 인생은 그가 말한 것처럼 진행됩니다. 당시에는 몰랐지만 A라는 사건이 B라는 사건을 일어나게 했고, 그 결과 C라는 일이 벌어졌습니다. 인생에 큰 의미가 없을 거라 생각했던 일조차도 촘촘하게 나의 인생에 연결되어서 영향을 미칩니다. 그리고 이 과정은 오롯이 내가 이끌어가는 과정입니다.

우리 부모들의 인생도, 아이들의 인생도 꼭두각시처럼 조종하는 대로 흘러가는 것이 절대로 아닙니다. 누구도 다른 사람의 인생을 자신이 원하는 대로 조종할 수 없습니다. 현대 사회에서는 심리적 조작을 통해서 타인에게 지배력을 행사하려는 행위를 '가스라이팅'이라고 명명하며 문제로 인식하고 있습니다.

중국의 철학자 장자는 사람들을 굴러가는 수레에 비유해 "우리는 이 수레를 멈출 수 없기 때문에 타인의 수레에 올라탈 수 있을 뿐이고, 이때 균형을 잘 유지하라"는 말을 남겼습니다. 그 옛날부터 다른 사람의 인생을 내가 원하는 대로 인도할 수 없다는 것을 잘 알고 있었던 겁니다.

우리가 바꿀 수 있는 것은 우리 자신뿐입니다. 다른 누구도, 자녀도 우리가 원하는 방향으로 굴러가지 않습니다.

'자식 농사'의 진정한 의미

'자식 농사'라는 말을 많이 들어봤습니다. 하지만 그 의미를 이해한 것은 진짜 '농사'를 지으면서였습니다.

저는 평생 밭에 가본 적이 없는데 아이와 함께 주말농장을 하면서 작물을 처음으로 키워보았습니다. 조그마한 텃밭에 씨를 심고 비료를 뿌렸습니다. 잡초도 열심히 뽑아주었습니다. 하지만 여름 장마 때 쏟아지는 장대비에 초보 농부인 제가 만든 텃밭은 다 무너져버렸고, 텃밭을 덮어버린 잡초에 질려서 제대로 농사를 이어가지 못해 제대로 된 수확을 하지 못했습니다.

이때 농사가 정말 힘든 것이라는 것을 깨달았습니다. 좋은 씨앗을 사다 심었고, 비료를 뿌려주고, 잡초를 골라줄 때만 해도 가을에 열릴 열매를 기대했습니다. 아이들 교육용으로 옥수수, 가지, 고추 등 다양한 모종을 사다 심어서 저희 밭은 심을 때만 해도 농장에서 가장 인기가 있는 밭이었습니다. 욕심이 생겨서 퇴근길에 부지런히 물도 주고, 비료도 사다 뿌렸습니다. 하지만 농사에서 제가 통제할 수 있는 것은 '결과'가 아닌 '과정'뿐이더군요. 과정에서 최선을 다했지만, 결과까지는 제 힘으로 통제할 수 없었습니다.

자녀 교육도 농사와 마찬가지라고 생각합니다. 씨앗을 땅에 심는 것, 땅에 필요한 양분을 제공하는 것, 정성으로 밭을 돌보는 것, 여기까지가 농부가 할 수 있는 전부입니다. 마찬가지로 자녀를 세상에 출생시키고, 자녀에게 필요한 것들을 제공하고, 사랑으로 아이들을 보살피는 것까지가 부모가 할 수 있는 전부입니다. 하지만 이 과정의 끝에 반드시 부모가 원하는 열매가 기다리고 있는 것은 아닙니다. 우리는 열리게 될 열매의 색도, 크기도 알 수 없습니다. 아니, 열매가 제대로 열릴지 여부도 모릅니다.

그럼에도 부모는 농부의 마음으로 묵묵히 자식들에게 필요한 것들을 제공합니다. 밭에 영양분을 제공하고, 잡초도 뽑아주면서 정성을 기울입니다. 그것이 부모가 할 수 있는 전부입니다. 눈에 보이지 않아도 자식들은 부모의 묵묵한 정성을 양분으로 삼아서 자라고 있을 겁니다.

ACTION

- 자식은 부모가 키우는 것이 아니라 알아서 크는 겁니다.
- 미래는 우리가 계획한 대로 흘러가지 않습니다.
- 부모는 농부의 마음으로 자녀에게 필요한 것을 제공할 뿐입니다.

부모 마인드 1
양육의 목적

우리는 얼떨결에 부모가 되었습니다

세상의 거의 모든 부모들은 얼떨결에 부모가 되었습니다. 생물학적으로는 아빠와 엄마가 되었지만 사실 부모가 되는 것에 대한 교육을 제대로 받은 적이 없습니다. 아빠와 엄마는 어떤 사람이어야 하는지, 무슨 역할을 해야 하는지 제대로 알지 못한 채 우리는 부모가 됩니다. 그래서인지 자녀가 태어나던 날을 생각해보면 기쁨과 동시에 약간의 긴장이나 불안도 함께 있습니다. 비단 그것은 자녀 양육비에 대한 걱정 때문만은 아니었을 겁니다.

부모가 되기 전에는 우리 인생에 어느 정도 공식이 있었습니다. '공부를 열심히 해서 좋은 대학에 들어가자, 열심히 취업 준비를 해서 취업에 성공하자, 열심히 일해서 승진하고 돈을 많이 벌자.' 이런 정도의 보편적인 공식이 있었는데 부모가 된다는 것은 인생을 송두리째 바꿔놓을 만큼 큰 이벤트인 데 비해 너무나도 정보나 교육이 부족합니다. 지나고 생각해보면 학교 다닐 때 국영수를 공부할 때만큼이나 부모가 되면 어떻게 해야 하는지에 대해서 배웠어야 할 것 같습니다.

얼떨결에 부모가 되고 나서야 우리는 부지런히 정보를 검색하면서 부모가 해야 할 일에 대해서 알아봅니다. 다행히 인터넷이 발달한 세상이라 조금만 검색하면 시기별로 부모가 해야 할 일을 알 수 있습니다. 자녀 교육에 대한 책도 시장에 넘칠 만큼 많이 있습니다. 하나하나 공부하면서 우리는 부모로서 준비합니다. 그런데 반드시 먼저 답을 찾아야 하는 한 가지가 있습니다.

"자녀를 양육하는 궁극적인 목적이 무엇인가요?"

아이가 태어나서 스무 살쯤에 어느 정도의 독립을 한다고 칩시다. 20년 동안 부모의 인생을 갈아 넣어서 자녀를 키우는데, 이 행위의 목적이 있어야 할 것 아닙니까? 이 목적이 자녀의 명문대 입학이 될 수 있을까요? 의대, 치대, 한의대, 수의대 입학이 부모가 자녀를 양육하는 타당한 목적이 될 수 있을까요?

저는 아니라고 생각합니다. 대학 입학이라는 것의 중요성을 부정하는 것이 아니라 이것이 '궁극적'인 최종 목표가 될 수는 없다고 생각합니다. 자녀를 20여 년간 양육하는 목표는 '자녀가 부모의 품을 떠나서 진정으로 독립할 수 있는 것'이어야 합니다. 이 정도 목표는 되어야 '궁극적'이라는 말을 붙일 수 있지 않을까요?

상상해보세요. 아들딸이 30세, 40세가 되어서도 스스로 여러 면에서 독립을 하지 못하면 그 부담은 오롯이 부모가 지게 되는 겁니다. 자녀가 사회 구성원의 한 사람으로서 이 사회에서 자립해서 살아갈 수 없다면 부모는 평생, 눈을 감을 때까지 자녀를 걱정하면서 살아야 합니다. 반대로 자녀가 당당하게, 안정적으로 이 사회에서 잘 살아간다면 부모는 이제 자신의 노후만 잘 챙기면 되겠죠.

성적 지상주의가 부르는 비극

이 책에서는 명문대 입학을 바라는 부모와 자녀의 마음 자체를 부정하지 않습니다. 단, 그것을 최종 목표로 하는 것이 아니라 하나의 과정으로 봅니다. 잘 성장한 자녀가 잠시 들르는 정거장 같은 개념이죠. 그리고 수단과 방법을 가리지 않고 인서울 명문대 입학만을 목표로 삼는 것을 지양하고자 합니다.

잔소리를 하고, 학원으로 아이를 내몰게 되면 원하는 입시 결과를 얻기도 어렵지만, 그 결과를 얻었다고 해도 껍데기뿐입니다. 부모와 자식의 관계는 모두 망가지고, 아이의 마음이 상처투성이가 되어버리면 명문대 입학이 그 모든 것을 보상해줄 수 없습니다.

2019년에 방영된 〈스카이 캐슬〉이라는 드라마를 기억하시나요? 부모님들이라면 한 번쯤 보셨을 겁니다. 저는 제가 몸담고 있는 교육 현장에 대한 이야기이다 보니 아무래도 마음이 불편할 것 같아서 시청을 미루다가 한 번은 봐야 할 것 같아서 시청했던 기억이 납니다.

이 드라마 1회에는 의대교수의 아들이 부모의 강압적 교육 끝에 서울대 의대에 합격한 후 부모와의 연을 끊고, 이에 충격을 받은 어머니가 자살하는 장면이 나옵니다. 굉장히 충격적인 내용이죠. 하지만 더 충격적인 것은 이 이야기를 우리가 어느 정도 납득할 수 있다는 겁니다. 허무맹랑한 이야기처럼 들리지 않습니다. 어딘가에서는 실제로 이런 일들이 일어나고 있기 때문입니다. 조금만 뉴스 검색을 해봐도 명문대 합격 후에 부모와 연을 끊거나 극단적인 선택을 하는 안타까운 생명들에 대한 이야기를 찾아볼 수 있습니다.

'우리 집은 아니겠지. 우리 아이는 아니겠지.' 저 또한 그렇게 생각합니다. 우리 가정에 이런 일이 일어나지 않기를 간절히 바라지만, 그러기 위해서는 예방을 위해 노력해야 합니다.

드라마 속에서처럼 자녀의 이야기를 들어주지 않고, 자녀에게 공부를 강요하고, 고액의 과외를 시키고, 명문대 합격을 위해서는 수단과 방법을 가리지 않는 상황에서 아이들의 마음은 어떨까요? 스스로 결정하고 행동할 수 있는 것이 하나도 없는 상황에서 아이들은 어떤 감정을 느낄까요?

안 그래도 사춘기는 예민한 시기입니다. 성장하면서 겪게 되는 많은 일들이 이미 이들을 괴롭히고 있는데, 학업 스트레스까지 더해집니다. 부모들은 이런 자녀들을 스트레스로부터 충분히 보호해주고 있을까요? 드라마 〈스카이 캐슬〉 속의 이야기가 드라마 이야기로 머물기 위해서는 우리가 드라마 속의 부모와는 다르게 행동해야 할 것입니다.

아이가 어떤 어른이 되길 바라나요?

우리 아이들의 초중고 시절은 입시를 향해서 달려갑니다. 갈수록 그 목표가 지배적이 되어가고 있습니다. 초등학생들이 시험을 신경 쓰고 학원을 다니는 것이 일반적인 일이 되고 있습니다. 물론 아이의 인생에서 입시는 중요합니다. 하지만 과연 명문 대학교에 입학하면 그 뒤로는 걱정 없는 날들이 펼쳐질까요?

자녀가 대학에 입학하는 나이는 겨우 20세입니다. 100세 시대인 것을 감안하면 자녀가 대학에 입학한 이후에도 아직 80년의 세월이 남아 있습니다. 부모는 아이와 함께 지내는 20년 동안 아이의 80년에 필요한 능력을 길러주어야 합니다.

'자녀의 독립과 자립'이라는 키워드를 계속해서 상기해야 합니다. 눈앞의 성적표에 현혹되면 우리가 할 수 있는 것은 잔소리밖에 없습니다. 공부와 관련 없는 일을 하고 있으면 밉게 보일 것입니다. 마음이 급해지면 자녀가 하는 일상적 일을 부모가 모두 대신 해주고 자녀는 공부만 하라고 할 수 있습니다. 요리도, 청소도, 간단한 잡일도 모두 부모가 대신하면서 자녀는 학교와 학원을 오가면서 공부만 하게 하는 것이죠. 이 자녀, 과연 20세 때 독립이 가능할까요?

멀리 바라봅시다. 30세가 된 우리의 아들딸은 어떤 모습이기를 바라시나요? 정직하고 남에게 피해를 주지 않는 어른이 되기를 바라시나요? 그렇다면 지금부터 아이의 잘못을 정확하게 훈육해야 합니다. 아이가 잘못한 것에 대해서는 확실하게 이야기해서 바로잡도록 도와

줘야 합니다. 이런 당연한 교육조차 제대로 실천하지 않는 가정이 갈수록 늘어간다는 것을 학교 현장에서 느낍니다.

세상에 도움이 되는 일을 하는 자녀가 되기를 부모로서 바라시나요? 그렇다면 함께 실천할 수 있는 작은 봉사 활동이라도 시작해야 합니다. 아무것도 실천하지 않으면 자녀는 아무것도 느끼거나 배울 수 없습니다.

자녀의 독립과 부모의 우울감

자녀가 독립하면 부모의 우울감은 증가할까요, 아니면 줄어들까요? 연구에 따르면 흥미롭게도 첫째 자녀가 독립하면 부모의 우울감이 줄어든다는 연구도 있고, 오히려 증가한다는 연구도 있습니다. 저는 이 일관되지 않은 연구 결과의 원인이 바로 '부모'에게 있다고 생각합니다.

자녀의 독립을 목표로 삼으며 자녀의 조력자로서 양육을 한 부모는 자녀가 드디어 독립을 했을 때 우울감이 줄어들 수 있습니다. 아이가 자신의 목표를 제대로 성취했고, 이제 자녀의 조력자가 아닌 인생의 주연으로서 자신의 인생에 더욱 몰두할 수 있으니 부모가 우울할 이유가 없겠죠.

반면에 자녀만 바라보면서, 자녀를 위해서 모든 것을 희생한다는 마인드로 양육을 한 경우에는 자녀가 독립을 하고 나면 원하는 목표를 달성했는지 여부와 상관없이 갑작스런 상실감과 허무함이 부모에게 찾아올 수 있습니다. 조금만 생각해봐도 이 연구들의 결과를 이해할 수 있지 않나요?

자녀가 진정으로 독립하지 못하면 정말 우울한 일들이 부모의 인생에 계속 생길 수 있습니다. 20세에 대학교에 들어가 독립하면서 부모와 떨어진 자녀에게는 약 80년의 인생이 남아 있습니다. 대학교 생활은 제대로 할지, 군대 복무는 무사히 마칠지, 사랑하는 사람이 생기면 또 어떨지, 회사 생활은 제대로 할지, 사업을 한다면 잘 할 수 있을지 등 자녀의 인생에는 학교 다닐 때와는 비교도 안 될 정도로 다양한 과업들이 기다리고 있습니다. 이 모든 인생의 과업들을 헤쳐 나가야 하는 것은 자녀입니다. 그들은 온몸으로 하나하나 이 일들을 해나가면서 진짜 어른이 되어갑니다.

처음 하는 일은 미숙해 아이가 부모의 도움을 요청할 수 있습니다. 저와 아내도 아이를 처음 낳고 기르면서 문제가 생길 때 가장 먼저 부모님께 전화를 드려서 조언을 구했던 기억이 납니다. 여러분들도 인생의 고민이 있을 때 부모님의 도움을 받으셨을 겁니다. 하지만 사사건건 부모가 이를 다 도와주고 해결해야 한다면 부모의 삶이 너무나 고달프겠죠.

우리의 아들딸들이 씩씩하게 독립을 하지 못한다면 부모는 60세에도, 70세에도, 더 고령이 되어서도 자녀에게 생기는 문제들의 '해결사'로 계속해서 활동해야 합니다. 그마저도 부모가 힘이 없으면 더 이상 도와주지 못할 겁니다.

독립이라는 것이 거창한 가치에서 시작할 필요는 없다고 생각합니다. 혼자 살아가려면 기본적으로 요리도 좀 할 줄 알고, 살림도 해야 할 겁니다. 사람들이 싫어하는 일은 안 해야 할 것이고, 주변에 도움이 되는 사람이 되면 더할 나위 없이 좋겠죠. 힘든 일이 있을 때에도 다시 일어날 수 있어야 할 것이고, 정직하고 성실하게 살면 좋을 것입니다. 지금 여러분은 그런 능력과 자질을 기를 수 있는 기회를 자녀에게 제공하고 계신가요?

ACTION

- 양육의 목적은 '인서울 명문대 진학'이 아니라 '자녀의 독립'입니다.
- 부모가 평생 자녀의 문제를 해결해줄 수는 없습니다.
- 부모의 도움 없이도 자녀 스스로 인생을 개척할 수 있도록 도와야 합니다.

자녀를 위한 유산

부모로서 자녀에게 물려줄 유산

저는 참 평범하게 자랐습니다. 여느 드라마처럼 학창 시절에 가정 형편이 어려워진 경험을 했고, 결혼을 해서는 0원에서 시작해서 부지런히 돈을 벌었습니다. 투자를 배우지 못해서 오로지 근로소득으로 돈을 모으다 보니 내 집을 마련하고 아이 하나둘을 키운다는 것이 얼마나 힘든지를 몸소 체험했습니다.

이 글을 읽고 계신 평범한 가정의 부모님들께서는 저의 이런 마음을 공감하실 겁니다. 주말도 없이, 밤낮으로 일하며 돈을 모으다 보니 우리 아들딸은 이런 고생을 조금 덜 했으면 하는 마음이 들더군요. 그래서 물려줄 돈, 즉 유산에 대해 관심을 갖고 주위를 둘러보았습니다.

한푼이라도 더 모아서 나중에 아이들 크면 보태줄 생각을 하던 저에게 기부를 하는 부모들의 이야기는 굉장히 인상적이었습니다. 마이크로소프트의 CEO 빌 게이츠(Bill Gates)는 세계적인 부호입니다. 그가 만든 자선 재단 빌&멀린다 재단에 모이는 기부 금액은 상상을 초월합니다. 2022년 기준 재단 자금은 총 700억 달러(약 91조)라고 합니다. 빌 게이츠는 인류의 고통을 줄이고 삶을 개선하는 데 큰 영향을 줄 수 있도록 자신의 재산을 사회에 환원할 의무가 있다고 말합니다.

물론 재단에 기부를 하고도 그는 여전히 세계적인 수준의 부를 갖고 있습니다. 하지만 이 돈을 오로지 자신을 위해서 쓰거나 자식들에게 갖은 방법으로 물려주지 않고 사회에 환원하는 모습은 분명한 시사점이 있습니다.

세계적인 아웃도어 브랜드 파타고니아 창업주인 이본 쉬나드(Yvon Chouinard) 회장 일가는 4조 원이 넘는 회사 지분 전체를 환경단체와 비영리단체에 넘겼습니다. 기후 변화에 대한 대응과 환경 보호를 위한 결정이라고 합니다. 그는 한 언론사와의 인터뷰에서 "소수의 부자와 셀 수 없을 정도로 많은 가난한 사람으로 귀결되는 자본주의가 아닌 새로운 형태의 자본주의 형성에 도움이 되길 바란다"는 말을 남겼습니다.

4조 원이면 도대체 몇 대가 먹고살 수 있는 돈일까요? 정말 대대손손 먹고살 걱정을 안 해도 되는 돈이라고 생각됩니다. 세계적인 부호들 중에서는 이런 통 큰 기부를 하는 이들이 다수입니다.

이들은 자식들에게 무엇을 남긴 걸까요? 부모가 큰 재산을 사회에 환원했지만, 그 과정에서 자녀들은 부모가 생각하는 고결한 가치를 가슴에 새겼을 겁니다. 주변을 돌보고, 공동체를 위하는 부모의 마음을 자녀들의 인생에도 새겼을 겁니다. 그리고 자녀들은 그 가치를 가지고 남은 인생을 의미 있게 살아갈 것입니다.

사람은 무엇으로 사는가?

톨스토이가 출판한 소설 중 한 편의 이야기 제목이 '사람은 무엇으로 사는가'이기도 하죠. 인류의 역사를 살펴보면 사람들은 끝없이 왜 사는지에 대해서 의문을 가졌습니다. 인간은 왜 태어났는지, 왜 이런 모습인지에 대해서 계속해서 물음을 던졌습니다.

과거에 종교나 계급이 지배하던 사회에 태어났다면 우리는 태어나면서부터 부여받은 소명대로 살았을 겁니다. 개인의 판단이나 선택보다는 태어나면서부터 부여받은 임무가 더 중요한 세상이었으니까요. 하지만 현대 사회의 모습은 다릅니다. 우리는 우리의 삶을 선택할 수 있는 자유가 있습니다. 물론 자본주의 체제하에서 태어났기 때문에 경제 활동을 해야 하고, 개인적으로 부를 관리하기도 해야 합니다. 하지만 궁극적으로 인간으로서 어떻게 살아야 하는지는 우리가 결정할 수 있습니다.

물질적 부를 축적해서 내가 쓰고, 남은 것을 자녀에게 물려주는 삶을 선택할 수도 있습니다. 자식에게 정신적인 가치를 전수해주는 삶을 살 수도 있습니다. 물론 2가지 모두를 할 수도 있겠죠. 어쨌든 부모들은 아들딸을 낳았고, 그들에게 무언가를 이어주게 됩니다. 우리는 부모로서 후손에게 무엇을 물려주어야 할까요?

뤽 베송 감독의 영화 〈루시〉는 우리나라 배우 최민식 씨가 출연해 한국에서도 화제였습니다. 저도 그 화제성에 이끌려 영화를 보았습니다. 영화는 굉장히 흥미로운 줄거리를 갖고 있습니다. 영화의 주인공인 스칼렛 요한슨은 어떤 사건으로 인해서 특정 약물이 몸속으로 투여되면서 자신의 의지와 상관없이 두뇌를 점점 더 많이 활용하게 됩니다. 인간은 두뇌의 1%만 사용한다는데 그녀는 10%, 20%, 50%를 넘어서 100%까지 두뇌를 사용하게 됩니다.

영화는 상상력을 가미해서 인간이 두뇌를 100%까지 사용하게 되었을 때 어떻게 될지를 보여줍니다. 인간이 두뇌를 50% 이상 수준으로 사용하자 초능력이 발휘됩니다. 인간의 능력을 넘어서는 것이죠. 그리고 관객은 인간이 두뇌를 100% 사용하게 되면 어떤 일이 일어날지를 기대합니다. 마침내 그녀가 두뇌를 100% 사용하게 되었을 때 그녀는 인간의 모습이 사라지면서 컴퓨터와 같은 모습이 됩니다. 그리고 그녀는 USB메모리처럼 생긴 물건을 건네줍니다. 자신이 알게 된 인류에 대한 비밀을 모두 모아서 후손들에게 전달하고 그녀는 "I am everywhere(나는 어디에나 있어)"라는 메시지를 남기고 사라집니다.

저에게는 이 영화의 결말이 다른 사람들보다 더 많이 알게 되고 더 큰 능력을 가진 자가 어떤 역할을 해야 하는지에 대한 지침과도 같이 느껴졌습니다. 높은 성취를 이룬 이는 자신의 사리사욕을 채우는 것이 아니라 후손들을 위한 일을 해야 한다는 가르침으로 여겨졌습니다.

인류의 긴 역사 속에서 한 사람이 태어나 자신의 사리사욕만 채우면서 살다가 죽는다면 그 삶이 어떤 의미가 있나 싶습니다. 더 비싼 음식을 먹고, 더 큰 집에 살면서 본인의 욕구를 충족시켰겠지만, 사실 그것은 지구의 자원을 소모하는 데 불과한 행위이고, 공동체나 인류에는 어떤 긍정적인 영향도 주지 않았을 겁니다. 특히나 그 사람이 하는 일이 누군가에게 도움이 되는 일이 아니었다면 더욱 그렇겠죠.

아이들에게 전달하고 싶은 '가치'

영화 〈베테랑〉에서 주인공 황정민 씨가 동료 형사에게 말합니다. "우리가 돈이 없지, 가오가 없냐!"

'가오'는 일본어인데 양해를 부탁드립니다. 영화의 대사를 그대로 살렸습니다. 돈이 없어도 경찰로서의 명예를 지키라는 의미죠.

부모는 모두 하루하루 먹고사는 문제로 피곤합니다. 저 또한 이 글을 쓰고 있는 오늘이 토요일입니다. 하루 종일 책상 앞에서 글을 쓰느라 아이들 얼굴도 제대로 쳐다보지 못했습니다. 일요일인 내일은 강의 준비를 해야 합니다. 먹고사는 문제를 해결하느라 이런 삶을 살고 있는 것이지요. 그런 저도 아이들에게 '소중한 가치'를 꼭 전달하고 싶습니다.

이탈리아 영화 〈인생은 아름다워〉는 제가 가장 많이 눈물을 흘리며 본 영화입니다. 2차 세계대전이 발발하면서 평화롭게 살던 주인공 귀도는 아내와 5세 아들과 함께 독일군의 유대인 수용소로 끌려갑니다. 그리고 전쟁, 포로의 개념을 이해하기에는 너무 어렸던 아들을 보호하기 위해서 수용소 생활을 하나의 게임이라고 속입니다. 독일군의 눈을 피해서 끝까지 숨어서 1천 점을 따는 우승자에게는 진짜 탱크를 선물로 준다고 하죠. 아들을 숨기고 끝까지 지켜낸 아버지는 끝내 독일군의 손에 죽음을 맞이합니다. 아버지는 아들이 동요할까봐 웃으면서 우스꽝스러운 걸음으로 죽음을 향해 나아갑니다.

영화를 보신 분들은 그때의 감동과 슬픔이 생각나실 것이고, 안 보신 분들은 꼭 한 번 보실 것을 추천하는 영화입니다. 영화의 마지막에 아들의 내레이션이 나옵니다.

"이것은 제 이야기입니다. 제 아버지가 희생당하신 이야기. 그날 아버지는 저에게 최고의 선물을 주셨습니다."

아들이 받은 선물은 뭘까요? 아들의 생명을 지키기 위해서, 아들을 전쟁의 공포로부터 보호하기 위해서 죽음조차 웃음으로 기꺼이 맞이했던 아버지의 모습에서 아들은 아버지의 사랑, 아버지의 가치를 가슴깊이 새겼을 겁니다.

제가 부모님께 물려받은 유산

부끄럽지만 저의 이야기를 다시 한 번 꺼냅니다. 앞에서도 말했듯이 저의 아버지는 제가 어릴 적에는 돈을 버시느라 집에 거의 안 계셨습니다. 지방에 계신 아버지께 마음을 담은 편지를 썼던 기억이 납니다. 그러던 아버지가 제가 초등학교 고학년 때 집으로 오셨습니다.

그리고 제가 다 헤아리지 못하지만 부산에서 다양한 교육·문화 관련 활동들을 하셨다고 합니다. 어떤 일을 하셨는지 여쭤보지 않아서 아직도 아버지가 그때 어떤 일을 하셨는지는 다 알지 못합니다. 당시 아버지는 돈을 벌지 않으셨던 걸로 기억합니다. 때마침 일련의 사건들로 가정 형편도 어려워지면서 제가 고등학교 때쯤에는 여쭤보지 않았지만 저희 집에 돈이 없다고 느꼈던 것 같습니다.

그게 제가 공부를 한 근원적 이유였고, 다행히 장학금을 받아서 공짜로 고등학교를 다니면서 위기를 넘길 수 있었습니다. 하지만 대학 진학 때도 등록금 걱정을 할 수밖에 없었고, 어른이 되어서 자리를 잡기까지 '돈'이라는 것은 계속해서 저의 1순위 걱정일 수밖에 없었습니다. 그렇게 돈이 필요한 저의 상황에도 불구하고 저는 자꾸 돈이 안되는 일들을 합니다.

30대 때부터 학원으로 가면 훨씬 돈을 잘 벌 것이라는 주변의 권유가 있었지만 저는 계속해서 제가 필요하다고 생각하는 일에 시간과 노력을 쏟았습니다. 누구나 영어를 쉽게 배울 수 있도록 EBS와 강남구청 인터넷수능방송에서 10년 넘게 강의를 했습니다.

학교 수업과 방송 강의를 병행한다는 것은 생각보다 살인적인 스케줄입니다. 퇴근하고 스튜디오에 도착해서 바로 강의를 시작해서 밤 10시, 11시가 될 때까지 강의를 합니다. 주말에도 꼬박 강의를 해야 합니다. 물론 학원 강사분들도 이 정도의 스케줄이지만 돈은 저보다 훨씬 더 많이 버시죠.

그리고 마흔을 맞이하면서 제가 제일 처음 선택한 일은 이 책을 쓰는 일입니다. 제가 꼭 하고 싶은 이야기들을 이렇게 풀어내고 있습니다. 가만 생각해보니 부모님께 물려받은 가치가 이런 것인 것 같습니다. 부모님이 부산에서 성공한 학원 사업을 하셨다면 저도 일찌감치 학원 강사로서의 삶을 살았을 것 같습니다. 강사로서 꽤 재능이 있고, 노력에는 자신이 있으니까요. 다만 부모님의 삶을 보면서 배운 것들, 그리고 부모님이 살아오신 길이 지금까지 제가 인생에서의 길을 선택할 때마다 알게 모르게 큰 영향을 끼친 것 같네요. 저야말로 돈은 없어도 가치는 물려받은 케이스라고 생각됩니다.

이제 저의 차례입니다. 우리 아들딸에게 어떤 가치를 전해주어야 할까요? 제 삶을 통해서, 그리고 아들딸과 함께하는 시간을 통해서 저는 분명히 저의 생각과 가치를 전해줄 수 있는 기회가 있습니다. 여러분은 자녀에게 어떤 가치를 물려주고 싶으신가요?

ACTION

- 부모가 생각하는 소중한 가치를 자녀에게 전수할 수 있습니다. 그것이 자녀에게 주는 최고의 유산이라고 생각합니다.
- 아이들에게 전달하고 싶은 소중한 가치를 꼭 가지시기 바랍니다.

부모 마인드 3
철학이 있는 부모

양육에 정답은 없습니다

다양한 육아서를 보다 보면 혼란스럽습니다. 아이를 엄하게 키우라고도 하고, 친구처럼 대하라고도 합니다. 나라별로도 육아법이 다양합니다. 프랑스식, 핀란드식, 유대인식 양육법을 다룬 책들도 많이 있습니다.

혼란스러울 것은 없다고 생각합니다. 세상에는 '다른' 양육법들이 다수 있는 것이죠. 그 말은 양육에 정답은 없으니 우리 가정에서 생각하는 대로 아이를 키우면 된다는 의미도 됩니다. 단, 양육에 있어서 누구나 공감할 수 있는 기본은 존재한다고 봅니다. 육아에 있어서 제가 생각하는 기본적인 요소들은 다음과 같습니다.

부모로서 해야 할 것	부모로서 피해야 할 것
- 아이의 말을 적극적으로 경청하자	- 잔소리하지 말자
- 아이를 존중하자	- 화내지 말자
- 아이와 더 많이 대화하자	- 자녀의 의견을 무시하지 말자
- 자녀와 함께 독서하자	- 자녀를 다른 아이와 비교하지 말자
- 부모가 모범을 보이자	- 자녀의 잘못을 무조건 감싸주지 말자

이런 기본을 바탕으로 해서 우리 가정의 교육관을 정리하면 그야말로 금상첨화라고 생각합니다. 이를 각 가정의 교육 철학이라고 부를 수 있겠죠.

사실 국가별로 교육과정이 굉장히 다릅니다. 모든 나라가 우리나라처럼 시험을 쳐서 변별을 하고, 경쟁을 통해서 능력을 평가하는 것은 아닙니다.

나라별로 교육과정이 상이한 것은 그 나라에서 중요시하는 가치가 다르기 때문입니다. 청소년이 되기 전에는 절대로 선행을 하지 못하게 하는 선진국도 있습니다. 배울 내용을 아이들에게 주입식으로 집어넣는 것보다는 비판적이고 깊이 있는 사고를 위한 교육과정을 운영하는 나라들이 있습니다. '다 함께 사는 법을 가르치는 것이 경쟁력 있는 교육'이라고 생각해서 느리더라도 아이들에게 필요한 가치를 가르치는 나라들이 있습니다.

변하지 않는 대한민국의 교육과정

우리나라의 제1차 교육과정은 1954년에 시작했습니다. 7차 교육과정까지의 변화를 거쳐서 그 이후는 '2005 개정 교육과정'이라고 부릅니다. 현재는 '2015 개정 교육과정'을 따르고 있습니다.

실로 많은 변화를 거쳐왔습니다. 그만큼 많은 변화를 겪어왔지만 지금 우리의 교육이 미래를 대비하면서 세계에 내놓을 만큼 자랑스러운 교육과정이라고 생각하는 분은 많지 않을 겁니다. 최고의 전문가들이 만드는 교육과정이지만 대한민국의 교육은 크게 다음과 같은 2가지 문제 때문에 근본적으로 변화가 없습니다.

첫째, 아무리 교육과정이 바뀌어도 입시 제도가 모든 것을 잡아먹습니다. 아이들이 원하는 수업을 마음껏 들으려면 평가가 절대평가 방식이어야 합니다. 절대평가는 아이들이 일정 기준만 통과하면 누구나 A등급을 받을 수 있는 시험입니다. 어찌 보면 경쟁이 없는 평가 방식입니다. 하지만 절대평가의 결과를 입시에 제대로 활용할 수 있는 방법이 아직까지는 뾰족하게 없는 상태입니다. 똑같이 A등급을 받은 학생들을 변별할 수 있는 방법이 없는 것이죠.

이런 상황에서 수능이라는 객관식 시험을 가장 공정하다고 생각하는 여론으로 인해 우리는 수능으로 대학을 가는 방식인 '정시'가 확대되는 세상에 살고 있습니다. 과거에 영어 말하기·쓰기를 평가하고자 했던 영어능력평가 시험인 NEAT도 이런저런 문제로 인해서 사라졌습니다. 수능 시험의 과목을 절대평가로 바꾸고자 했던 시도는 주요 과목 중에서는 영어만 절대평가로 바꾸곤 그 시도를 멈추었습니다.

'공정하게 시험을 봐서 대학에 들어가야 한다'는 정서를 바탕으로 입시 제도가 버티고 있는 현실입니다. 그러다 보니 초중고 12년의 과정에서 아무리 혁신적인 시도를 해도 결국 고3에 다가갈수록 아이들은 주입식으로 교육을 받아서 문제를 반복적으로 풀 수밖에 없습니다.

둘째, 교육 환경이 너무 자주 바뀝니다. 우리네 교육은 쉼 없이 바뀌어왔습니다. 지금도 많은 변화가 예고되어 있습니다. 각 가정에서는 이런 변화에 적응을 할 틈이 없습니다.

교육 현장의 한가운데 있는 저조차도 따로 시간을 내어 공부하지 않으면 이 변화들을 모두 따라가지 못합니다. 수능은 앞으로도 굳건한 위치를 지킬 것인지, 새로운 형태의 시험이 도입되어 대체될 것인지 알기 어렵습니다.

그런 와중에 '시험을 봐야 아이들의 학력이 떨어지지 않는다'고 해 과거의 일제고사가 부활합니다. 시대의 변화에 발맞추는 것은 중요하지만 분명 현재의 교육은 방향성을 가지고 미래 사회를 살아갈 아이들에게 차곡차곡 역량을 심어주고 있지 못합니다. 과거에 한강의 기적을 이루었던 '패스트 팔로워' 전략을 교육에서도 여전히 쓰고 있다는 인상을 받습니다.

이런 우리 교육의 문제는 이 글을 읽으시는 여러분들이 바로 공감을 하실 만큼 누구나 알고 있는 문제입니다. 대한민국의 교육 전문가들도, 정책 입안자들도 모두 다 알고 있는 사실인데도 변화가 참 어렵다는 것이 큰 문제입니다.

초등학교에서부터 고등학교까지 아이들을 일관되게 교육하면서 미래 사회에 필요한 역량을 키워주기란 너무나 어렵습니다. 그러다 보니 지금 아이들은 계속 변하는 교육 정책 속에서 첫째로 혼란스럽고, 둘째로 해야 할 것들이 너무 많습니다.

아이들은 기본적으로 경쟁을 통한 시험에 대비해서 학력을 유지해야 합니다. 그러면서도 초등학생 때는 미래를 위한 코딩 교육, 중학생 때는 진로를 위한 자유학기제를 수행해야 합니다. 고등학생은 부담이 더 큽니다. 수능이라는 엄청난 시험에 대비하면서도 여전히 입시에서 중요한 역할을 하는 학생부종합전형 지원을 위해서 수업도 열심히 듣고, 학교에서의 모든 활동에 적극적으로 참여해야 합니다. 그러다 보니 아이들은 하루 24시간이 모자랄 지경입니다.

혹시 가훈이 있나요?

교육과정이 이렇게 자주 바뀌는 나라에서 아이들을 키우며 흔들리지 않으려면 가정에서 중심을 잡을 수밖에 없습니다. 뿌리 깊은 나무는 흔들리지 않는다는데, 그 뿌리를 가정에서 내리는 것이 흔들리지 않을 확률이 가장 높습니다.

그런 의미에서 우리는 가훈을 생각해봐야 합니다. 과거 초등학생이었을 때 학교에서 가훈을 조사해오라는 과제를 받은 기억이 납니다. 저희 집의 가훈은 '매일같이 나아지자'였습니다. 저는 당시에 이 가훈의 의미를 제대로 이해하지 못했습니다. 매일같이 나아진다는 것은 참 무서운 말이죠. 어제보다 오늘 조금 더 나아진다면 우리는 끝없이 발전을 할 텐데요, 이것이 얼마나 실천하기 어려운 일입니까. 그럼에도 우리는 어제보다 나은 오늘을 위해서 노력해야 합니다. 저희 집 가훈의 심오한 의미를 저는 마흔이 되어서야 비로소 깨닫게 됩니다. 제 인생을 뒤돌아보니 제가 이 가훈의 영향을 굉장히 많이 받았다는 것을 알게 되었습니다.

저는 남들보다 빼어난 구석이 없다고 생각했습니다. 방송에 출연을 하는 영어강사로서 외모부터 시작해서 목소리, 그리고 저의 실력과 스펙까지 어느 것 하나 남들보다 탁월한 면이 없다고 생각해서 스스로 위축되던 때가 있었습니다.

이때 저는 저희 집 가훈처럼 남과 비교하지 않고 스스로 어제보다 나아지기 위해서 노력했습니다. 남들에 비하면 부족할 수 있지만 저는 하루하루 성실하게 살면서 매일같이 나아지기 위해서 노력했습니다. 저도 모르게 가훈대로 인생을 살고 있었던 것이죠. 제가 기억을 다 못하지만 가훈을 정한 부모님께서 이런 식으로 저를 키우셨을 것이라고 생각합니다.

여러분 가정의 가훈은 무엇입니까? 혹시 없으시다면 이 기회에 가훈을 정해보세요. 자녀를 어떻게 키울지에 대한 생각들이 자연스레 정리가 될 겁니다. 혹시 가훈을 정하시는 것이 고민되신다면 자녀가 성장했을 때 어떤 모습이면 좋을지를 상상해보세요.

부모로서 우리 아이가 꼭 길렀으면 하는 역량 한 개는 꼭 선택합시다. 이것이 우리 집의 가훈이 되고, 부모의 교육 철학이 됩니다. 부모의 교육 철학이 확고하면 아이들은 흔들리지 않습니다. 교육 철학이 확실하면 교육 현장의 변화에도 여유 있게 대응할 수 있습니다.

여러분 가정의 가훈은 무엇인가요? 아이들에게 어떤 삶의 가치를 전달해주고 싶은가요?

ACTION

- 교육 환경은 계속 바뀝니다.
- 흔들리지 않는 교육을 위해서는 가정의 교육 철학이 필요합니다.
- 가정의 교육 철학을 바탕으로 각 가정의 가훈을 정해봅시다.

널 조건 없이 사랑한다

공부 못 하고 싶은 아이는 없습니다

세상에 공부를 못하고 싶은 아이가 있을까요? 부모에게 형편없는 성적을 보여드리고 싶은 그런 아이가 있을까요? 단 한 명도 없을 겁니다. 세상의 모든 아들딸들은 부모님께 좋은 성적으로 키워주신 은혜에 보답하고 싶을 겁니다. 그런데 여러 가지 이유로 성적이 안 나오는 겁니다.

이후 3부에서 다루겠지만, 공부를 잘한다는 것은 결코 간단한 일이 아닙니다. 공부하고 싶은 마음이 있어도 마음대로 되지 않을 겁니다. 책상 앞에 앉아도 엉덩이가 들썩들썩 할 겁니다. 본인도 원하지 않는 성적을 받아서 부모님께 죄송할 겁니다.

저 또한 모범생으로 학창 시절을 보냈는데, 시험 성적이 나오는 날이면 집에 가고 싶지 않았던 기억이 생생합니다. 저의 부모님께서는 공부하라고 강요를 하지 않으신, 정말 훌륭한 부모님들이셨습니다. 그럼에도 성적이 기대보다 낮게 나오는 날이면 스스로 부모님께 죄송스럽고 부담스러운 마음에 집에 가고 싶지 않았던 기억이 지금도 뚜렷합니다.

만족스럽지 않은 성적표를 부모님께 보여드렸을 때 부모님께서 괜찮다고 해주셔서 눈물이 핑 돌았던 기억도 납니다. 이런 기억이 다들 있으시죠? 성적이 낮다고 부모님께서 불같이 화를 내셨던 기억을 갖고 계신 분도 계실 겁니다.

여러분은 자녀를 어떻게 대하고 계신가요? 아마 천사처럼 아이들에게 한결같이 상냥한 부모는 극소수일 겁니다. 그러면 안 되는 걸 알지만 답답한 마음에 아이에게 잔소리를 하게 되고, 잔소리도 안 통하면 큰 소리로 화를 내게 될 겁니다. 아이를 보며 목구멍까지 잔소리가 올라왔을 때 이걸 입 밖으로 안 내기 위해서는 정말 크나큰 수련이 필요해 보입니다. 결국 잔소리 한마디 툭 하고는 돌아서서 후회하죠. 다들 비슷한 상황이시죠?

학교 현장에 20년가량 있다 보면 아이들의 모습이 참 안타깝게 느껴집니다. 갈수록 입시를 위한 경쟁은 치열해집니다. 옆의 친구들이 뛰면 위기감에 덩달아 뛰어야 하는 시스템 속에서 아이들은 힘들어 헉헉댑니다.

공부에 욕심이 많은 아이들은 시험 기간만 되면 눈물이 마를 날이 없습니다. 한 과목 시험을 망치면 펑펑 울고, 눈물을 닦고서 또다시 다음 날 시험을 준비해야 합니다. 아무리 실패가 성장에 도움이 된다지만 그것을 지켜보는 것이 참 마음 아픕니다.

숨 막히는 학교의 모습

과거보다 학교는 훨씬 더 삭막하고 힘든 곳이 되었습니다. 과거에도 분명 대학의 서열은 존재했고, 입시를 위한 경쟁은 늘 있어 왔습니다. 하지만 개인적으로 지금이 예전보다 아이들에게 더 힘든 상황이라고 생각합니다.

경쟁은 상대적인 것인데, 지금은 공부를 할 수 있는 수단이 너무나도 많습니다. 인터넷 강의가 발달했고, 학원과 과외가 넘쳐납니다. 그러다 보니 누구나 공부를 기본 이상은 합니다. 내가 앞서가기 위해서는 옆의 친구보다 더 많이 공부를 해야 합니다. 내 옆의 친구는 그런 내 모습을 보면서 더 열심히 공부를 합니다. 그러면 나는 또 그 친구를 이기기 위해서 더 많은 공부를 해야 하는 겁니다. 바로 이것이 무한경쟁이죠.

학교에서의 하루를 살펴보면 숨이 막힐 때가 많습니다. 고등학교의 경우 아이들의 하루는 빈틈없이 빽빽한 스케줄로 채워져 있습니다. 수업을 듣고, 동아리 활동을 하고, 자율 활동이라고 해서 삼삼오오 모여서 다양한 활동을 해야 합니다. 진로에 관련된 활동도 꾸준히 해야 합니다. 그 와중에 수행평가를 준비하면서 중간·기말 고사철이 되면 내신 대비를 해야 합니다. 정시까지를 생각하는 학생이라면 틈틈이 정시를 대비한 공부도 해야 합니다.

자신이 지원하는 대학의 수준이 높을수록 더욱 빡빡한 일정을 보내게 됩니다. 하루 24시간 중에 아이들이 스트레스를 풀고, 심신을 단련할 수 있는 시간은 거의 없습니다.

학교가 학원이 되어서는 안 된다고 생각하지만, 우리 사회에서 학교가 입시를 위한 기관처럼 변해가는 것을 막기가 참으로 어렵습니다. 아이들은 학교에서 입시에 필요한 것들을 우선적으로 챙기고, 교사는 이를 도와야 합니다. 교사로서 아이들의 인성 발달을 위한 활동을 하기보다는 입시에 필요한 활동을 우선적으로 계획하게 되고, 이를 대입에 반영하기 위해서 부지런히 생활기록부에 기록합니다. 학교는 입시를 중심으로 돌아가는 곳이 되고 있습니다.

시험 시간에 잠을 자는 아이들

부모님들은 모르시는 학교의 현실이 있습니다. 중간고사를 볼 때 아이들이 문제를 풀지 않고 엎드려서 잠을 잔다면 믿으시겠습니까? 그것도 한두 명이 아니라 꽤 많은 아이들이 문제를 받자마자 이름만 쓰곤 잠을 자서 시험이 끝날 때에 백지를 낸다면 믿으시겠습니까?

적어도 우리 아이는 그러지 않을 거라고 생각하시죠? 아닙니다. 확률적으로 우리 아이도 이럴 가능성이 꽤 높습니다.

현재 고등학교의 내신은 9등급제를 따르고 있습니다. 최고 등급인

1등급부터 최하 등급인 9등급까지로 아이들의 성적을 나눕니다. 최상위 4% 아이들만이 1등급을 받고, 그다음 11%까지가 2등급을 받는 식입니다.

평범한 지역의 인문계 고등학교에서 인서울 명문대에 지원하기 위해서 필요한 등급은 1등급 수준입니다. 전교에서 4%만이 1등급을 받고 인서울 명문대 진학을 꿈꿀 수 있습니다. 적어도 2등급, 정말 못해도 3등급은 되어야 수도권 대학에 지원을 하거나 지역의 국립대에 지원할 수 있습니다.

학령인구 감소로 인한 특정 대학, 학과의 미달은 예외적인 경우라고 생각하고 평균적인 말씀을 드립니다. 3등급은 23%까지입니다. 전체의 23%까지는 3등급을 받을 수 있지만 나머지 약 80%의 아이들은 수도권의 대학 진학을 꿈꾸기 어렵습니다. 정시 성적이 잘 나와서 정시를 노려볼 수 있다면 다행이지만, 대부분 공부를 어려워하는 아이들은 내신이나 정시나 모두 성적이 어중간합니다.

이 아이들은 학교생활이 참 어렵고 부담스럽습니다. 학교는 아침 9시부터 오후 5시까지 입시를 위한 일정들로 빼곡합니다. 그런데 어차피 수도권에 있는 대학을 꿈꾸기 어려운 성적을 받은 아이들은 이 일정들을 꾸역꾸역 따라가야 합니다. 희망이 없는 상태에서 어쩔 수 없이 학교에서 요구하는 것들을 해야 하는 겁니다.

이들에게 내신 성적은 큰 의미가 없습니다. 어차피 내신 성적으로 수도권에 있는 대학에 갈 수 없는 것을 알기 때문에 희망이 없어서 시험 공부에 의욕이 생기지 않습니다. 그래서 시험 준비를 제대로 하지 않고 시험 시간에는 잠을 자는 겁니다.

시험 감독을 하면서 저는 참 마음이 아픕니다. 엎드려 있는 아이들이 졸려서 자는 것이 아님을 알기 때문입니다. 희망이 없고, 무기력해서 자는 겁니다. 자는 것 외에 신나게 할 것이 없으니까 자는 겁니다. 한창 에너지가 넘칠 때의 아이들이 힘없이 비실대는 것을 보면 정말 안타깝습니다. 우리 아이들이 이렇게 생활하고 있습니다.

"선생님, 우리 아이를 믿어주세요!"

학교는 학원과는 달리 사회적 유대를 맺으면서 다양한 활동을 해야 하는 곳인데, 학교가 점점 학원과 비슷한 공간이 되고 있습니다. 그렇기 때문에 학교에서 원하는 성적을 받지 못하는 아이들을 진심으로 안아줄 수 있는 곳은 가정밖에 없습니다.

가정에서 이 아이들을 외면하고 성적을 잣대로 대하면 이 아이들은 갈 곳이 없습니다. 학교에서 우울감을 호소하는 다수의 학생들은 결정적으로 가정에서 정서적 지원을 받지 못하는 경우가 많습니다. 엄한 아빠 때문에, 매정한 엄마 때문에 어려서부터 부모에게 반감을 키워온 아이들은 이 경쟁 속에서 기댈 곳이 없습니다. 그래서 정신적으로 한계에 달하게 되고, 우울감에 빠지게 되는 겁니다.

특목고에서 1학년 담임을 하면서 중간고사가 끝나고 상담을 한 적이 있습니다. 솔직히 성적이 높은 학생들의 부모님들과 상담을 할 때는 마음에 불편한 감정이 없습니다. 특별히 학교생활에 문제가 있는 아이가 아니라면 "하하호호" 웃으면서 덕담을 나누다가 상담이 끝나는 경우가 많습니다. 하지만 성적이 낮은 아이들의 부모님들과 상담을 할 때는 교사도 긴장이 됩니다. 마음이 무겁기 때문이죠.

저희 반에서 성적이 제일 낮은 아이 중 한 명의 어머님과 상담을 한 일이 인상 깊게 남아 있습니다. 낮은 성적 때문에 전화 드리기 전에 긴장을 했고, 대화를 어떻게 풀어나가야 할지 막막했습니다. 이 어머니께서는 아이 뒷바라지 하시느라 일을 많이 하셔서 공부에까지 신경을 많이 못 쓰셨다고 합니다. 그런데 이 어머니께서 그러십니다.

"선생님, 우리 아이를 믿어주세요. 우리 아이 정말 잘 할 수 있어요."

저는 여기서 눈물이 핑 돌고 마음이 턱 하고 놓였습니다. 그리고 어머님께 말씀드렸습니다.

"어머니, 너무 잘하고 계세요. 어머니께서 열심히 사시는 모습을 보면서 아이가 여기까지 올 수 있었습니다."

어머니께 마음을 담아 응원해드렸습니다. 그리고 저는 이 가정을 걱정하지 않습니다. 아이가 꼴찌를 해도 괜찮습니다. 가정에서 아이를 믿어주고 응원해주면 이 아이는 뭐든지 할 수 있습니다.

'성적이 낮으면 인생에서 실패를 할 것'이라는 생각은 단지 부모의 걱정에 불과합니다. 그리고 그런 생각을 하는 부모 때문에 아이의 정서는 불안할 수밖에 없습니다.

대한민국 사회에서 명문대 졸업장이 가지는 영향력을 무시하는 것이 아닙니다. 명문대 졸업장이 성공의 필수 조건이라고 믿고선 아이의 불안을 감싸주지 않고 아이를 몰아세웠을 때는 돌이킬 수 없는 결과가 기다리고 있다는 이야기를 하는 겁니다.

인생에는 수많은 일들이 기다리고 있고, 아이에게는 도전할 수 있고 역경들을 이겨낼 수 있는 힘이, 좋은 성적보다 더 필요할 수도 있습니다. 그리고 이런 힘을 기르기 위해서는 부모의 지지와 응원이 필수입니다.

이런 사실을 알면서도 우리는 자꾸 '공부'를 기준으로 아이들을 바라봅니다. 그럴수록 우리는 되뇌야 합니다.

"너를 조건 없이 사랑한다."

ACTION

- 대한민국의 입시 경쟁은 날로 치열해집니다.
- 치열한 입시 경쟁 속에서 아이들은 점점 더 힘든 하루를 보냅니다.
- 공부를 못하는 아이의 자존감을 지켜줄 사람은 부모님밖에 없습니다.

부모 훈련 1
거실에서 공부하는 부모

거실은 TV 보는 곳?

'거실에서 공부하자'는 말이 무슨 의미인지 이 책을 읽고 계신 부모님들은 다 아실 겁니다. 거실에서 TV를 보지 말고, 아이와 함께 책을 읽고 대화를 나누고 공부를 하자는 의미입니다. 물론 TV 보는 거실을 포기하기 싫은 부모님들이 계실 겁니다. 거실에서 쉬지도 못하고 책을 봐야 한다는 것이 참 가혹한 일일 수 있습니다. 전쟁 같은 하루를 끝내고 거실 소파에 누워서 TV 보고 쉬면 얼마나 좋겠습니까.

그런데 우리가 생각해야 할 것은 나중에 아이들이 공부 습관이 없어서 헤맬 때 이를 바로 잡기가 굉장히 어렵다는 점입니다. 공부 습관이 없는 아이를 다시 책상에 앉히기 위해서 들여야 하는 노력보다 부모가 거실에서 공부하는 수고로움이 훨씬 더 적습니다.

습관은 만들어지는 데 오랜 시간이 걸리지만 한 번 만들어지면 뇌에 각인이 되기 때문에 바꾸기가 어렵습니다. 좋은 습관은 더더욱 만들기가 어렵습니다. 저녁이면 어김없이 거실에서 TV를 보는 습관이 만들어지면, 이 아이는 과연 공부를 본격적으로 해야 할 나이가 되었을 때 스스로 방에 들어가서 공부를 집중해서 할 수 있을까요? 저녁 시간이면 즐기던 여유로움과 재미를 포기하고 힘든 공부를 할 수 있을까요? 그 과정이 너무 힘들지 않을까요?

저는 바쁜 아빠라서 저녁 시간에 아이들과 함께하는 시간이 적지만, 그래도 집에 있는 동안은 아이들과 같이 거실에 모여서 저녁 시간을 보내려고 노력합니다. 이를 위해서 거실에는 TV를 없앴고, 책장에 책을 가득 꽂아두었습니다. 거실에 2미터에 달하는 대형 테이블을 놓아서 여기서 밥도 먹고, 공부도 하고, 이야기도 나눕니다. 소파가 있으면 더 편안한 소파에 앉을 것이기에 소파도 없앴습니다. 거실에 놓은 긴 책상에 모여서 아이들은 책을 보거나 해야 할 공부를 하고, 저는 옆에서 신문을 보거나 책을 봅니다.

거실 공부의 놀라운 힘

초등학교 저학년 때 자녀는 공부하는 습관을 형성합니다. 선천적으로 앉아서 공부하는 것을 좋아하는 아이는 없을 겁니다. 한창 뛰어놀 나이에 앉아서 책을 보고 문제를 풀라고 하니, 아이들의 몸이 당연히 배배 꼬입니다. 평생에 처음 하는 공부인데 어떻게 해야 할지를 모르는 것이 너무나 당연합니다. 이때 독서를 하는 부모가 옆에 있으면 좋은 모델이 될 수 있습니다. 부모를 통해서 공부를 하는 방법, 책을 읽는 자세를 배우는 겁니다. 거실에 모여서 함께 책을 읽고 공부를 하면서 자연스럽게 자녀는 공부를 하는 부모의 모습을 통해서 공부하는 자세를 배웁니다.

평소에는 각자 따로 놀다가 시험 기간에만 다 같이 공부를 하는 가정도 있습니다. 하지만 평소와는 달리 시험 기간에만 엄마나 아빠가 아이들 옆에서 공부를 한다면 아이들은 감시당한다고 느끼지 않을까요? 평소에는 편히 쉬시던 부모님께서 밤늦게까지 아이들 옆에 바짝 붙어 있으면 이것은 감시 아닐까요? 감시를 받는 느낌은 결코 공부에 도움이 되지 않습니다. 엄마 아빠가 옆에 있으니 공부를 안 할 수는 없지만 시켜서 하는 공부가 결코 기분 좋은 느낌은 아니겠죠. 부모가 진짜 독서를 하고, 진짜 공부를 할 때 거실 공부는 효력을 발휘합니다.

제가 가족들과 거실에 모여 보니, 공부 외에도 큰 장점이 있었습니다. 거실에서 함께 생활하면서 아이들을 한 번이라도 더 마주하게 되고 이야기를 나눌 수 있었습니다. 각자 방에 들어가버리면 한 지붕 아래 살아도 가족 간에 대화를 나눌 일이 별로 없습니다. 밥 먹을 때나 모이는데, 밥 먹을 때마저 대화가 끊어져버린 가정도 다수입니다. 스마트폰마저 식탁에 올리는 가정에서는 각자 스마트폰을 들여다보느라 눈조차 마주치지 않을 겁니다.

거실은 공부를 위한 공간이기도 하지만 가족들이 모여서 유대를 나누는 공간입니다. 저녁에 모여서 가족 간에 서로 안부도 묻고, 공부 습관까지 잡을 수 있으니 거실로 나오지 않을 이유가 없습니다.

'공부'라는 행동의 원리

공부는 참 쉽지 않습니다. 하면 좋다는 것을 알면서도 안 하게 되는 것이 공부와 운동인 것 같습니다. 공부를 하나의 행동으로 접근해 보겠습니다. '이 행동을 어떻게 하면 일어나게 할 것인가? 그래서 어떻게 하면 지속할 수 있을 것인가?' 이렇게 접근해볼게요.

『습관의 디테일』의 저자인 브라이언 포그는 인간의 행동을 다음과 같은 공식으로 설명합니다. 다음의 3가지 조건이 충족될 때 행동이 일어난다는 겁니다.

$$B(행동) = MAP(동기 \times 능력 \times 자극)$$

행동은 '동기'가 있는 상태에서 외부의 '자극'을 받았을 때, 내가 그것을 할 수 있는 '능력'이 있으면 일어난다는 겁니다. 예를 들어 집에 와서 밤늦게 야식을 먹게 되는 행동을 생각해보죠. 오늘 따라 퇴근길에 치킨 냄새가 진하게 납니다. 즉 외부의 '자극'을 받습니다. 오늘 일이 바빠서 끼니를 제대로 챙기지 못했습니다. 즉 좀 더 먹고 싶은 '동기'가 있습니다. 스마트폰을 꺼내서 배달앱으로 치킨을 하나 주문합니다. 즉 클릭 몇 번으로 주문을 할 수 있는 '능력'이 있으니 아주 손

쉽게 '행동'으로 이어집니다. 이렇게 하나의 행동을 하게 되는 겁니다. 무의식적으로 행동을 한다고 생각할 수 있지만, 이 무의식 안에는 적어도 3가지의 요소가 충족되는 상황이 존재합니다.

이번에는 반대로 이 행동을 막아봅시다. 퇴근길에 배달앱으로 야식을 시켜 먹는 습관 때문에 살이 찌고 건강이 안 좋아져서 이 행동을 억제하고자 합니다. 행동을 억제하기 위해서는 행동이 일어날 수 있는 조건 중 하나를 없애면 됩니다. 앞에서 말한 3가지 조건 중에서 무엇을 없앨 수 있을까요?

자극 : 길에서 나는 치킨 냄새
동기 : 야식을 먹고 싶은 마음
능력 : 스마트폰 앱으로 수월하게 야식 주문

이 상황에서는 능력을 없애는 것이 가장 수월할 겁니다. 길에서 나는 치킨 냄새를 없앨 수 없고, 야식은 늘 먹고 싶습니다. 그렇다면 스마트폰에서 배달앱을 지웁시다. 그러면 배달을 시키기 위해서는 다시 앱을 깔아야 하고, 몇 번의 귀찮은 과정을 거쳐야 합니다. 이것만으로도 놀라울 정도로 이 행동은 억제됩니다. 귀찮아서 한 번 참게 됩니다. 몇 번 더 참아내면 이제 야식을 안 먹는 건강한 습관을 갖게 되어서 더욱 쉽게 야식을 참을 수 있습니다.

이제 공부 이야기를 할 때이죠. 공부는 어떻게 하면 할 수 있을까요? 공부에는 다음과 같은 3가지 요소가 필요합니다.

> **공부에 필요한 3가지 요소**
> - 공부를 할 수 있는 '환경'
> - 공부를 하고자 하는 '동기'
> - 공부를 쉽게 할 수 있는 '능력'

거실 공부는 여기서 다시 한 번 활약하게 됩니다. 거실에 TV 없이 공부를 하는 환경이라면 공부에 적합한 환경이 마련된 것입니다. 책을 읽거나 공부하는 것 외에는 다른 것을 할 수 없는 환경인 것이지요.

공부하는 부모가 옆에 있으면 아이도 공부를 하고자 하는 동기를 가질 수 있습니다. 공부를 하거나 독서를 하는 부모는 TV를 보거나 스마트폰을 저녁 내내 하는 부모보다 훨씬 더 아이의 공부에 대한 동기를 이끌어낼 겁니다. 그리고 다 같이 독서하고 공부하는 환경이면 공부는 수월하게 할 수 있습니다. 능력 면에서도 문제가 없습니다.

거실 공부는 언제나 모범 답안입니다

거실 공부의 장점을 한 번 더 강조하기 위해 공부를 하기 어려운 상황을 그려보겠습니다. 아이가 집에 왔는데 부모님은 거실에서 대형 TV로 재밌는 예능 프로그램을 시청하고 있습니다. 아이도 옆에 앉아서 같이 보고 싶겠죠. 그런데 부모는 자녀에게 방에 들어가서 숙제를 하라고 명령합니다. 그러면 아이는 씩씩대면서 방으로 들어갑니다.

그렇게 불만 가득한 표정으로 책상에 앉았는데 도무지 공부를 하고 싶은 '동기'가 안 생깁니다. 거실에서 들려오는 TV소리에 신경이 쓰이고, 부모님이 원망스럽습니다. 공부를 하고 싶어도 도무지 집중이 되지 않으니 에너지 소모가 심합니다. '능력'이라는 것은 행동이 얼마나 수월하게 일어나는지를 따지는 것인데, 이런 상황이라면 공부라는 행동은 시작조차 하기 너무 힘듭니다. 그렇게 아이는 방에서 제대로 된 공부를 안 하게 되는 것입니다.

'환경 조성'은 부모가 할 수 있는 최선입니다. 이 환경에서 아이가 공부를 잘 할 수도 있고, 안 할 수도 있는 겁니다. 다만 거실 공부는 자녀 교육에 있어서 언제나 모범 답안이기 때문에 답을 뻔히 알고 있으면서 군이 오답을 선택할 이유가 없습니다.

ACTION

- 거실에서 부모와 자녀가 함께 공부합시다.
- 거실에서 자녀와 대화를 나누고 교감할 수 있습니다.
- 거실 공부는 가장 어렵지만 가장 쉬운 교육법입니다.

아이 말을 끝까지 들어주기

공부를 잘하는 아이들의 특징

공부를 잘하는 아이들은 전반적으로 안정감이 느껴집니다. 학교생활을 지켜보면 잔잔한 호수처럼 생활합니다. 이들은 부모님과 좋은 관계를 유지하고 있습니다. 부모와 자녀가 대화를 많이 하고, 특히 부모님께서 아이들이 하는 학교 이야기를 성심성의껏 들어주십니다.

저는 상위권 아이들에게 수시로 물어봅니다. "주말에 엄마랑 이야기 많이 했어?" 그러면 아이들은 "이야기를 너무 많이 해서 탈"이라고 말할 정도입니다. 아이가 학교생활을 잘해나갈 수밖에 없습니다.

반대의 경우도 있습니다. 부모와 일주일 내내 한마디도 제대로 된 대화를 안 하는 가정도 있습니다. 이런 경우 아이가 최상위권이기 어렵고, 최상위권이라 하더라도 정서적으로 안정된 상태를 유지하기 어렵습니다.

좋은 대화는 마음을 회복시킵니다. 우리는 불안할 때 마음을 터놓는 대화를 하고자 하는 욕구가 커집니다. 지인에게 전화를 걸어서 불안을 털어놓으면서, 가족에게 타인에게는 말 못 할 이야기를 하면서 마음의 불안을 덜고자 합니다.

대화에는 불안을 감소시키는 기능이 분명히 있습니다. 정신과 상담을 가면 상담의가 주로 하는 일이 내담자의 이야기를 공감하면서 들어주는 일입니다. 의사가 제대로 듣지도 않고 약을 처방하거나 해결책을 제시하면 환자의 치료에 도움이 안 될 겁니다.

10대의 아이들은 특히 불안을 크게 느낍니다. 인간은 다음과 같은 4가지 경우에 불안을 느낀다고 합니다. 인간은 새로운 것에 대해서 불안을 느끼고, 예측 불가한 것에 대해서 불안을 느끼고, 자아에 대한 위협을 느낄 때 불안을 느끼고, 삶에 대한 통제력이 없다고 느낄 때 불안합니다.

이를 생각해보면 입시를 준비하는 10대 아이들은 4가지 경우 모두 해당됩니다. 누구에게나 입시는 처음 겪는 새로운 일입니다. 그들의 입시 결과는 예측 불가입니다. 그리고 이는 자신의 미래와 직결되는 문제이기에 자아에 대한 위협을 느낍니다. 그리고 이 상황은 자기 마음대로 나아지지가 않습니다. 성적이라는 것이 마음 먹은 대로 올라가지 않기 때문에 상황에 대한 무력함을 느낍니다. 이는 바로 극심한 불안으로 이어집니다. 그래서 부유한 지역에서 성적이 좋은 학생들조차 불안을 느끼는 겁니다. 그들에게도 미래는 예측 불가이기 때문에 불안을 느낍니다.

입시를 준비하는 자녀들은 이런 불안을 계속 느끼고 있다고 생각하면 됩니다. 그런 자녀의 불안을 덜어줄 수 있는 것이 바로 부모와의 적극적인 대화입니다. 그런데 다수의 가정에서 자녀가 성장할수록 대화는 줄어듭니다. 그러면 아이들의 불안은 점점 커져만 갑니다.

부모와의 대화는 비단 입시를 준비하는 고등학생 자녀에게만 중요한 것이 아닙니다. 부모와의 대화는 아이가 아주 어릴 때부터 시작해야 합니다.

저도 부모로서 가장 노력하지만 참 안 되는 부분 중 하나가 바로 아이들의 이야기를 적극적으로 들어주는 겁니다. 제가 집에 가면 아이들은 하고 싶은 이야기들을 한 보따리 들고 기다리고 있습니다. 하고 싶은 이야기가 있을 때에는 밤늦게 퇴근하는 저를 기다리기도 합니다. 제가 집에 도착하자마자 아이들은 속사포처럼 하고 싶은 이야기를 쏟아냅니다.

저를 포함한 대다수의 어른들의 삶은 참 빡빡하지 않습니까? 아이들의 시시콜콜한 이야기를 열심히 들어주기에는 에너지가 한참 부족합니다. 그래서 저는 대강 공감을 하면서 대화를 매듭지으려고 합니다. 여러분도 저와 비슷하지 않으신가요?

대다수 어른들은 집에서도 딱히 여유가 없기 때문에 빨리 이야기를 정리하고 싶어 합니다. 예를 들어서 이런 식입니다.

"아빠, 오늘 유치원에서 민철이가 나랑 안 논대."

"아, 진짜? 그럼 딴 친구 사귀면 되잖아."

조금 극단적인 예시지만, 이 문제로 직장에서 회의할 때처럼 진지하고 오래 대화를 나눌 부모는 많지 않을 겁니다. 부모가 아이들의 마음을 끝까지 들어주지 않는 겁니다. 이런 저녁 시간이 이어지면 아이들은 느낍니다. 부모의 눈빛과 태도가 그들의 이야기를 원하지 않는다는 것을 알면 그들은 이야기를 멈출 겁니다.

그렇게 대화가 없어지기 시작하면 부모가 잠시는 편할 수 있지만, 결국 사춘기 이후에는 대화가 단절되고 아이들과 서먹한 사이가 됩니다. 이렇게 되면 아이들은 정서적으로 부모에게 지지를 받지 못합니다. 이 가정의 자녀는 불안을 해결할 곳이 없고, 이는 자칫 우울증과 같은 정신적인 문제로까지 이어질 수 있습니다.

여기까지 읽으시면 자녀와 대화를 적극적으로 해야겠다는 생각이 드실 겁니다. 그런데 평소 자녀와 충분한 대화를 안 하던 가정에서는 대화를 시작하거나 이어나가는 것이 어려울 수 있습니다. 그렇다면 자녀와의 대화는 어떻게 하면 오래 이어나갈 수 있을까요?

공감을 제외한 모든 대화법은 틀렸습니다

『부모 역할 훈련』의 저자 토머스 고든(Thomas Gordon)은 부모가 자녀에게 대화를 할 때 사용하는 12가지의 대화법이 아이의 말문을 막는다고 말합니다. 다음의 예시를 보면 우리는 거의 12가지의 대화법 중 하나를 사용하고 있을 겁니다. 자녀가 부모 입장에서 답답한 소리

부모가 자녀에게 보이는 12가지 반응

- 명령, 지시 : "그런 말 하지 마!"
- 경고, 주의, 위협 : "너 공부 안 하면 평생 후회할걸?"
- 권고, 훈계, 설교 : "그런 생각하면 안 돼."
- 충고, 제안, 해결책 제시 : "엄마랑 다시 한 번 이야기해보자."
- 가르치기, 논리적으로 따지기 : "대학 졸업장이 네 인생에 얼마나 중요한지 알려줄게."
- 비판, 비난, 반박 : "너는 몇 살인데 그런 소리를 하니!"
- 칭찬, 동의 : "그래, 그런 생각할 수 있지."
- 매도, 조소, 모욕 : "너 진짜 철이 없네!"
- 해석, 분석, 진단 : "너 이번에 시험 못봐서 그런 소리 하는 거지?"
- 격려, 동정, 달래기, 편들기 : "괜찮아. 넌 잘 할 수 있어."
- 탐문, 질문, 취조 : "공부 안 하면 뭘로 먹고 살 건데?"
- 한 발 물러서기, 말 돌리기, 비위 맞추기, 주의 돌리기 : "지금 엄마 머리가 복잡하니까 나중에 정리해서 다시 이야기하자."

출처 : 『부모 역할 훈련』

를 할 때가 있습니다. 다음과 같이 말하는 자녀에게 뭐라고 답을 하실 건가요? 먼저 여러분의 대답을 생각해보세요.

"엄마, 공부를 도대체 왜 하는지 모르겠어. 엄마도 공부 못했잖아. 왜 나한테만 공부하라고 해? 진짜 짜증나!"

이렇게 말하는 자녀에게 뭐라고 말을 해야 할까요? 여러분들의 마음속에 지금 떠오르는 생각을 한번 정리해보세요. 그런 다음에 위의 12가지 유형에 속하는지를 살펴보세요.

어떠신가요? 12가지 반응에는 의외로 꽤 긍정적으로 보이는 답들도 있습니다. 10번째는 격려를 하거나 달래는 반응인데 이런 반응은 꽤 괜찮아 보입니다. 하지만 이 모든 반응이 잘못되었다고 토머스 고든은 말합니다. 그러면 도대체 부모는 어떤 반응을 해야 할까요? 모범 답안은 의외로 간단합니다. 부모가 자녀의 이야기를 '더' 들어주는 겁니다.

공부하기 싫다는 자녀는 분명히 자신의 감정과 생각이 겹쳐서 이런 말을 하게 되었을 겁니다. 우리 아들딸이 왜 이런 생각을 하게 되었을까요? 그걸 알려면 이야기를 더 들어주어야 하는 겁니다. 그러면 대화의 물꼬를 다음과 같이 틀 수 있겠죠.

"정말? 요즘 공부하기가 힘들구나. 무슨 일 있었어?"

이렇게 아이의 말을 반복하면서 이야기를 더 하도록 유도합니다. 그러면 아이는 분명 공부와 관련해서 있었던 일들을 이야기할 겁니다. 명확하게 원인이 있었을 수도 있고, 자신도 모르는 사이에 이런 감정이 쌓였을 수도 있습니다. 중요한 것은 이렇게 이야기를 하는 과정에서 아이는 스스로의 감정과 생각을 정리하게 되고, 부모도 자녀를 더욱 이해할 수 있다는 점입니다.

아이와 대화를 나누다 보면 의외의 이유 때문에 공부를 하기 싫을 수 있습니다. 매일 TV만 보는 아빠처럼 놀고 싶어서, 학교에서 소중한 친구와 싸우게 되어서, 엄마의 잔소리를 듣기 싫어서, 노래를 부르고 싶어서와 같이 아이는 정말 다양한 이유로 공부를 하기 싫을 수 있습니다. 단순히 공부가 힘든 것이니까 아이가 공부를 안 하려고 한다는 것은 순전히 부모의 생각인 겁니다. 아이의 진짜 속마음은 아이의 마음에 공감하면서 대화를 이어나가야만 알 수 있습니다.

공감으로 마음의 문을 열기

공감에는 마음의 문을 여는 효과가 있습니다. 배우 소유진 씨가 예능프로 〈라디오 스타〉에 출연해 오은영 박사님께 조언을 얻어서 남편의 잔소리를 해결했다는 에피소드를 이야기한 적이 있습니다. 남편 백종원 씨가 집에 콩나물이 있는데 왜 또 샀냐는 식의 잔소리를 한다는 겁니다. 이 잔소리에 대해서 오은영 박사님은 남편이 한 말을 그대로 따라 하라는 조언을 합니다. 대화가 이런 식으로 전개되는 겁니다.

"콩나물 있는데 왜 또 샀어?"

"아, 제가 콩나물이 있는데 또 샀군요."

"그려…"

이렇게 해서 더 이상의 잔소리가 이어지지 않는 겁니다. 이 대화에는 공감의 정서가 녹아 있습니다. 상대방의 말을 그대로 따라 한다는 것은 상대방의 생각을 존중하고 공감한다는 의미입니다. 만약 아내가 남편의 잔소리에 발끈해서 "나도 생각이 있으니까 필요해서 산 거지!" 식으로 반응을 했다면 상대방은 자신의 생각이 무시되었다는 생각에 또다시 잔소리를 할 것이고, 이 불편한 대화는 아마도 계속 이어질 겁니다.

대화를 이끌어내야 하는 상황에서도 공감을 활용하면 됩니다. 자녀가 하는 이야기를 그대로 따라 하면 자녀의 말에 공감하게 되고, 자녀의 마음의 문을 열 수 있습니다.

"엄마, 학교에서 친구가 나 놀렸어."

"아, 학교에서 친구가 너를 놀렸구나. 그랬구나."

이렇게 공감의 대화를 이어가는 겁니다. 자녀의 이야기를 들어주는 것만으로도 부모로서 자녀의 발달에 큰 영향을 줍니다. 부모와 대등한 대화 상대로 인정받았다는 생각에 자녀의 자존감은 높아질 것이고, 더 주체적인 태도를 갖게 될 겁니다. 부모의 정서적 지지를 바탕으로 더 적극적인 면모를 보일 것이고, 사춘기를 무난하게 넘어갈 수도 있습니다. 무엇보다 공부와 관련해 생기는 스트레스와 불안을 부모와의 대화를 통해서 해소할 수 있습니다. 자녀의 이야기에 진심으로 귀를 기울여주세요.

ACTION

- 자녀의 이야기에 귀를 기울입시다.
- 자녀의 이야기에 공감합시다.
- 자녀와의 대화를 통해서 자녀의 불안을 해소할 수 있습니다.

부모 훈련 3
실패를 이용하는 부모

성공의 필수 조건은 '실패'

세상의 어떤 성공도 실패 없이 이루어진 것이 없습니다. 토머스 에디슨이 필라멘트 하나를 발명하기 위해서 무려 7천 번의 실패를 한 일화는 유명합니다.

성공을 위해서 실패를 거듭하는 사례는 에디슨 외에도 수도 없이 많이 찾을 수 있습니다. 우리 동네에 맛있는 치킨집의 레시피를 사장님이 단 한 번에 만들어내셨을 리가 없습니다. 실패는 성공을 위한 필수 조건이기 때문입니다.

어린 시절에 누구나 실패를 경험합니다. 자전거를 한 번에 잘 타는 아이는 없습니다. 여러 번 쓰러지고 넘어지면서 자전거 타기를 배웁니다. 아이들이 많이 타는 인라인스케이트도 수없이 쓰러진 다음에 제대로 일어서서 달리는 법을 배웁니다.

실패를 통해서 제대로 배울 수 있다는 진리는 운동에만 국한된 이야기가 아닙니다. 모든 분야에서 실패를 통해 성공에 필요한 자질과 요건을 배우게 됩니다.

자녀를 키우다 보면 실패에 인색하게 됩니다. 아이가 실패를 했을 때 이를 너그럽게 받아들이기가 본능적으로는 쉽지 않습니다. 공부하는 것을 너무 어려워하는 아이, 낮은 성적을 받아 오는 아이에게 어떤 반응을 해야 할지 고민이 됩니다. 그래서 우리는 아쉬운 소리를 하게 되고, 심하면 잔소리를 하고 화를 내기도 합니다. 그리고 돌아서서 후회를 하죠.

아이의 성장에 실패는 반드시 필요합니다. 전 세계에 '그릿 (GRIT)' 열풍을 불러일으킨 『그릿』의 저자 앤젤라 더크워스(Angela Lee Duckworth)는 '그릿'을 수없이 실패해도 참고 열심히 노력하는 힘이라고 말합니다. 이런 그릿의 힘이 없으면 아무리 재능이 있어도 성취할 수 없습니다. 실패 속에서도 희망을 가져야 하고, 불편한 상황을 긍정적으로 받아들이면서 좌절을 견뎌야 합니다. 실패를 했지만 자신에 대한 믿음을 바탕으로 다시 도전해야 합니다. 그래야 마침내 성취를 할 수 있습니다.

실패를 견디고 다시 도전하는 것이 성취를 위한 핵심 역량이라면 자녀의 실패를 부모가 겁낼 이유가 없습니다. 오히려 실패를 자녀의 성장을 위한 기회로 삼아야 합니다.

메타인지의 필수 조건도 '실패'

'메타인지'를 우리나라에 본격적으로 소개한 리사 손 교수는 메타인지를 키우는 첫걸음이 '나는 완벽하지 않다. 그러니 실수해도 괜찮다'라는 명제를 받아들이는 것이라고 말합니다. 즉 실수를 통해서 자신에 대해서 제대로 파악하게 되는 것입니다. 이 과정을 생략하면 아이는 자신의 능력을 제대로 파악하지 못합니다.

초등학교 때 자녀들이 자신의 실력을 과신하는 경우가 있습니다. 특히 학원이나 가정에서 선행학습을 한 경우 학교에서 배우는 내용이 쉽게 느껴지기 때문에 자신의 실력을 과대평가하고, 배우는 내용을 꼼꼼하게 학습하지 않습니다. 그러다 보니 추후 해당 개념을 제대로 이해하지 못해서 결국 학습결손으로 이어지게 됩니다.

자신이 가지고 있는 지식의 질과 양을 스스로 평가하는 과정을 리사 손 교수는 '모니터링'이라고 표현합니다. 이렇게 자신을 모니터링한 후에 이를 기반으로 학습 방향을 설정하는 것이 컨트롤입니다. 모니터링과 컨트롤을 통해서 아이는 스스로 학습을 성공적으로 이끌어갑니다. 그리고 아이는 실패를 했을 때 실패의 원인이 모니터링인지, 컨트롤인지를 스스로 파악해야 합니다.

학교에는 공부를 어려워하는 아이들을 대상으로 한 프로그램이 있습니다. 영어를 어려워하는 아이들과 가장 흔하게 하는 것이 '단어 암기'입니다. 어떤 날은 아이가 굉장히 자신감 있게 단어 시험을 보러옵니다. 재밌는 것은 그런 경우에도 어김없이 아이의 단어 시험 결과는 좋지 않다는 것입니다.

이것이 성적이 낮은 아이들의 대표적인 특징입니다. 자신의 능력에 대한 모니터링이 제대로 안 되고 있는 겁니다. 이것을 연습해서 자신의 실력을 제대로 평가할 수 있어야 컨트롤을 통해서 전략을 짜고 이를 실천하면서 공부를 잘 할 수 있습니다.

단, 이것은 단번에 해결되는 문제가 아니기 때문에 아이는 계속해서 이런 실패를 경험해야 합니다. '내가 잘 안다고 생각했는데 시험을 보니 그렇지 않다'는 것을 반복적으로 경험하면서 더 꼼꼼하게, 자신에게 맞는 공부 전략을 짜게 되는 겁니다.

연구에 따르면 초등학생 때부터 모니터링을 조절할 수 있다고 합니다. 중학교 시절까지는 컨트롤은 취약하다고 합니다. 그래서 잘하는 과목만 계속 공부하는 컨트롤 문제를 보인다고 하네요. 확실한 것은 초등학생 때부터 모니터링과 컨트롤을 지속적으로 연습해야 하고, 이때 시행착오는 반드시 수반되어야 한다는 점입니다.

자녀가 초등학생 때는 아이가 많이 미숙하고 해야 할 과업도 간단하기 때문에 부모가 쉽게 도와줄 수 있습니다. 그래서 아이의 실수를 더욱 용인하기가 어렵습니다. 부모가 옆에서 한마디만 거들어도 실패하지 않을 수 있기 때문입니다.

수학을 못하는 아이가 잘하는 영어만 공부하고 있다면 옆에서 한마디를 안 할 수가 없습니다. 하지만 이렇게 부모가 한두 번 자녀가 판단하고 계획할 기회를 빼앗으면 결국 아이는 스스로 메타인지를 발달시킬 수 없습니다.

궁극적으로 자녀가 고등학교에 입학하면 절대적으로 메타인지 능력이 중요해집니다. 이제 시간은 제한되어 있고, 해야 할 과업은 너무나도 많습니다. 특목고나 자사고에 진학하게 되면 더욱 많은 과제를 부여받습니다. 자신에게 무엇이 더 중요한지, 어떤 과제를 더 우선적으로 처리해야 하는지, 어떤 전략으로 이를 해결할지를 오롯이 자신이 스스로 결정해야 합니다. 이것은 부모나 학원이 도와줄 수 없는 수준입니다.

메타인지 능력을 갖춘 고등학생이 되기 위해서는 초중등에서부터 자녀가 실패를 통해서 스스로 자신을 파악할 수 있는 기회를 가져야 합니다. 즉 자신을 모니터링하고, 자신이 나아가야 할 방향을 컨트롤하는 경험이 반드시 필요합니다. 그런데 초등학생 때 부모가 모니터링해주고 부모가 자녀를 컨트롤했다면 아이는 결국 고등학교에서 우왕좌왕하게 될 것입니다.

실패를 축하하는 실패카드 만들기

1998년에 데뷔한 가수 이소은 씨는 그 시절 가장 인기 있는 가수 중의 한 명이었습니다. '서방님'과 '키친' 등 명곡을 많이 남겼습니다. 가요계에서 활동하며 최정상의 인기를 누리던 이소은 씨는 돌연 가수 활동을 멈추고 미국으로 떠나서 노스웨스턴대학교 로스쿨에 진학합니다.

얼마간의 시간이 흐른 후 그녀는 2012년 본인의 트위터를 통해서 미국 변호사 시험에 합격했음을 알립니다. 당시 소식을 접한 대중은 깜짝 놀랐습니다. 연예인들의 인생 2막에 대해서는 많이 봐왔지만 미국 변호사라니요. 굉장히 파격적이었습니다. 거기에 그치지 않고 이소은 씨는 국제상업회의소 뉴욕지부 부의장으로 이직을 합니다. 그녀의 도전은 계속되고 있는 겁니다.

가수에서 미국 로스쿨로의 진학, 미국 변호사에서 국제상업회의소 부의장까지 대단한 경력을 만들고 있는 그녀의 원동력은 무엇일까요? 안정적인 성공을 뒤로하고 실패할 수도 있는 도전을 가능하게 만든 힘은 무엇일까요? 예능 프로그램 〈유 퀴즈 온 더 블럭〉에 출연한 그녀의 부모님의 인터뷰를 보면서 그녀의 도전의 원동력에 대한 힌트를 얻을 수 있었습니다.

그녀의 부모님들은 자녀가 실패를 할 때마다 실패를 축하하는 '실패카드'를 작성했다고 합니다. 이러이러하게 실패해서 축하하고, 다음에는 더 잘 할 수 있을 거라는 메시지를 작은 선물과 함께 전달했다고 합니다. 이를 통해서 이소은 씨는 실패가 더 성장할 수 있는 기회로 축하받을 일이라는 인식을 만들었을 겁니다. 그리고 또 과감하게 도전하고 실패를 했겠죠.

가요계에서 1등을 하고 미국에서도 변호사가 된 결과만 보면 그녀의 인생은 찬란한 성공만이 있을 것 같습니다. 하지만 그녀의 인터뷰를 보면 그녀의 인생에도 실패가 가득했습니다.

이소은 씨는 27세에 미국으로 건너가 다시 공부를 하면서 큰 어려움을 겪었다고 합니다. 특히 10년간의 가수 활동을 완전히 뒤로하고 미국에 가서 영어로 법을 공부한다는 것이 너무나도 힘든 일이었죠. 초등학교 때 미국에서 살았다고 하지만, 초등학생의 언어 수준과 로스쿨에서 다루는 수준은 비교할 수 없죠. 그래서 그녀는 미국 로스쿨에서의 중간고사에서 꼴찌를 했다고 합니다. 열심히 하면 늘 성과가 나오는 모범생이었는데 치열하게 준비를 했지만 꼴찌를 했으니 당시에 얼마나 충격이 컸을까요?

이때에도 아버지는 딸에게 이메일을 보내셨다고 합니다. 아버지는 딸에게, 아빠는 딸이 처음부터 잘할 거라고 생각하지 않았고 시간이 필요할 뿐이지 결국에는 잘할 것이니 염려하지 말라고 했습니다. 그리고 아빠는 딸의 전부를 사랑하지, 잘할 때만 사랑하는 것이 아니라는 말로 딸의 마음을 울렸습니다.

이런 부모가 있었기에 이소은 씨는 계속해서 도전하고 원하는 바를 성취하지 않았을까요? 우리는 우리 자녀를 잘할 때뿐 아니라 실패를 할 때에도 변함없이 사랑하고 아끼고 있을까요?

자녀에게 기회를 주세요

이승우라는 축구 선수가 있습니다. 어려서부터 축구에 대한 재능을 인정받아서 스페인으로 축구 유학을 떠났습니다. 축구 강국인 스페인에서도 재능을 인정받은 유소년으로서 활약을 하던 이승우의 축구 미래는 밝아만 보였습니다. 하지만 그는 성인이 된 이후에 소속팀에서 활약을 하지 못합니다.

그가 겪은 가장 큰 문제는 출전 기회를 충분히 보장받지 못한 것입니다. 세계적인 수준의 축구 리그에서 동양의 키 작고 덩치 작은 축구 선수에 대한 믿음은 크지 않았습니다. 불규칙하게 한 번씩 주어지는 출전 기회에서 큰 활약을 하지 못하는 바람에 그의 출전 기회는 더욱 줄어들었습니다. 불규칙한 출전 일정 때문에 그의 경기력은 더욱 떨어졌습니다.

그렇게 끝날 것만 같던 그의 커리어는 2022년 한국으로 돌아오면서 다시 정상을 향하게 됩니다. 2022년 수원FC로 이적을 한 이승우 선수는 소속팀에서 매 경기 출전 기회를 부여받으면서 점점 경기력을 높입니다. 그리고 연속적으로 골을 터뜨리면서 최고의 기량을 뽐내면서 오히려 해외 진출의 기회가 다시 만들어졌습니다.

기회가 주어지지 않으면, 믿어주지 않으면 세계 최고의 기량을 가진 선수라고 해도 자신이 가진 실력을 발휘할 수 없습니다. 주변의 불신이 부담일 것이고, 뭔가 보여주려는 조바심 때문에 제대로 플레이를 할 수 없습니다.

우리 아이들도 축구 경기 같은 리그를 뛰고 있습니다. 아이들은 잘할 때도 있고, 실력 발휘를 못할 때도 있을 겁니다. 그런데 주변에서 잘하기만을 기대하고, 조금의 실패에도 민감하게 반응하면 제대로 된 실력 발휘를 못하는 겁니다.

그리고 가장 의지하는 부모가 바로 곁에서 아이의 실패에 불안해하고 초조해하고 있다면 아이는 마음 놓고 공부를 할 수 없을 겁니다. 실패할 것을 겁내지 않고 도전하면서 과감하게 공부를 해야 하는데,

부모의 눈치를 보면서 우물쭈물하게 될 겁니다. 공부를 하는 흉내만 내게 되겠죠.

자녀가 어릴수록 부모가 통제하기 쉽습니다. 예를 들어 자녀의 간단한 연산 실수를 옆에서 고쳐주는 일은 너무나도 쉽습니다. 아이의 터무니없는 방학 계획을 옆에서 수정해주는 일도 참으로 간단한 일입니다. 부모가 고쳐준 대로 실천한 아이는 이번에는 당연히 실패하지 않을 겁니다. 하지만 나중에 부모의 품을 떠나서 혼자서 계획하고 실천해야 할 때면 생애 처음으로 실패를 하게 될 겁니다. 바로 그것이 아이에게 치명타입니다.

중학생 때 학원을 끊어보겠다고 결심하는 아이들이 있습니다. 한창 공부해야 할 중학교 때 학원을 끊는 것을 허용해야 할지에 대해서 고민하는 부모님들이 계실 겁니다.

일단 이상적인 것은 초등학생 때부터 공부 방식을 아이가 고민해야 한다는 겁니다. 어려서부터 메타인지를 발달시킨 아이가 이런 결정을 했다면 믿고 지지해줄 수 있습니다. 하지만 부모의 의지대로만 공부를 하고 학원을 생각 없이 다녔던 아이가 학원을 그만 다니겠다고 하는 것은 자신에 대한 모니터링이나 컨트롤의 결과가 아니라 단순히 공부가 하기 싫거나 부모에 대한 반항의 의미일 수 있습니다.

따라서 이런 경우는 학원을 그만둔다 하더라도 가정에서 제대로 공부를 하지 않을 겁니다. 하지만 이를 알면서도 부모는 자녀의 의지를 존중해야 합니다. 왜냐하면 늦더라도 고등학교 이전에 이런 실패를 경험하는 것이 중요하기 때문입니다. 늦었지만 학원에 다니지 않으면서 자신의 공부가 얼마나 무너질 수 있는지를 경험한다면 자녀는 다시 스스로를 돌아보게 될 것입니다.

입시가 본격적으로 시작되는 고등학교 입학 이전의 실패는 모두 약이 됩니다. 자녀가 충분히 실패하도록 허용해주시고, 자녀의 실패에 기뻐하며 마음을 담은 실패카드를 작성해줍시다.

ACTION

- 자녀의 실패는 약이 됩니다.
- 메타인지를 위해서는 실패가 필수입니다.
- 자녀에게 충분히 실패할 기회를 줍시다.

부모 훈련 4
도덕적인 부모

부모의 착각 : '착하면 손해 볼 수 있다'

명문대에 진학하고 사회적인 명예나 돈을 얻는 것이 인생의 전부가 아님을 우리는 뉴스나 신문의 사회면에서 확인하게 됩니다. 아무리 사회적으로 큰 부와 명예를 얻은 이들도 비도덕적인 행위로 한순간에 파멸하게 됩니다. 그런 사건들을 눈으로 보면서도 우리는 자녀에게 공부만 강요하고 있습니다. 자녀의 도덕성은 공부만큼이나 자녀의 독립과 성취에 중요한 요소입니다.

도덕성이 높은 아이에 대한 편견이 있습니다. 무한경쟁이 일어나는 현대 사회에서 내 것을 양보하고 도덕적으로 살면 손해를 볼 것 같다는 생각입니다.

EBS 다큐프라임 〈아이의 사생활〉 팀에서는 초등학생들의 도덕성과 성적의 관계를 다룬 다큐멘터리를 제작한 적이 있습니다. 도덕성이 높은 집단과 도덕성이 낮은 집단은 누구도 감시하지 않은 채로 게임에 임하게 됩니다. 서로 협력하여 공을 떨어뜨리지 않고 운반하는 게임입니다. 공을 떨어뜨리면 처음부터 다시 출발해야 하는데, 규칙을 어겨 다시 출발하지 않으면 더 많은 공을 옮길 수 있는 상황입니다.

도덕성이 낮은 집단의 아이들은 규칙을 어기면서 공을 많이 옮기는 쪽을 선택합니다. 도덕성이 높은 아이들은 누가 지켜보지 않아도 게임의 규칙을 지키려고 합니다. 공이 떨어지면 처음부터 다시 돌아가서 시작합니다. 당연히 결과는 도덕성이 낮은 아이들이 더 많은 공을 옮겼습니다.

도덕성이 낮은 아이들이 더 많은 성취를 했으니 성공한 것이고, 도덕성이 높은 아이들은 고지식함 때문에 손해를 본 것일까요? 결코 그렇지 않습니다. 이들을 대상으로 조사한 결과 도덕성이 높은 아이들은 학업 성취 수준이 도덕성이 낮은 아이들보다 더 높았습니다. 도덕성이 높은 아이들의 학업 자제력과 집중력이 더 높고, 이로 인해 더 높은 학업 성취를 하고 있었습니다.

왜 도덕성이 성적과 연결될까요? 도덕성은 양심뿐 아니라 다양한 요소로 구성되어 있습니다. 도덕성은 정서(양심·공감·이타성), 인지(자제력·책임감·분별력·공정성), 행동으로 이루어져 있습니다. 도덕성이 높은 아이들은 정서적으로 안정되어 있고, 긍정적이며, 집중력이 높고, 친구 관계도 원만합니다. 인생의 만족도가 높으며, 좌절을 극복할 수 있고, 행복한 삶을 영위합니다. 따라서 학업 성취가 높은 것입니다.

반대로 도덕성이 낮은 아이는 결정적으로 자제력과 분별력이 약합니다. 규칙을 쉽게 어긴 것은 상황에 대해서 정확히 분별하지 못하고, 자제력이 약했기 때문입니다. 공부는 참고 인내하는 과정이 필수인데, 도덕성이 낮은 아이는 집중해서 공부를 하지 못하니 학업 성취도가 낮은 겁니다. 이는 아이에게 도덕성을 강조할 충분한 이유가 됩니다.

아이의 삶에 너무나 중요한 '도덕성'

EBS 다큐프라임 〈아이의 사생활〉 팀에서는 280문항을 통해서 도덕성이 높은 아이들과 낮은 아이들의 인생관을 조사했습니다. 아이들은 숫자를 통해서 자신들의 인생관을 체크했습니다. 굉장히 중요한 내용이라서 이를 표로 정리해서 살펴보겠습니다.

	도덕성이 높은 집단	도덕성이 낮거나 평균인 집단
삶의 만족도	자신의 삶에 매우 만족함	자신의 삶에 불만족스러움
지능의 가변성	지능은 노력하면 변할 수 있다고 생각함	지능이 변한다는 것에 중립적인 견해를 가짐
낙관성	매일 새로운 일이 생길 것이라고 생각함	매일 새로운 일은 생기지 않을 것이라고 생각함
좌절 극복	안 좋은 일이 생길 때 더 나아질 것이라고 기대함	안 좋은 일이 생길 때 더 나아질 것이라고 생각하지 않음
희망	남들이 포기하더라도 나는 그 문제를 해결할 수 있다고 생각함	다른 사람들이 포기하더라도 나는 그 문제를 해결할 수 있다고 생각하지 않음

출처 : 〈EBS다큐프라임 - 아이의 사생활〉

도덕성이 낮은 아이들의 가장 큰 특징은 편견으로 가득하다는 것입니다. 나는 안 될 거라고 생각하고, 미래에 대한 기대도 약합니다. 당연히 이렇게 살아가는 삶에 대한 만족도가 낮습니다. 굉장히 무섭고 비관적인 연구 결과입니다.

이토록 중요한 도덕성을 어떻게 발달시켜야 할까요? 프로이트, 피아제, 콜버그 등 도덕성에 대해서 연구한 학자들의 이론을 인용할 수도 있지만 아래의 사례가 더 쉽게 와닿을 것 같습니다.

EBS 다큐프라임에서는 유치원생들에게 공기를 불어넣은 샌드백을 '1. 공격하는 영상 2. 애정 어리게 쓰다듬는 영상 3. 무관심한 반응을 보이는 영상'을 보여준 후 아이들이 샌드백에 보이는 반응을 관찰했습니다.

놀랍게도 아이들은 영상에서 본 대로 행동을 했습니다. 즉 샌드백을 공격하는 영상을 본 아이들은 샌드백을 공격했습니다. 샌드백을

출처 : <EBS 다큐프라임 - 아이의 사생활> 중 한 장면

애정 어리게 다루거나 무관심한 영상을 본 이후 샌드백을 공격한 아이는 단 한 명도 없었습니다.

이처럼 도덕성은 타고나기보다는 모방하면서 발달하는 개념입니다. 모방의 대상이 없으면 제대로 도덕성이 발달하지 않습니다.

자녀가 만족스러운 삶을 사는 것을 어느 부모나 바랄 것입니다. 이를 위해서는 아이의 도덕성을 발달시켜야 하고, 이를 위해서 부모는 자녀와 충분히 대화를 하고 모범을 보이면 됩니다. 규칙을 지켜야 하고, 규칙을 어긴 아이는 사랑으로 가르쳐야 합니다. 도덕성은 자녀가 사회의 진정한 구성원이 되기 위한 필수 덕목입니다.

ACTION

- ■ 도덕적인 아이는 학업 성취가 높습니다.
- ■ 도덕적인 아이는 삶에 대한 만족도가 높습니다.
- ■ 부모가 모범을 보이면 아이의 도덕성은 발달합니다.

부모 훈련 5

프로 부모 되기

'프로 부모'라는 마인드

지금부터는 여러분들과 부모로서 실천할 것들에 대해서 이야기를 나누려 합니다. 100가지 생각보다 하나의 실천이 인생에는 더 큰 변화를 가지고 옵니다. 생각은 마음속에서 머물지만, 하나의 행동은 분명히 인생에 영향을 미치니까요.

우리 사회에는 '프로'라는 앞 글자가 붙은 직종들이 있습니다. 프로 야구선수, 프로 축구선수, 프로 골프선수와 같이 돈을 받고 퍼포먼스를 보여주는 그룹이 있습니다. 운동선수들 말고도 우리는 자신의 일을 전문적으로 해내는 사람을 프로라고 부릅니다. 실제로 프로의 사전적 정의는 '어떤 일을 전문으로 하거나 그런 지식이나 기술을 가진 사람'을 말합니다. 꼭 연봉을 받지 않아도 프로가 될 수 있다는 의미입니다.

부모가 되는 것이야말로 '프로'라는 말이 아깝지 않은 자리 아닐까요. 가정을 꾸려 나가면서 아이를 교육하고, 아이의 진로를 함께 고민하고, 아이에게 바른 인성을 심어주는 부모가 프로가 아니면 누가 프로인가요. 프로라는 타이틀을 제대로 달기 위해서는 프로답게 행동을 해야 합니다.

프로게이머라는 직종을 아시죠? 연봉을 받고 게임에서 퍼포먼스를 내야 하는 직종입니다. 프로게이머들은 평균적으로 나이가 굉장히 어립니다. 오랜 시간 동안 프로게이머로서 활동할 것 같지만 그들은 생각보다 빨리 은퇴를 합니다. 주된 이유는 게임을 오래 해서 손목 부상이 심해져서입니다. 그들은 부상을 안고 게임을 하다가 결국 더 이상 참지 못하고 은퇴를 하게 됩니다.

우리나라를 대표하는 축구 선수인 박지성 선수가 기대보다 이른 나이에 국가대표에서 은퇴를 선언한 것도 그의 무릎 부상 때문이었습니다. 계속된 수술에도 불구하고 물이 차는 무릎을 안고 국가대표로서 활약했지만 결국 부상으로 은퇴하게 되었습니다.

프로는 몸이 아파도, 마음이 아파도 자신이 해야 할 일을 합니다. 그것이 프로입니다. 우리 부모도 충분히 그런 자리에 있습니다. 아빠도, 엄마도 개인의 삶에서 크고 작은 일들이 일어나고 있습니다. 우리가 살아가는 날들이 절대로 매일 즐거울 수 없습니다. 아주 작은 일도 우리의 마음을 어지럽게 하고, 짜증스럽게 하니까요. 그럼에도 우리는 매일 자녀를 마주하고 교육해야 합니다.

'프로 부모'라는 마인드로 아이들을 대하면 아이들에게 필요하고 적절한 교육을 할 수 있습니다. 아이가 실수를 하면 이를 바로잡는 것이 중요하지, 화를 내거나 험한 말을 할 이유는 절대 없습니다. 그런 것들은 부모의 감정의 배설에 불과하지요.

'하루 1만 보'의 놀라운 기적

프로 부모가 되기 위해서는 어떤 상황에서도 자녀에게 적절한 말을 하고 바람직한 태도를 보여주어야 합니다. 이것이 가장 쉽게 무너지는 순간은 부모 스스로가 몸과 마음이 힘든 때라고 생각합니다. 부모의 인생에서 큰 고민이 있을 때, 몸이 아플 때 프로처럼 행동할 수가 없습니다. 그런데 우리가 살다 보면 하루가 멀다 하고 골치 아픈 일들이 생깁니다. 그래서 저는 부모들을 위한 '하루 1만 보'를 추천합니다.

저는 걷기를 좋아하는 사람이 아니었습니다. 그러던 제가 몇 년 전에 강의를 많이 해서 목소리가 안 나온 적이 있었습니다. 하루 10시간, 15시간까지도 안 나오는 목소리를 쥐어짜면서 강의를 했었는데, 젊다 보니 그것을 열정으로 착각했고 제 몸을 갉아먹고 있는 것을 알지 못했습니다. 그러던 1월의 어느 날. 강의를 하던 도중에 거짓말처럼 목소리가 안 나왔습니다. 작은 소리조차 낼 수 없는 상태였습니다. 병원을 갔는데 병원마다 진단이 달라서 뭘 어떻게 조치할 수도 없었습니다. 약도 먹고 침도 맞았지만 목소리가 한 달 넘게 나오지 않았습니다.

　이런 일을 겪으니 참 무섭더군요. 매일 아침 일어나서 제일 먼저 하는 일이 작은 소리로 목소리를 내보는 것이었습니다. 어김없이 목소리가 안 나오면 다시 그날 하루는 아무 말도 하지 않았습니다. 이런 시간이 계속되니 앞으로 목소리가 영영 안 나올 수도 있겠다는 불안이 커졌습니다. 그 불안이 커지니 일상생활이 어렵더군요.

　그때 걷기 시작했습니다. 가만히 있으니 너무 불안해서 몸을 움직여야겠다 싶어서 걸었습니다. 평소에 운동을 안 하던 제가 천천히 2시간 정도 걸으니 1만 보 정도를 걷게 되더군요. 평소에 운동을 안 하던 사람이 이 정도 걸으면 다리가 욱신 하고 그만 걷고 싶어집니다. 다리가 아파서 집에 가서 쉬면서 맛있는 것을 먹고 싶다는 생각이 듭니다. 몸이 힘들면 고민도 사치더군요. 불안이 사라지는 경험을 한 후에 꾸준히 걸었습니다. 고민이 너무 많은 날은 최대 3만 보 정도도 걸었던 것 같습니다.

　인간의 두뇌는 생각보다 단순합니다. 가만히 앉아서 고민을 하면 없던 고민도 생기고, 불안하고, 세상이 온통 우울하게 느껴집니다. 하지만 나가서 몸을 움직이고, 걷고 또 걸은 뒤에 맛있는 음식을 먹고 기분이 좋아지면 똑같은 세상이 금세 긍정적으로 느껴집니다.

　부모가 된다는 것은 기본적으로 내 인생에 추가로 자녀의 인생에 대한 고민이 더해지는 겁니다. 예전보다 불안과 고민이 더 찾아올 수 있습니다. 이 고민에 잠식되지 않고 프로 부모로서 우리 아이를 건강하게 키우기 위해서 저와 함께 1만 보를 걸어보시겠습니까?

문해력 부족의 유일한 해결책은 '독서'

독서가 중요하다는 것은 시대를 초월한 진리입니다. 현대 사회에는 그 중요성이 더욱 커졌다고 확신합니다. 디지털 기기가 발달하면서 우리는 문자보다는 영상에, 아날로그보다는 디지털에 더 끌리고 있습니다. 매일 독서를 하는 사람은 없어도 매일 유튜브를 보는 사람은 다수일 것입니다. 개인적으로 자료 조사를 할 때에도 포털 사이트보다 유튜브에 더 많은 정보들이 있는 것을 느낍니다. 시대가 변하고 있는 겁니다.

문자를 읽고 이해할 수 있는 능력인 '문해력'은 세상을 살아가는 힘이자 권력이 될 것이라고 확신합니다. 스마트폰이 발명되기 이전에는 누구나 독서를 통해서 정보를 얻었습니다. 문해력을 갖추었다고 해서 남들보다 뛰어난 경쟁력을 가졌다고는 말하기 어려웠죠. 하지만 이제는 세상이 달라졌습니다.

심심한 사과를 한다고 말하는 사람에게 '심심'하지 않다고 말하는 세상이 되었습니다. 마음의 표현 정도가 매우 깊고 간절하다는 '심심'과 지루하다는 '심심'을 구별하지 못하는 겁니다. 공중화장실을 찾는 사람에게 '공중'에는 화장실이 없다고 생각하는 세상이 되었습니다. 하늘을 뜻하는 '공중'과 대중을 뜻하는 '공중'을 헷갈리는 겁니다. 이 같은 문해력 부족의 문제는 일상에서 일어나는 해프닝 정도로 끝날 일이 아닙니다.

학교에서 시험 시간에 교사들은 아이들이 시험지에 대해서 갖는 질문에 대해서 답을 해주러 돌아다닙니다. 질문의 90%는 특정 단어를 이해 못해서 하는 질문입니다. 서술형 문항에서 정답을 6단어 '내외'로 작성하라고 했는데 몇 단어를 적어야 할지를 몰라서 질문을 하는 식입니다.

초등학교 고학년이 되면 아이들은 교과서 해독에 어려움을 겪습니다. 비단 국어만의 문제가 아닙니다. 수학이 요즘 이야기체로 되어 있는 것 아시죠? 아이들이 문제를 이해하지 못해서 정답을 찾지 못합니다. 국어, 수학, 영어, 사회, 과학 전 분야에서 문해력을 갖춘 아이와 그렇지 못한 아이의 격차가 벌어집니다. 당연히 이 격차는 수능으로까지 이어집니다.

사회에 진출을 하면 상황은 더 심각해집니다. 유튜브로 자극적인 영상만 찾아보는 청년과 독서를 통해서만 알 수 있는 전문적인 내용을 익히는 청년의 미래가 같을 수 없습니다. 회사에 입사하거나 사업을 한다고 해도 이 격차는 계속해서 벌어질 겁니다.

물론 영상으로 모든 정보를 취득할 수 있는 세상이 올 수 있겠지만, 주변을 보면 아직은 문자로 이루어진 것들에 우리는 전문적·학술적인 내용을 담고 있습니다. 논문이나 보고서를 발표할 때 영상으로 제작하지 않습니다. 문자로 만들어냅니다. 그러면 이 문자의 내용을 이해할 수 있는 사람만이 그 지식을 얻게 되고, 그들이 현대 사회의 엘리트 계층이 되는 겁니다. 지식의 부익부 빈익빈은 앞으로 더 심각해질 겁니다.

그런 의미에서 가정에서는 필사적으로 독서를 해야 합니다. 아이들이 대입에 다가갈수록 독서를 할 수 있는 시간은 줄어듭니다. 그래서 유년 시절의 독서 습관이 중요합니다. 어려서부터 매일 집에서 독서를 해야 하고, 도서관에 가서 필요한 책을 찾아서 읽는 습관을 반드시 들여야 합니다.

성인 중에도 문해력 때문에 고민인 분이 많이 계실 겁니다. 통계적으로도 대한민국 국민들은 독서를 많이 하는 편이 아닙니다. 2021년에는 한 해에 4.5권 정도를 읽었다고 합니다.

저 또한 자랑스럽게 저의 독서량을 내놓을 수준이 못되고, 문해력이 뛰어난 편이 아닙니다. 그런 저에게 일전에 신문에서 읽은 정여울 작가의 문해력에 대한 칼럼의 내용은 큰 용기를 주었습니다.

정여울 작가는 "문해력이란 세상을 이해하는 능력"이라고 했습니다. 맞는 말입니다. 아는 만큼 세상을 이해할 수 있습니다. 그리고 정여울 작가는 문해력의 핵심이 읽고 또 읽는 것이라고 말합니다. 자신 또한 계속해서 읽고 또 읽는 힘든 과정을 통해서 문해력을 얻게 되었으며, 힘들게 얻은 만큼 쉽게 사라지지 않는다고 말합니다.

문해력은 타고나는 것이 아닙니다. 계속해서 읽고 또 읽으면 독서 습관이 생기고, 배경 지식이 늘어나면서 더욱 빠르게 새로운 지식을 습득하게 됩니다.

아이들과 지금이라도 독서를 시작하면 아이들은 아직 살아갈 날들이 많이 남았기 때문에 충분한 문해력을 기를 수 있습니다. 바로 이것이 매일 독서를 해야 하는 이유입니다.

걷고 읽으면서 살아갑시다

우리는 어쩌다 어른이 된 것도 적응이 안 되는데 부모가 되면서 참 하루하루가 고되고 혼란스럽습니다. 요즘 같은 정보의 홍수 시대는 우리의 불안과 혼란을 줄이는 데 전혀 도움이 안 됩니다.

부모의 혼란과 불안은 자녀에게 투영됩니다. 불안한데 불안하지 말라니, 참 가혹한 세상입니다. 이럴수록 나를 지켜주는 것은 '루틴'이라고 생각합니다. 하루에 반복적으로 내가 하는 일이 있으면 불안을 조금은 줄일 수 있습니다. 아침에 일어나서 잠들기 전까지 나만의 루틴을 만들어봅시다.

저는 요즘 아침에 일어나서 찬물로 샤워를 하고, 영양제를 잘 챙겨 먹습니다. 뭔가 든든한 생각이 듭니다. 자기 전에는 꼭 6시간은 자야겠다고 생각을 합니다. 이런저런 일을 하거나 생각에 잠기면 새벽 2~3시가 되는 일이 비일비재했는데, 다음 날 너무 졸린 데다가 부정적인 생각도 들어서 6시간은 자려고 합니다.

매일 저에게 일어나는 일은 다양하지만, 저의 루틴이 있으면 이런 일들에 맞설 수 있는 용기가 생깁니다. 찬물로 정신을 깨우고, 영양제를 먹고 힘내서 '어제 잠도 잘 잤겠다, 어디 한번 붙어보자'라는 심리가 작용하는 것이지요.

'걷고 읽는' 루틴은 부모의 일상을 든든하게 잡아줄 것입니다. 저도 이것을 실천하기 위해서 많은 부모님들과 카톡방을 만들어서 함께하고 있습니다. 매일 걷지는 못하지만 그래도 여러 부모님들의 인증을 보면서 각오를 다집니다. 그리고 이런 건강한 습관을 가진 부모는 자녀에게 최고의 롤 모델이 될 것입니다. 아이가 함께 걷는다면 건강한 정신과 신체를 갖게 될 것이고, 가족이 함께 책을 읽는 습관은 평생 아이의 무기가 될 것입니다.

오늘부터 걷고 읽으면서 살아갑시다. 먼저 내 삶이 평안해지면 수많은 교육 정보도 여유를 가지고 바라볼 수 있고, 우리 집에서 할 수 있는 것들을 하나하나 적용해볼 수 있을 겁니다.

ACTION

- 매일 1만 보를 걸읍시다.
- 매일 독서합시다.
- 걷고 독서하는 루틴이 부모와 자녀의 일상을 든든하게 지켜줍니다.

어머니, 사교육을 줄이셔야 합니다

어머니, 사교육을 줄이셔야 합니다

사교육 줄이는 법

학생 실천 편

INTRO

3부는 학생들을 위한 내용입니다. 아무리 부모가 자녀에게 모범을 보이고, 공부에 적합한 환경을 제공해도 자녀가 스스로 공부를 하지 않으면 아무 소용이 없습니다.

제가 전국을 돌면서 강연을 하다 보면 부모님들은 강연장을 가득 메우지만 정작 아이들은 소수인 경우가 많습니다. 부모님은 자녀가 공부를 잘했으면 하는 마음이 가득한데, 정작 아이들은 그 정도의 마음이 없는 것이죠.

아이들이 학원에 가느라 바빠서 강연장에 못 온 것이 아닙니다. 아이가 공부를 잘하고 싶은 마음이 가득했다면 알아서 강연장에 따라왔겠죠? 만약 아이들이 좋아하는 아이돌 콘서트였다면 무슨 일이 있어도 콘서트장에 왔을 겁니다. 강연장에 부모님만 가득하다는 것은 공부를 잘하고자 하는 마음이 자녀는 부모만큼 크지 않다는 것을 의미합니다.

평범한 아이들은 공부를 잘하면 좋겠다고 생각하지만, 공부를 잘하고자 하는 동기가 그리 크지 않고, 공부를 죽기 살기로 하는 것도 아닙니다. 단순히 책상 앞에 앉아 있다고 해서 공부가 되는 것이 아닙니다. 학원을 가고, 스터디 카페를 매일 가는 것이 제대로 공부를 하고 있다는 것을 보장하지도 않습니다.

3부에서는 공부에 대해서 제가 알고 있는 모든 것을 학생들과 나누려고 합니다. 미리 말하자면 기성세대의 잔소리와 비슷합니다. 그럼에도 저는 이 잔소리를 하려고 합니다.

여러분이 자신의 잠재력을 깨워 훌륭한 역량을 갖게 되는 것은 여러분 개인을 위해서도, 우리 사회를 위해서도 중요한 일입니다. 대한민국의 미래가 학생들에게 달려 있다는 것은 빈말이 아닙니다.

여러분은 아직 무언가에 몰두해서 성취해 잠재력을 실현한 단계가 아닙니다. 일론 머스크도, 스티브 잡스도, 빌 게이츠도 중고등학교 때는 평범한 학생에 불과했습니다. 그들 스스로도 10년 후, 20년 후 자신의 모습을 예상하지 못했을 겁니다. 그러니 초중등의 나이에서 여러분의 미래를 감히 예단하지 마세요.

한두 달 공부했는데 원하는 결과가 나오지 않는다고 해서 실망할 이유는 없습니다. 고등학교 입학 이후에, 성적이 중학교 때만큼 나오지 않아서 고민하는 것은 제가 20년째 겪고 있는 학생들의 상담 레퍼토리입니다. 중학교 때는 A등급을 받으면서 꽤 공부를 잘한다고 생각했는데 성적이 안 나오니 답답한 겁니다. '중학교는 절대평가, 고등학교는 상대평가'로 평가 방식이 다르기 때문에 성적이 떨어질 수 있습니다. 하지만 성적이 떨어졌다고 해서 낙담하거나 실망할 이유가 없습니다.

고1 때 공부에 대해서 고민을 한다는 것은 아직 1년도 공부를 제대로 하지 않았다는 겁니다. 겨우 1년도 안 되는 시간 동안 공부를 하고서 내가 공부에 재능이 없다고 말할 수 있을까요? 어른으로 따지면 변호사를 1년 해보고, 의사를 1년 해보고, 교사를 1년 해보고 나는 이 직업에 재능이 없다고 생각하고 포기를 하겠다는 건데 이게 말이 되나요? 누구나 처음 도전하는 일에는 어색함을 느끼고 어려움을 겪습니다. 이것은 너무나 당연한 과정입니다.

여러분은 아직 공부를 제대로 해보지 않았습니다. 그러니 나는 분명 열심히 했는데도 결과가 안 나온다고 착각하지 마세요. 그것은 공부를 충분히 하지 않은 학생들이 하는 가장 큰 착각입니다. 제대로 된 마음가짐으로 꾸준히 실천하면 누구나 자신이 원하는 성과에 다가갈 수 있습니다.

단, 공부를 잘하기 위해서는 단순히 책상에 더 오래 앉아 있는 것보다 더 큰 결심과 습관이 필요합니다. 그 이야기를 3부에서 나눠보겠습니다.

공부는 도대체
왜 하는 걸까요?

공부는 왜 해야 할까요?

공부와 관련해서 학생들이 가장 많이 하는 질문은 "공부는 왜 해야 하나요?"입니다. 학생인 여러분이 가장 많은 시간과 노력을 투자하고 있는 것이 공부인데, 이것을 왜 하는지를 사실 명확하게 알고 있지 않은 것이죠.

학생인 여러분에게 이 질문은 굉장히 중요합니다. 이것이 명확하지 않으면 힘든 공부를 이어갈 수가 없기 때문입니다.

게임을 왜 하죠? 재밌으니까 하는 겁니다. 재밌어서 계속 하다 보면 잘하게 되고, 잘하면 재밌으니까 더 많이 하게 되고, 더 많이 하면 더 잘하게 되면서 또 다른 재미가 생깁니다. 재밌고 즐거운 것을 하는 것에는 다른 이유가 없습니다. 시키지 않아도 찾아서 계속하게 되니까요.

하지만 공부처럼 놀고 싶은 것을 참고 힘들게 해야 하는 것에는 이유가 있어야 합니다. 그래야 힘들어서 그만하고 싶을 때 공부를 하는 이유를 생각하면서 계속할 수 있습니다.

여러분은 공부를 왜 하나요? 시켜서 하고 있나요? 그렇다면 이유가 없는 셈입니다. 누가 시켜서 공부를 하면 힘들 때 제일 먼저 원망하게 되는 것은 시킨 사람이고, 공부를 이내 멈추게 됩니다.

공부를 하는 이유에는 보편적인 것도 있고, 개인적인 이유도 있을 겁니다. 우리가 살아가는 세상을 고려하면 공부를 잘하면 보장되는 것들이 있죠. 원하는 대학, 원하는 학과에 입학하는 것, 그리고 그것을 바탕으로 앞으로의 커리어를 꾸려나가고 이 기반을 만들기 위해서 공부를 해야 할 것입니다. 특히 의대, 치대, 한의대 등을 목표로 한다면 대학 입학 자체가 커리어의 필수 조건이 됩니다.

단, 대다수의 사람들이 같은 목표를 갖게 되면 경쟁은 불가피합니다. 그래서 남들보다 더 노력을 해야 하는 상황에 처하게 됩니다. 이때 갖게 되는 근본적인 의문은 '이렇게 힘들게 살아야 하나'라는 것일 수 있습니다. 타당한 질문입니다. 누가 시켜서 의대 입시를 준비하고 있다면 그것은 견딜 수 없는 고통일 겁니다. 3년, 4년, 그 이상의 시간 동안 의대 합격을 위해서 모든 여가를 포기하고 공부만 해야 할 수도 있습니다. 그런데 그 결정을 자신이 아닌 타인이 내렸다면 절대로 그 시간을 견딜 수 없을 겁니다.

시켜서 하는 공부는 하지 마세요

공부라는 것은 처음부터 재미있을 수 없습니다. 답답하고 힘들고 고통스럽습니다. 그런 공부를 다른 사람이 시켜서 해야 한다면 그 고통은 금세 시킨 사람에 대한 원망으로 바뀔 겁니다. 부모님이 시켜서 공부를 꾸역꾸역 하고 있다면 그런 공부는 멈추기를 추천합니다. 그런 억지 공부는 성과도 없고, 결국 부모에 대한 원망으로 끝날 수 있습니다.

그러면, 여러분은 공부를 이제 안 해도 될까요? 공부를 왜 해야 하는지도 모르겠는데 그만해도 되는 걸까요? 일단 인생의 중요한 결정은 여러분이 내리는 것이 맞습니다. 요즘 친구들은 이른 나이에 자기 목소리를 냅니다. 부모님이나 선생님이 공부하라고 시켜도 자신만의 논리로 공부를 하기 싫다고 말할 수 있습니다. 대한민국의 교육 시스템까지 비판하면서 공부를 안 하는 학생도 만난 적이 있습니다.

여기서 우리가 놓쳐서는 안 되는 점이 있습니다. 지금 공부를 할지 말지를 결정하는 것은 아주 어린 나이의 여러분이라는 겁니다. 예를 들어서 중학교에 들어간 14세의 학생이 공부가 너무 지겹고 고통스러워서 안 하기로 결심했다고 생각해봅시다. 과연 이 판단이 이 학생이 살아갈 나머지 80년 정도의 세월 동안 후회가 없는 판단일까요?

이런 중요한 결정을 내리기에 14세는 너무나도 어린 나이입니다. 지식과 세상에 대한 통찰을 충분히 갖고 있지 않기 때문에 자신의 판단에 100% 확신을 가져서는 안 됩니다. 14세의 나이에서는 최선의 판단일 수 있지만, 당장 24세만 되어도 이때의 결정을 후회할 수 있습니다. 여러분이 현재 나이에서는 미숙할 수밖에 없음을 스스로 인정해야 합니다.

앞으로 여러분들은 책을 읽고, 경험을 쌓고 깨치면서 계속 똑똑해질 겁니다. 똑똑해진 여러분들이 내릴 판단은 지금과는 다를 겁니다. 지금은 공부가 너무 재미없으니까 안 하고 싶겠지만, 5년 후나 10년 후의 여러분들은 공부가 자신의 인생에서 중요하다고 생각할 수 있습니다.

무조건 공부를 하라는 것은 아닙니다. 여전히 이 판단은 여러분들이 해야 합니다. 단, 지금의 나이에서 내린 판단이 무조건 맞는 것은 아니니 주변의 이야기도 충분히 고려해야 한다는 것입니다. 힘들어도 이 모든 고민을 여러분이 해야 합니다. 그리고 여러분 스스로 결정을 내려야 합니다.

다른 사람에게 조언을 구할 수는 있지만 이 중요한 결정을 다른 사람이 하도록 해서는 안 됩니다. 다만 스스로 결정을 잘 내릴 수 있을지 불안할 겁니다. 그렇다면 여러분 스스로 똑똑해져야 합니다. 최선의 결정을 할 수 있도록 책도 열심히 읽고, 신문도 꾸준히 읽고, 부지런히 세상을 둘러보면서 똑똑해져야 합니다.

미성숙한 내가 내린 결정보다는 당연히 책을 100권 읽고 난 후, 세상에 대해서 더 많이 경험하며 알게 된 내가 내리는 결정이 당연히 더 좋을 수밖에 없습니다. 그런 의미에서 우리는 부지런히 계속 똑똑해져야 합니다.

결정은 언제나 힘듭니다

공부를 열심히 하는 것이 당연한 것은 아닙니다. 여러분이 그러기로 했다면 그래서 열심히 하는 겁니다. 나중에 누군가를 만나서 결혼을 하고 여러분 같은 아들딸을 출산하는 것이 우리가 태어날 때부터 부여받는 소명처럼 당연한 의무는 아닙니다. 이 일은 타인이 시키는 대로 해서는 안 됩니다. 결정에 뒤따르는 무거운 책임들이 많이 있거든요. 자신이 원해서 결정해야 하고, 그 결정에 대해서는 스스로 책임을 져야 합니다.

이런 결정 하나하나가 부담스럽고 힘들 겁니다. 하지만 궁극적으로 우리 인생 전체가 중요한 질문들에 대한 나의 결정으로 이루어집니다.

다음의 3가지 질문에 대한 여러분의 답은 무엇인가요?

- 여러분이 생각하는 성공은 무엇인가요?
- 여러분이 생각하는 행복은 무엇인가요?
- 여러분은 성공과 행복을 어떻게 달성할 것인가요?

우리는 흔히 성공하기 위해서, 그리고 행복하기 위해서 인생을 살아간다고 말합니다. 그런데 내가 스스로 생각하는 성공과 행복이 없다면 인생의 목적지가 없어지는 겁니다. 물질적 부나 명예는 현대 사회가 제시하는 하나의 성공 기준이 될 수 있지만, 그것이 오롯이 내가

생각하는 성공은 아닐 수 있습니다.

여러분의 목소리를 잘 듣고, 여러분의 생각에 귀 기울이면서 인생의 중요한 결정들을 하세요. 제가 3부에서 여러분과 공부에 대한 이야기를 함께 나누면서 여러분을 똑똑하게 만들 겁니다.

아까 이야기했죠? 잘 모르는 상태에서 결정을 내리면 나는 올바른 판단을 할 수가 없습니다. 치킨을 먹기로 결정을 했는데, 알고 보니 집 옆에 진짜 싸고 맛있는 전국에서 손꼽히게 맛있는 피자집이 있는 겁니다. 이걸 모르고 치킨만 먹었다면 억울할 거잖아요? 이처럼 공부에 대해서도 잘 모르면서 힘들고 귀찮다는 이유로, 게임에 빠져서 공부를 소홀히 한다면 여러분은 인생에서 큰 실수를 하는 겁니다. 그리고 그 실수는 나중에 꽤나 큰 후회를 불러올 수 있습니다. 여러분이 똑똑해지도록 3부에서는 공부에 대한 이야기를 시작합니다.

ACTION

- 인생에서 결정은 어렵습니다. 하지만 그 결정은 스스로 내려야 합니다.
- 공부에 대한 결정도 스스로 내려야 합니다.
- 단, 지금 내리는 결정은 최고의 결정이 아닐 수 있음을 인지해야 합니다.

공부 잘하는 법 1
너 자신을 알라

여러분 자신을 알아야 합니다

여러분이 진짜 공부를 잘하기 위해서는 우선 여러분 스스로에 대해서 알아야 합니다. 공부는 기본적으로 재미도 없고 힘듭니다. 그런 공부를 계속하는 것은 내가 원하는 목표를 달성하기 위해서겠죠. 그런데 목표는 내가 나를 잘 알고 있어야 제대로 정할 수가 있습니다.

명문대에 입학하기 위해서 공부하고 있나요? 명문대를 안 가도 괜찮지 않나요? 명문대를 간다면 왜 가나요? 인생의 목표가 있기 때문인가요? 여러분의 인생의 목표는 무엇인가요? 이런 질문들의 근원에는 '나'가 있습니다. 내가 나에 대해서 잘 알고 있어야 합니다. 내가 나를 잘 알고 있으면 목표를 제대로 세울 수 있고, 공부를 해야 하는 이

유도 찾을 수 있습니다.

아래 질문들은 제가 청소년들이 자신에 대해서 더 깊이 생각하는 시간을 가지길 바라는 마음에서 만든 책인 『10대를 위한 영어 3줄 일기』에 실은 '청소년들을 위한 질문'입니다. 영어 공부도 할 겸 아래 질문들에 답해보세요. 이 질문들에 명확하게 답을 할 수 없다면, 지금이라도 여러분들은 스스로를 잘 알기 위한 고민을 시작해야 합니다.

- Who is your best friend? 당신의 가장 친한 친구는 누구인가요?

- What do you dream about? 당신은 어떤 꿈을 꾸나요?

- Who is your hero and why? 당신의 영웅은 누구이고, 그 이유는 무엇인가요?

- How do you handle stress? 당신은 스트레스를 어떻게 푸나요?

- Do you have a role model? 당신에게 롤 모델이 있나요?

- What sports interest you? 어떤 운동에 흥미가 있나요?

- What's your favorite book? 당신이 가장 좋아하는 책은 무엇인가요?

- What makes you most afraid? 당신이 가장 두려워하는 것은 무엇인가요?

- Do you have any pet peeves? 당신이 특히 싫어하는 것이 있나요?

- Do you think teens can change the world?
  10대들이 세상을 바꿀 수 있다고 믿나요?

- What was your nickname when you were young?
  당신이 어렸을 때의 별명은 무엇이었나요?

- What do you think of cliques in school?
  학교 내의 또래 집단들에 대해서 어떻게 생각하나요?

- Would you want to be famous? 당신은 유명해지길 바라나요?

- What is your special talent? 당신의 특별한 재능은 무엇인가요?

- What is your favorite movie? 당신이 가장 좋아하는 영화는 무엇인가요?

- What color makes you happy? 무슨 색깔이 당신을 행복하게 하나요?

- Who is your favorite teacher? 당신이 가장 좋아하는 선생님은 누구인가요?

- What is your earliest memory?
  당신의 가장 어릴 적 기억으론 어떤 것이 있나요?

- Are you scared of dying? Why?
  당신은 죽는 것이 두렵나요? 그 이유는 무엇인가요?

- Have you ever been abroad? 당신은 해외에 가본 적이 있나요?

- What do you think of bullying?
  당신은 학교폭력에 대해서 어떻게 생각하나요?

- Do you think it's okay to lie? 당신은 거짓말하는 것이 괜찮다고 생각하나요?

- Have you ever stolen anything? 당신은 무언가를 훔친 경험이 있나요?

- How important is family to you? 당신에게 가족은 얼마나 중요한가요?

- What would be your perfect day? 당신에게 완벽한 하루란 어떤 것인가요?

- How do you feel about swearing?
  당신은 욕하는 것에 대해서 어떻게 생각하나요?

- What's your scariest nightmare? 당신이 꾼 최악의 악몽은 무엇인가요?

- What do you enjoy doing for fun?
  당신이 재미로 하는 활동에는 무엇이 있나요?

- Who do you think knows you best?
  당신을 가장 잘 아는 사람은 누구라고 생각하나요?

- Have you ever cheated on a test?
  당신은 시험에서 부정행위를 해본 적이 있나요?

- What do you think about politics?
  당신은 정치에 대해서 어떻게 생각하나요?

- **Do you want to have kids one day?** 당신은 언젠간 아이를 기르고 싶나요?

- **How do you want to be remembered?** 당신은 어떻게 기억되고 싶나요?

- **What's your favorite game to play?**
  당신이 가장 즐기는 게임은 무엇인가요?

- **What are your goals for this year?** 당신의 올해 목표는 무엇인가요?

- **Do you consider yourself a leader?** 본인은 스스로 리더라고 생각하나요?

- **What do you do when you feel bored?**
  당신은 심심하다고 느껴질 때 무엇을 하나요?

- **Do you feel like you procrastinate sometimes?**
  본인은 가끔 일을 미룬다고 생각하나요?

- **What are you proud of yourself for?**
  당신은 스스로 어떤 점이 자랑스럽나요?

- **What really makes you angry and why?**
  당신을 정말 화나게 하는 것은 무엇이고, 그 이유는 무엇인가요?

- **What animal represents you the best?**
  어떤 동물이 당신을 가장 잘 상징하나요?

- **Do you have any bad habits?** 당신은 어떤 나쁜 습관들을 가지고 있나요?

- **What's the best meal you've ever had?**
  당신이 먹어본 최고의 식사는 무엇이었나요?

- **What do you think makes a good friend?**
  당신은 좋은 친구의 조건이 무엇이라고 생각하나요?

- **Which family member are you most like?**
  당신은 가족 구성원 중 누구와 가장 비슷한가요?

- **Is family meal time with you important?**
  당신은 가족들과 함께 식사하는 것이 중요한가요?

- **Have you ever lied to your best friend?**
  당신은 가장 친한 친구에게 거짓말을 한 적이 있나요?

- **What is the last thing you cried about?**

  당신이 가장 최근에 울었던 적은 언제인가요?

- **Who's your favorite band or solo artist?**

  당신이 가장 좋아하는 밴드나 솔로 아티스트는 누구인가요?

- **What music makes you particularly happy?**

  어떤 음악이 당신을 행복하게 만드나요?

- **Have you ever been made fun of at school?**

  당신은 학교에서 놀림당한 적이 있나요?

- **What are the advantages of being a teen?** 10대의 장점은 무엇인가요?

- **Have you ever had a crush on anyone?**

  당신은 누군가를 좋아해본 적이 있나요?

- **What's your favorite Disney movie and why?**

  당신이 가장 좋아하는 디즈니 영화는 무엇이고, 그 이유는 무엇인가요?

- **Do you think watching TV is helpful for teens?**

  당신은 10대들이 TV보는 것이 유익하다고 생각하나요?

- **What are your favorite childhood memories?**

  당신이 가장 좋아하는 어릴 적 추억은 무엇인가요?

- **What is your favorite thing to do outdoors?**

  당신이 가장 좋아하는 야외활동은 무엇인가요?

- **Do you believe in soul mates and true love?**

  당신은 소울메이트와 진정한 사랑을 믿나요?

- **How would you describe your own personality?**

  본인의 성격이 어떻다고 생각하나요?

- **Who is the funniest person you know?**

  당신이 아는 사람 중 가장 웃긴 사람은 누구인가요?

- **Is exercising important to you?**

  당신은 운동을 하는 것이 중요한가요?

- How many hours do you usually sleep a night?
  당신은 보통 하룻밤에 몇 시간 동안 잠을 자나요?

- Do you think you're more creative or practical?
  본인의 성격이 창의적인 것 같나요, 아니면 현실적인 것 같나요?

- Would you choose a different name for yourself?
  당신은 자신의 이름을 바꿀 수 있다면 바꾸겠습니까?

- Who do you think is a good role model for teenagers?
  10대들의 좋은 롤모델로는 누가 있을까요?

- If you could invent anything, what would it be?
  당신이 무언가를 발명할 수 있다면 어떤 것을 발명할 건가요?

- What is one current event you keep up with?
  당신이 지속적으로 알고자 하는 시사문제는 무엇인가요?

- What do you think is your biggest physical flaw?
  본인의 몸에서 가장 큰 콤플렉스는 무엇이라고 생각하나요?

- Do you find it easy to make friends or difficult?
  당신에겐 친구를 사귀는 것이 쉽나요, 어렵나요?

- What kind of person do you want to marry someday?
  당신은 미래에 어떤 사람과 결혼하고 싶나요?

- How important do you think is physical appearance?
  당신은 외모를 얼마나 중요하게 생각하나요?

- What would you do if you were invisible for a day?
  당신이 하루 동안 투명인간이라면 무엇을 할 것인가요?

- What do you see yourself doing in 10 years?
  10년 후의 당신은 어떤 모습일까요?

- What subjects in school do you enjoy learning about?
  당신은 학교에서 어떤 과목을 공부하는 것을 좋아하나요?

- What's the worst decision you've ever made?

  당신이 내린 최악의 결정은 무엇이었나요?

- Do you like cooking? 당신은 요리하는 것을 좋아하나요?

- What do you think you should learn more of at school?

  학교에서 더 배워야 할 것에는 무엇이 있을까요?

- If you won the lottery, how would you spend the money?

  당신이 복권에 당첨된다면 그 돈을 어떻게 사용할 것인가요?

- If you could be a superhero, what would your power be?

  만약 당신이 슈퍼히어로라면, 당신의 초능력은 무엇일까요?

- Would you rather be a child, teenager or an adult?

  어린이, 10대, 어른 중에 어떤 것이 가장 되고 싶은가요?

- If you could be born again, who would you come back as?

  당신이 새로 태어날 수 있다면, 누구로 태어나고 싶나요?

- What's the meanest thing you've ever done?

  당신이 저지른 가장 못된 짓은 무엇인가요?

- If you knew the world was about to end, what would you do?

  세상의 종말이 다가온다는 것을 안다면 당신은 어떻게 할 것인가요?

- What do you do when no one else is home?

  당신은 집에 아무도 없을 때 무엇을 하나요?

- What do you wish you were good at?

  당신이 어떤 것을 잘했으면 좋겠습니까?

- Did you ever fake illness to get out of school or another event?

  당신은 아픈 척을 하고 학교나 어떤 행사에서 빠진 적이 있나요?

- What do you do on a rainy day? 당신은 비가 오는 날이면 무엇을 하나요?

- Do you think it is better to grow up in the city or the country?

  도시와 시골 중에서 어느 곳에서 성장하는 것이 더 좋다고 생각하나요?

지금의 나와 10년 후의 나

위의 질문들에 부지런히 답을 했다면 이제 아래 질문에 답을 할 때입니다.

"지금 여러분들의 답은 10년 후에도 같을까요?"

지금 여러분들이 생각하는 것과 10년 후의 내가 하는 생각은 같을까요? 절대로 아닐 겁니다. 우리는 매년 성장하면서 생각과 가치가 바뀝니다. 책을 열심히 읽고, 좋은 경험을 쌓는다면 여러분은 매년 발전하겠죠.

지금의 여러분들보다 10년 후에 여러분은 훨씬 더 똑똑해져 있을 겁니다. 그렇다면 지금 내가 하고 있는 생각을 절대적으로 믿어서는 안 됩니다. 만약 '공부는 너무 지루하고, 나는 공부에 소질이 없기 때문에 다른 걸로 먹고 살아야 한다'고 생각하고 있다면, 지금으로서는 그런 생각을 할 수 있지만 10년 후의 여러분은 다른 결론을 내릴 수 있습니다.

10년이라는 시간 동안 무언가를 공부한다면 여러분은 굉장한 전문가가 될 수 있습니다. 외국어를 하나 배운다고 해도 10년 동안 공부하면 꽤 능숙하게 구사할 것입니다. 10년 동안 부지런히 맛에 대해서 연구를 하면 여러분도 백종원 씨 같은 요리에 대한 전문가가 될 수 있을 겁니다. 10년 동안 부지런히 노력해서 안 될 것이 없습니다. 만약 공부도 10년을 지속한다면 여러분은 꽤 공부를 잘할 수 있습니다.

절대로 아닐 것 같다는 생각이 드나요? 그 생각이 착각일 수 있다는 겁니다. 현재까지의 경험으로는 여러분이 공부에 적합하지 않다고 생각할 수 있지만 10년이라는 시간이 지난 후의 모습은 절대로 정확하게 예측할 수 없습니다.

그렇다면 여러분들이 해야 할 일은 지금의 사고 능력으로 미래를 예측하는 대신, 하루하루 열심히 공부하는 것입니다. 더불어 나에 대해서 꾸준히 알아가는 과정도 필요합니다. 하루하루 나에 대해서 더욱 잘 알게 되면서 공부하는 습관이 더해질 때, 10년 후 여러분은 지금은 상상도 하기 어려운 능력을 갖추게 될 겁니다.

ACTION

- 자기 자신을 잘 아는 것은 중요합니다.
- 여러분의 10년 후는 지금과는 다른 모습일 것입니다.
- 지금 공부를 포기해서는 안 됩니다.

공부의 목적 정하기

공부를 왜 해야 하는지 모르는 학생들

공부를 못하는 학생들에게는 공부를 해야 하는 명확한 이유가 없습니다. 공부를 잘하는 학생들에게 물어보면 명확한 이유가 있기도 하고, 어떤 학생들은 없기도 합니다.

목표가 없는데 어떻게 공부를 잘할 수 있는지 의문을 가질 수 있지만, 습관처럼 공부를 해서 잘하는 학생들도 있습니다. 단, 공부를 못하는 학생들은 대부분 공부를 왜 해야 하는지 스스로 타당한 이유를 갖고 있지 않습니다.

공부를 못하는 학생들은 스스로 인정을 하지 않을 수 있습니다. 공부를 잘하고 싶은 마음은 있는데, 타고난 공부 머리가 없고, 환경도

뒷받침되지 않아서 공부를 못한다고 핑계를 댈 수 있습니다. 이는 모두 말이 안 됩니다. 다음의 4가지 사례를 보세요.

- 가난한 환경에서 공부를 열심히 해서 성적이 높은 학생
- 유복한 환경이지만 공부를 하지 않아서 성적이 낮은 학생
- 공부 머리는 좋은데 노력을 안 해서 성적이 낮은 학생
- 공부 머리는 없지만 탁월한 노력으로 성적이 높은 학생

이들의 차이는 '공부를 해야 할 이유'의 유무에서 찾아야 합니다. 자신이 공부를 열심히 해야 하는 이유만 명확하면 공부 머리와 환경은 극복할 수 있는 요소입니다.

사교육 하나 못 받고, 공부 머리가 없으면 너무 불리하지 않냐고 반문할 수 있지만 전국에는 사교육 없이도 서울대에 입학하고, 공부 머리가 약해도 노력으로 결국 원하는 성취를 하는 학생들이 있을 수밖에 없습니다. 그 모든 것이 타고난 재능이나 환경, 운 때문이라고 생각하는 학생들이 있겠지만 그것은 개인의 생각에 불과하죠.

공부의 목적은 스스로 만드는 것입니다

『죽음의 수용소에서』의 저자 빅터 프랭클(Viktor Emil Frankl)은 오스트리아 빈 출신의 정신과 의사였습니다. 그는 단지 유대인이라는 이유로 나치의 아우슈비츠 수용소에 끌려갔고, 이때의 경험을 한 권의

책으로 출판했습니다. 그는 이 책 속에서 고통에 의미를 부여하면서 수용소 생활을 이겨낸 이야기를 합니다. 그는 "삶의 고통에 대해서 개인이 의미를 부여할 수 있고, 의미를 부여한 고통은 이겨낼 수 있다"고 말합니다.

생각해보면, 우리의 삶에 불쑥 찾아오는 고통은 힘들지만 스스로 의미를 부여하면서 이겨낼 수 있습니다. 놀지 못하고 공부를 해야 하는 것이 고통스럽게 느껴질 수 있지만 스스로 공부에 의미를 부여하면 이겨낼 수 있습니다. 그리고 이 의미는 '자기'만이 부여할 수 있습니다. 다른 누구도 여러분들에게 공부를 해야 하는 이유를 정해줄 수 없습니다.

공부를 왜 해야 하는지에 대한 질문이 참 많습니다. 전문가에게 물어보기도 하고, 온라인 커뮤니티에 질문을 할 수도 있습니다. 하지만 공부가 힘들어서 이런 질문을 하고 있을 텐데, 공부가 스스로에게 고통으로 인식이 된다면, 그래서 그 고통을 이겨내고 싶다면, 그 의미는 오직 스스로만 부여할 수 있습니다.

공부를 해야 하는 이유는 스스로 찾아야만 합니다. 서울대 출신의 성공한 사람이 여러분에게 와서 "인생을 저처럼 성공하기 위해서는 공부를 참고 해야 한다"고 말하면 과연 여러분이 참을 수 있을까요? 공부를 열심히 해서 돈을 많이 번 사람이 멋진 차를 타고 나타나서 "물질적인 부를 누리기 위해서는 공부를 해야 한다"고 말하면 여러분은 오늘부터 공부를 열심히 할 건가요? 절대 아닙니다. 이런 식으로는 진정한 공부의 목적을 찾을 수 없습니다.

물론 참고는 됩니다. 공부가 인생에 미치는 다양한 영향에 대해서 관심을 가지면 그중에 내가 공부를 해야 하는 이유에 해당하는 것을 찾을 수 있을 겁니다. 하지만 다른 누군가가 공부를 해야 하는 이유를 단번에 정해줄 수 있다는 생각은 착각입니다. 그런 착각으로 공부를 해야 하는 이유를 아직 못 찾았기 때문에 여러분은 진짜 공부를 시작하지 못한 겁니다.

공부를 하고자 하는 마음인 학습 동기

공부를 하고자 하는 마음을 '학습 동기'라고 합니다. 공부를 하는 데 있어 학습 동기가 중요하다는 것은 들어봤을 겁니다. 동기는 무언가를 하고자 하는 인간의 욕구입니다. 인간의 욕구를 심리학자 에이브러햄 매슬로(Abraham Harold Maslow)는 다음과 같이 6단계로 크게 나누었습니다.

인간의 욕구 6단계
- 생리적 욕구 : 산소, 음식, 수면, 의복, 주거 등 삶 그 자체를 유지하기 위한 욕구
- 안전 욕구 : 신체의 위험과 생리적 욕구의 박탈로부터 자유로워지려는 욕구
- 소속감 및 애정 욕구 : 다른 사람들과 관계를 맺고 사랑하고 사랑받고 싶은 욕구
- 존중 욕구 : 내적·외적으로 인정을 받으면서 어떤 지위를 확보하기 원하는 욕구
- 자아실현 욕구 : 자기발전을 위해 잠재력을 극대화, 자기의 완성을 바라는 욕구
- 자아초월 욕구 : 자기 자신을 초월해 다른 것을 만들어내고자 하는 이타적인 욕구

하위 단계의 욕구가 충족이 되어야 다음 단계를 추구할 수 있습니다. 1단계인 생리적 욕구와 2단계인 안전의 욕구는 생존을 위해서 반드시 충족되어야 합니다. 1, 2단계가 충족되지 않으면 정상적인 생활을 하기가 어렵습니다. 먹을 것이 없고, 살 곳이 없고, 입을 옷이 없고, 나의 안전을 위협받으면 우리는 제대로 살 수 없는 겁니다.

가난은 생존을 위협하기 때문에 우리를 독하게 만듭니다. 고등학교 시절 아픈 어머니를 위해 약조차 살 수 없을 정도로 가난했던 가수 비(정지훈)는 이를 악물고 춤과 노래를 연습해 가수로서 성공했습니다. 그는 어머니와 가족 때문에 절대로 쓰러질 수 없었다고 합니다.

가난한 이발소집 딸로 태어난 가수 이효리 씨는 2평 남짓한 방에서 여섯 식구가 살 정도로 힘든 유년 시절을 보냈다고 합니다. 여러분들이 좋아하는 가수 아이유는 어린 시절 부모님이 빚보증을 잘못 서서 집안이 어려워져 친척 집을 전전했다고 합니다. 친척들은 연예인은 아무나 하냐며 어린 아이유에게 상처를 주었다고 하죠.

카카오의 창업자 김범수 의장은 한때 이재용 삼성전자 부회장을 제치고 한국 최고 부자에 등극했습니다. 그의 아버지는 막노동과 목공일을, 어머니는 식당 일을 하면서 그를 키웠습니다. 할머니를 포함한 여덟 식구가 단칸방에서 살았다고 합니다. 5남매 중 자신만이 유일하게 대학을 갔다고 합니다. 그는 서울대 진학에 실패하고 재수하던 시절에 마음이 흐트러질 때마다 '혈서'를 쓰면서 각오를 다졌다고 합니다. 가난하다고 해서 다 이렇게 독기 어린 노력으로 성공하는 것은 아니지만, 가난은 분명 우리에게 열심히 살 동기를 부여합니다.

다만 현대 사회에서 과거의 '헝그리 정신'으로 대표되는 노력을 강요하기는 어렵습니다. 그리고 힘든 현실에 대한 도피 심리로 게임이나 스마트폰에 빠지는 경우도 다수 있습니다. 공부를 제대로 하고자 하는, 내 삶을 적극적으로 개척하고자 하는 의욕이 필요합니다.

스스로에 대한 관심이 필요합니다

2022년 한국인 최초로 허준이 교수는 '수학계의 노벨상'이라는 필즈상을 수상합니다. 그의 스토리를 살펴보겠습니다.

미국에서 태어나 두 살 때 한국으로 들어온 허준이 교수는 한국에서 대학 과정을 공부하면서 대한민국의 입시 체제하에서 학창 시절을 모두 보냈습니다.

그의 수학 성적은 중간 정도였다고 하고, 수학 자체에는 흥미가 있었지만 한국식 입시 위주의 수학 교육 때문에 수학에 더 깊은 애정을 쏟지 못했다고 합니다. 중학교 3학년 때 수학에 관심을 가지고 과학고 진학도 고민했지만, 이미 늦었다고 판단해 일반고에 진학을 했다고 합니다. 참 현실적인 이야기죠?

이후 건강상의 문제와 입시 위주의 생활에 지쳐서 시인의 꿈을 안고 고등학교를 1년 만에 자퇴합니다. 국립중앙도서관에서 문학책을 읽으며 시인의 꿈을 꾸던 때에 과학전문기자가 되고자 다시 입시를 준비하게 되고 재수학원에 들어가서 입시를 준비했다고 합니다.

그렇게 서울대학교에 입학하게 되는데, 수학과가 아닌 물리학과로 입학을 합니다. 이때도 주변 친구들보다 두각을 드러내지 못해서 성적은 하위권이었다고 합니다. 허준이 교수의 운명이 바뀐 것은 대학교 4학년 때 서울대 초빙석좌교수였던 히로나카 헤이스케의 대수기하학 강의를 수강한 이후라고 합니다. 이때 받은 조언들을 바탕으로 수학에 깊은 관심을 가지고 이때부터 수학 연구에 매진해 수학계의 난제들을 해결하기 시작합니다.

일반적인 판단으로 허준이 교수는 수학에 천재적인 재능이 있었다고 보는 것이 맞겠죠. 자퇴를 했다가 재수학원에서 공부를 했다고 아무나 서울대를 들어갈 수 있는 것이 아닙니다. 그는 공부 머리가 빼어났을 겁니다. 하지만 여기서 우리가 주목할 부분은 그가 수학에 대해서 연구를 해야겠다는 깊은 관심을 갖게 된 것이 대학교 4학년 때였다는 겁니다. 그는 빼어난 재능을 갖고 있으면서도 대한민국의 입시 체제하에서, 심지어는 대학교에 입학을 한 이후에도 수학에 집중하지 못했습니다. 그러다가 마음속에 '동기'가 생기고 난 이후에야 제대로 수학 연구에 매진하게 되었습니다.

늦어도 괜찮습니다. 동기가 생기면 우리는 자신도 생각하지 못한 능력을 발휘할 수 있습니다. 그런데 정말 우리도 허준이 교수님처럼 뒤늦게라도 우리의 꿈을 향해 달려갈 수 있을까요? 허준이 교수에게 수학이 운명처럼 찾아올 수 있었던 것은 그 운명을 받아들일 준비가 되어 있었기 때문일 겁니다. 수학에 대해서 꾸준히 관심을 갖고 있지 않았다면 하루아침에 수학자로 변신할 수 없었을 겁니다.

우리는 자신을 잘 안다고 생각하지만 결코 그렇지 않습니다. 관성

대로 하루하루를 살아가면 나에 대해서 알 수 있는 기회가 거의 없습니다. 아침에 일어나서 습관처럼 세수하고 양치하고 학교를 갑니다. 아침부터 저녁까지 수업을 듣고, 학원 하나 들렀다가 집에 옵니다. 이 과정에서 내가 알 수 있는 것은 내가 공부를 잘하는 사람인지 아닌지 정도입니다. 내가 뭘 좋아하는지, 무엇에 관심이 있는지, 무엇을 잘하고 싶은지 전혀 알 수 없습니다.

공부를 정말 잘하고 싶다면 책상 위의 책에만 집중할 것이 아니라 나를 들여다봐야 합니다. 세상의 수많은 사람들은 각기 다른 목표를 추구하면서 살아갑니다. 기회는 준비된 사람에게만 찾아옵니다. 공부를 제대로 해야겠다는 계기가 생기려면 꾸준히 자신의 삶에 관심을 가져야 하고, 자신에게 공부가 어떤 의미인지를 진지하게 고민해야 합니다.

동기는 강력합니다

동기라는 것은 만들기도 어렵고, 초반에는 유지하기가 어렵습니다. 새해마다 무언가를 해야겠다고 결심하지만 일주일도 제대로 실천을 못 하는 경우가 태반입니다. 하지만 한번 강력한 내적 동기가 생기고 나면 무엇보다 강력한 삶의 에너지가 됩니다.

테슬라의 CEO인 일론 머스크의 재산은 한때 세계 1위였습니다. 세상에서 가장 돈이 많은 사람의 삶은 어떨까요? 이 세상에서 원하는 것은 모조리 살 수 있습니다. 여러분은 세계에서 제일 돈이 많으면 어떤 삶을 살 건가요? 머릿속에 떠오르는 모습이 있을 겁니다.

저도 평범한 사람이다 보니 당장 10억만 있어도 지금 하는 일을 멈추고 세계 여행을 떠나면서 남은 생애 동안 맛있는 것을 먹으면서 편하게 살 겁니다. 여러분도 비슷한 생각을 하셨나요?

그런데 전 세계에서 가장 부자 중 한 명인 일론 머스크는 가지고 있던 집도 모두 팔아버리고, 텍사스에서 재활용이 가능한 우주선을 개발하기 위해서 하루 3시간씩만 잠을 자면서 연구에 몰두하고 있습니다. 그는 인터뷰에서 "가만히 있는 삶은 자신을 자극하지 못한다"고 말합니다.

똑같이 어마어마한 돈을 가졌다고 했을 때, 우리와 일론 머스크의 차이는 '마음속의 동기'입니다. 우리에게는 인류를 우주로 이전시키겠다는 그런 원대한 꿈이 없습니다. 지금 우리의 주된 욕구는 돈을 벌어서 안정적인 삶을 살고 싶은 것이죠. 그러니 돈이 여유 있게 생기면 안정적이고 편안한 삶을 추구할 겁니다. 하지만 일론 머스크에게는 궁극적인 목표가 있습니다. 우주선 발사 비용을 지금의 10분의 1 수준으로 낮추고 우주여행의 안정성을 높이면서 인류 전체의 삶에 기여하려는 동기를 갖고 있습니다.

인간의 동기는 이렇게 놀라운 힘을 발휘합니다. 주변을 둘러보면 모두가 물질적인 부를 추구하면서 살고 있지는 않습니다. 각자 자신만의 동기를 추구하면서 살고 있습니다. 그 동기는 자신만이 만들 수 있고, 세월이 지나면서 더 단단해져서 우리 삶의 뿌리가 됩니다.

여러분이 공부를 본격적으로 시작하기 전에 반드시 공부를 해야 하는 이유를 스스로 찾아야 하는 이유입니다. 스스로 무엇을 어떻게 해야 하는지 알기 어렵다면, 다음 방법들을 참고해보세요.

학습 동기를 찾는 데 도움이 되는 방법들

- 신문을 읽으면서 세상에 관심을 가지세요. 현실 감각이 길러지기에 목표를 설정하는 데 도움이 됩니다.
- 성공한 사람들의 삶에 대해서 알아보세요. 성공한 사람들의 인생 스토리는 나에게 좋은 자극이 됩니다.
- 내가 뭘 좋아하는지에 관심을 가지세요. 내가 좋아하는 것이 곧 나의 꿈과 목표가 됩니다.
- 동기는 무에서 유를 만드는 과정임을 명심하세요. 동기는 내가 생각해서 없던 것을 만드는 겁니다. 답답해하지 말고 계속 생각하세요.
- 동기를 찾았다면 글로 적어서 눈에 보이는 곳에 두세요. 동기는 점점 단단해지는 개념입니다. 적어서 매일 보며 각오를 다지세요.

ACTION

- 왜 공부를 해야 하는지 스스로 생각하세요.
- 학습 동기는 남이 아닌 스스로 만드는 겁니다.
- 동기는 점점 단단해지면서 나의 행동의 뿌리가 됩니다.

공부 잘하는 법 3
할 수 있다는 마인드 만들기

'할 수 있다'고 외친 우상혁 선수

2020 도쿄올림픽에서 가장 빛났던 스타인 대한민국 높이뛰기 대표 우상혁 선수를 아시나요? 그는 육상 높이뛰기 한국 신기록을 무려 24년 만에 갈아치우면서 올림픽에서 4위를 기록해 국민적 관심을 받게 됩니다.

그를 스타로 만든 것은 단지 뛰어난 기록이 아니라 방송에서 비춰진 결선 무대에서의 그의 태도였습니다. 올림픽이라는 긴장되는 무대에서 우상혁 선수는 1차 시기를 어두운 얼굴로 실패한 뒤, 2차 시기 때는 관중들의 호응을 유도하며 밝은 얼굴로 도전해 2m 33을 성공했습니다. 그리고 2m 35를 도전할 때에도 관중들과 호흡을 같이한 뒤 한국 신기록을 달성합니다. 마치 도전을 즐기는 듯한 그의 긍정적인 태도는 국민들의 눈길을 사로잡을 수밖에 없었습니다.

놀라운 것은 우상혁 선수가 간신히 올림픽에 출전할 정도의 실력을 갖춘 선수였다는 점입니다. 그는 올림픽 출전이 결정되는 공인 기록 등록 마지막 날에 출전 가능한 기록을 세우면서 그야말로 막차를 타고 국가대표가 되었습니다. 이런 그가 24년 만에 한국 신기록을 갈아치우고 세계 4위를 했으니 국민 모두가 깜짝 놀란 겁니다.

2019년에 부상을 당해서 그는 선수 생활을 포기하려 했다고 합니다. 하지만 그는 계속된 도전 끝에 결국 자신의 목표를 달성했습니다. 타고난 신체 능력이 지배적인 영향을 주는 육상 분야에서 한국인인 우상혁 선수는 얼마나 힘들었을까요?

그는 국내 언론사와의 인터뷰에서 성공의 비결로 '할 수 있다'는 말을 외치는 것을 꼽았습니다. 마음속에만 담아두지 않고 할 수 있다고 외치면서 계속해서 도전했다고 합니다. 스포츠 분야에는 유독 '할 수 있다'고 외치면서 기적적인 결과를 만들어낸 사례가 많습니다.

프랑스의 자기암시 요법의 창시자인 에밀 쿠에(Emile Coue)는 자기 암시를 통해서 스스로에게 생각이나 의도를 주입하고 이를 바탕으로 결과를 만들어낼 수 있다고 했습니다. 우리의 무의식이 암시를 받아들여서 자기암시로 전환되면 상상이 현실이 된다는 것입니다.

얼핏 현실감이 없어 보이는 이야기이지만, 반대로 생각하면 이 이야기는 굉장히 중요합니다. '할 수 없다'고 생각하는 일을 우리는 절대로 할 수 없습니다.

여러분은 번지 점프를 해 본 적이 있나요? 30~40m 높이에서 줄 하나에 의지해서 떨어지는 상상을 해볼까요? 여러분은 이 행동을 할 수 있을까요? 두려움이 앞설 겁니다. 그래서 할 수 없다고 생각하면 우리는 이 일을 절대로 할 수 없습니다.

'나는 공부를 잘할 수 없는 사람'이라고 생각하면 나는 영원히 공부를 잘할 수 없습니다. 이게 중요합니다. '나는 노력하면 잘할 수 있는 사람'이라고 생각하고 노력을 하면 성적이 오를 수도 있고, 안타깝게도 성적이 안 오를 수도 있습니다. 하지만 스스로 '나는 공부를 못하는 사람'이라고 생각하면 성적이 오를 확률은 0%입니다.

이런 점에서 우리는 '할 수 없다'는 마인드를 철저하게 버리고 '할 수 있다'고 외쳐야 합니다. 에밀 쿠에는 아침에 일어나서, 그리고 잠들기 전에 자기에게 '할 수 있다'는 암시를 하라고 추천했습니다. 우상혁 선수처럼 외치든, 글로 쓰든 우리는 '할 수 있다'는 생각부터 가져야 합니다. 이런 생각이 없으면 시작조차 할 수 없습니다.

공부는 재능이 아닙니다

공부는 재능일까요? 어떤 집에서는 사교육의 도움 없이도 아이들이 서울대에 합격합니다. 이것은 물려받은 머리가 좋아서일까요? 개인적으로는 '공부 머리'라는 것, 시험에서 좀 더 효율적으로 공부하고 답을 찾는 머리는 존재한다고 생각합니다. 하지만 '공부가 재능'이라는 생각이 나의 노력을 멈추게 하는 이유가 되어서는 안 됩니다.

결론부터 말하겠습니다. '나는 노력을 통해서 성적을 올릴 수 있다'고 생각해야 합니다.

세상 어딘가에는 타고난 공부 머리 때문에 성적이 높은 학생이 있을 겁니다. 저의 학창 시절에도 수학책 한 권을 연필 하나 대지 않고 눈으로만 다 푸는 괴물 같은 재능의 친구가 있었습니다.

하지만 세상에는 노력을 통해서 성취를 한 학생들도 분명히 존재합니다. 전교 꼴찌가 수능 만점을 받은 사례를 단순히 재능 덕분이라고 말하는 것은 타당하지 않습니다. 최상위권의 모든 아이들이 재능 때문에 성적을 유지하는 것이 아닙니다. 찾아보면 노력의 힘으로 드라마틱한 성적 향상을 기록한 아이들이 당연히 많이 있습니다.

나에게 천재성이 없다면, 평범한 나는 노력을 통해서 성적을 올리면 됩니다. 치열한 노력을 해보지 않고 재능 탓을 하는 것은 핑계에 불과합니다.

프로 스포츠는 어떤 분야보다도 타고난 능력이 중요한 분야입니다. 프로야구에 전설적인 이종범 선수가 있습니다. 그는 무서울 정도의 야구 재능을 가지고 야구계에 큰 획을 그었습니다. 그의 아들인 이정후 선수도 최고의 야구 선수로 성장했습니다. '농구 대통령'이라고 불리던 허재 선수의 아들은 허웅, 허훈 선수입니다. 두 선수 모두 국가대표로 활약하며 한국프로농구를 대표하는 선수로 성장했습니다. 이처럼 타고난 유전자의 중요성도 우리는 알 수 있습니다. 그러면 아래와 같은 사례는 어떻게 생각하시나요?

미국프로농구 NBA를 대표하는 선수들을 살펴보면 3점슛이 장기인 스테판 커리, 긴 팔과 다리로 코트를 점령하는 지아니스 아데토쿤보와 같은 선수들은 부인할 수 없는 최고의 실력자들입니다. 그렇다면 이들은 프로에 데뷔할 때부터 최고의 선수였을까요? 아니, 어려서부터 최고의 선수로 군림했을까요?

그렇지 않습니다. 스테판 커리는 1라운드 7순위로, 아데토쿤보는 1라운드 15순위로 데뷔했습니다. 이 말은 스테판 커리보다 더 인정받은 선수가 6명, 아데토쿤보보다 14명의 선수가 더 나은 선수로 인정을 받았다는 의미입니다. 물론 미국 전체에서 7등, 15등이라는 것은 충분히 잠재력이 있는 선수라는 의미일 겁니다. 그럼에도 우리는 7등과 15등이 어떻게 1등이 되었는지에 주목해야 합니다. 타고난 재능으로 모든 것이 결정되는 식이라면 이 선수들은 절대로 1등이 될 수 없었을 겁니다. 이들은 매년 자신의 기량을 높이기 위해서 혹독한 훈련을 했고, 마침내 최고의 자리에 오른 겁니다. 없던 재능이 갑자기 생기지는 않았을 테니까요.

타고난 재능이 중요하게 작용하는 프로 스포츠에서도 재능 있는 사람들만이 성공하는 것이 아닙니다. 최고의 자리에 있는 사람들 중에서 자신이 훈련하는 모습을 보면 결코 자신의 기량이 재능 때문이라는 말은 할 수 없을 것이라고 입을 모아 말합니다. 그리고 실제로 최고라고 인정받는 선수들은 가장 오랜 시간 훈련과 연습을 하기로 유명합니다.

'공부는 재능'이라고 생각하면서 지레 포기하고 제대로 된 노력을 하지 않는 것이 문제입니다. '나는 안 될 것'이라는 부정적인 자기암시를 보내면서 진지하게 공부를 하지 않기 때문에 안 되는 겁니다. 조금 노력해보고 결과가 나오지 않으면 금세 재능을 탓하면서 노력을 멈추기 때문에 성취를 하지 못하는 겁니다.

스티브 잡스는 자신이 창립한 회사에서 쫓겨난 뒤 한국 나이로 43세에 다시 애플에 복귀했습니다. 여러분이 지금 사용하고 있는 아이폰은 그의 복귀 이후 2007년에 출시되었습니다. 스티브 잡스에게는 다른 사람에게는 없는 재능과 창의성이 있었을 겁니다. 하지만 그런 그조차도 인생의 우여곡절을 모두 겪은 뒤에 43세의 나이에 자신이 만든 회사에 복귀해 시대를 선도하는 제품들을 만들었습니다.

여러분들의 나이를 고려하면 이제 시작일 뿐입니다. 42.195km인 마라톤을 시작하면서 고작 500m를 달리고서 나에게는 재능이 없다고 생각하면서 포기하면 안 됩니다. 여러분들이 목격하고 있는 세상의 성공들은 모두 긴 시간에 걸친 실패와 인내의 산물입니다. 공부를 타고난 재능으로 하는 사람도 있겠지만 평범한 우리는 '노력으로 한다'는 마인드가 필요합니다.

정체성이 변해야 합니다

『아주 작은 습관의 힘』의 저자 제임스 클리어(James Clear)는 "습관을 바꾸기 위해서는 정체성이 변해야 한다"고 말합니다. 정체성은 내가 누군지에 대해서 스스로 내리는 판단입니다. 우리가 진정으로 변하기 위해서는 나에 대한 정체성 자체가 바뀌어야 합니다.

독서를 평생 습관으로 삼고 싶다면 책 읽는 것을 목표로 하지 말고 '독서가'가 되는 것을 목표로 삼아야 합니다. 악기를 배우는 것을 목표로 하지 말고 '음악을 하는 사람이 되는 것'을 목표로 삼으라는 것입니다.

정체성이 바뀌면 근본적인 변화가 일어납니다. 담배를 끊는 것을 목표로 하는 아빠가 단순히 담배 피우는 행위를 참는 것만으로는 변할 수 없습니다. 참다 참다 언젠가는 다시 피우게 될 것입니다. 두 번 다시 피우지 않는다 해도 평생을 참는다고 생각하면 그 삶이 얼마나 고통스러울까요? 자신을 '비흡연자'라고 규정하면 훨씬 더 쉽게 금연에 성공할 수 있습니다.

정체성이 바뀌지 않는 상태에서 하루 이틀 행동을 바꾸어봤자 금방 원래 모습으로 돌아갑니다. 우리는 지금부터 공부를 잘해보려고 합니다. 그래서 계획을 세우고 실천을 할 겁니다. 하지만 금세 공부가 하기 싫어질 겁니다. 공부는 기본적으로 힘든 일이니까요. 스마트폰이 너무 하고 싶고, 게임이 너무 하고 싶을 겁니다. 유튜브 알고리즘에 따라서 재미있는 영상을 시청하고 싶을 겁니다. 이걸 '참는다'고 생각하면 너무 고통스럽고 더 하고 싶습니다.

그러므로 우리의 정체성을 바꾸어야 합니다. 우리는 '공부를 하는 사람'입니다. 그리고 '노력'으로 결과를 만들어내는 사람입니다. 그렇게 생각해야만 합니다.

지금까지 공부를 해보려는 노력을 안 하지는 않았을 겁니다. 그런데 왜 우리는 실패했을까요? 그 이유는 간단합니다. 그 과정이 너무 힘들어서 지속할 수 없었기 때문입니다. 여러분 스스로 다음과 같이 생각해보세요.

나의 정체성

- 노력하는 사람
- 포기하지 않는 사람
- 실패해도 다시 도전하는 사람
- 타인의 평가에 휘둘리지 않는 사람

이런 정체성들을 갖게 되면 흔들리지 않습니다. 힘든 순간에도 나에 대한 믿음을 바탕으로 이겨낼 수 있습니다. 그렇게 한두 번 참다 보면 어느새 성적은 올라가고, 내가 설정했던 나에 대한 정체성은 나라는 사람 자체가 될 것입니다.

ACTION

- 할 수 있다는 마인드가 필요합니다.
- 공부는 재능이 아닙니다. 노력으로 성적을 올릴 수 있습니다.
- 스스로에 대한 정체성 자체가 바뀌어야 합니다.

실패를 이겨내는 마인드 만들기

실패하지 않으려는 공부

2013년 미국의 메리워싱턴대학교에서 실시한 조사에 따르면, 자녀를 과잉 보호하는 소위 '헬리콥터 부모' 손에 자란 대학생은 우울증에 걸리기 쉽다고 합니다. 부모가 항상 문제를 해결해주는 식으로 유년기를 보낸 아이들은 청년기가 되면서 직접 삶에서 겪게 되는 문제들을 해결해 나갈 힘이 없는 겁니다.

인생을 살다 보면 모든 것이 계획한 대로 되지 않습니다. 모든 사람이 자신의 인생에서 실패를 경험하게 됩니다. 하지만 모든 사람이 실패를 딛고 다시 도전할 수 있는 힘이 있는 것은 아닙니다. 누군가는 실패에도 불구하고 다시 나아가고, 누군가는 실패 때문에 크게 좌절하고서 우울감에 빠집니다.

실패나 좌절은 운이 없는 사람들에게만 드물게 일어나는 일이 아닙니다. 자산이 3천억 달러인 사람이 있습니다. 1달러를 1,300원 정도로 계산하면 3천억 달러는 390조에 달하는 돈입니다. 390조의 돈을 가진 사람이 돈이 없어서 돈을 구하기 위해서 사방으로 뛰어다녔다고 하면 믿겠습니까? 이것은 미래를 선도하는 기업인 테슬라의 CEO 일론 머스크의 이야기입니다. 그의 자산은 테슬라의 주가가 크게 상승했을 때 인류 최초로 3천억 달러까지 올라갔었습니다. 390조를 소유한 그가 돈이 없다니 무슨 소리일까요?

과거에 그는 큰 실패를 겪었습니다. 지금 심심치 않게 도로에서 볼 수 있는 테슬라의 전기차는 2003년만 해도 '세상에서 볼 수 없을 것'이라고 사람들은 생각했습니다. 지금은 세계적인 기업이 된 테슬라는 2003년 창립 이래 2017년까지 심각한 적자를 기록하면서 생존 전망이 불투명하다는 평가를 받았습니다. 이 기업이 흑자로 전환된 것은 2019년 말의 일입니다.

일론 머스크는 인터뷰에서 2008년을 이렇게 회고했습니다. 당시 테슬라의 전기차 개발은 뜻대로 되지 않았고, 미국 경제는 좋지 않았습니다. 게다가 그는 당시에 이혼 소송중이었습니다. 2008년 크리스마스 아침에 눈을 떴을 때 그는 자신이 처한 암울한 상황에 신경쇠약증에 걸린 것 같은 느낌을 받았다고 합니다. 사업에 필요한 자금이 부족해서 부도 위기에 처했습니다. 그는 돈을 구하기 위해서 사방으로 전화를 하며 도움을 구했지만 전망이 불투명한 기업에 거금을 투자

할 곳은 없었습니다. 이때 기적처럼 NASA에서 연락이 와서 15억 달러의 계약을 따냈다고 알려주었다고 합니다. 그는 전화기에 대고 "사랑한다"는 말만 연신 외쳤다고 하죠. 전 세계에서 돈이 제일 많은 사람도 이런 실패 끝에 성취를 했습니다.

우리 눈에 보이는 모든 성공의 뒤에는 필연적으로 실패가 존재합니다. 실패를 통해서 더욱 단단해지면서 성공을 향해 나아가기 때문입니다. 혼자서 공부를 하면 시행착오가 있을 수밖에 없습니다. 공부 습관도 없고, 계획을 세우는 것도 쉽지 않을 겁니다. 무리한 계획을 세우기도 하고, 이를 실천하면서 의지 부족으로 계획대로 안 되는 때도 있을 겁니다. 하지만 이 모든 과정을 당연하게 받아들이면서 우리는 실패를 통해서 배우고 성장해야 합니다.

실패는 성공의 어머니

'실패는 성공의 어머니'라는 옛말을 증명하는 수많은 사례들이 있습니다. 1,008번의 시도 끝에 성공한 사람이 있습니다. 우리가 잘 알고 있는 KFC 치킨의 창업자 할랜드 샌더스(Harland David Sanders)의 이야기입니다.

그가 만든 치킨 브랜드는 젊을 때 창업해서 승승장구한 것이 아닙니다. 그는 일찍 돌아가신 아버지를 대신해 가족의 생계를 돌보느라 산전수전 안 겪은 일이 없습니다.

식당을 운영하던 그는 65세가 되던 해에 식당을 폐업합니다. 그에게 남은 105달러의 사회보장금을 가지고 낡은 트럭을 타고 다니면서 자신이 쌓은 요리 비법을 팔러 다닙니다. 그리고 그의 증언에 따르면 1,008번의 시도 끝에 '웬디스'의 창업주가 그의 요리 비법을 구매해 그에게 치킨 1조각당 0.04달러의 로열티를 지불하기로 하면서 지금의 KFC가 시작되었습니다.

샌더스가 KFC를 젊은 나이에 창업했더라면 지금 우리에게 익숙한 할아버지 로고가 아닌 젊은이의 로고가 KFC를 대표했을 겁니다. 65세에 최소 몇 백 번의 시도 끝에 그는 제대로 된 성공을 하게 된 것입니다. 실패에 낙담해 도전을 멈추었다면 우리는 바삭한 후라이드 치킨을 먹을 수 없었을 겁니다. 그의 나이 65세를 생각하면 우리는 아직 얼마든지 더 도전할 수 있는 시간과 에너지가 있습니다.

다이슨이라는 영국의 가전제품 브랜드를 아시나요? '영국의 스티브 잡스'라고 불리는 제임스 다이슨(James Dyson Award)이 창립한 회사입니다. 세련된 디자인과 혁신적인 성능으로 돌풍을 일으켰던 회사입니다. 이 회사에서 개발한 '날개 없는 선풍기'를 보면 이 회사가 지향하는 바를 바로 알 수 있습니다. 다이슨에서 만든 무선진공청소기 또한 세계적인 인기를 누렸습니다. 기존 청소기의 흡입구가 자주 막히고 먼지 봉투를 자주 교체해야 하는 불편함을 해결하고자 개발된 이 청소기는 5년간 시제품을 5,127개나 만든 끝에 개발이 완료되었다고 합니다. 5,126번을 실패했다는 의미입니다. 기업은 이윤을 내야 운영이 되는 구조입니다. 5,126번의 실패 기간 동안 당연히 사업의 위기를 겪었을 겁니다. 그 모든 과정을 거치고서야 세계적으로 인정받는 제품을 만들어낸 것입니다. 여러분은 5,126번의 실패를 해보았나요?

미국에는 스마트폰 앱으로 홀푸드나 코스트코 매장의 물건을 주문하면 집 앞까지 배달해주는 '인스타카트'라는 서비스가 있습니다. 이 기업은 미국 유명 벤처캐피털로부터 34억 달러의 기업 가치를 인정받았습니다. 우리 돈으로 4조가 넘는 금액입니다.

최고경영자인 아푸르바 메타(Apoorva Mehta)는 인도 태생으로 캐나다로 이민을 와서 공학을 전공한 뒤 블랙베리, 퀄컴, 아마존 등 세계적인 대기업에서 엔지니어로 일했습니다. 그는 2010년 아마존을 퇴사하면서 자신만의 사업을 시작하고 20번의 실패를 겪었습니다. 실패를 통해서 교훈을 얻고 실패를 연구하면서 점점 더 성공으로 다가갔습니다. 자신의 실패를 돌이켜보면서 개선점을 찾았고, 비슷한 사업에서 실패한 사례들을 보면서 더욱 사업 모델을 정교화시켰습니다. 그런 숱한 실패 끝에 그는 성공을 거둔 것입니다.

그가 열아홉 번째 사업에서 도전을 멈추었다면 스무 번째 성공은 없었을 겁니다. 게다가 그의 과거 이력을 보면 안정적인 직장을 포기하고 나와서 도전을 한 것입니다. 그만큼 사업 도전에 대한 기회비용도 높았겠죠. 여러분은 이런 도전을 하고 있나요?

실패를 딛고 결국 성취를 이룬 사례들은 세상에 무수히 많습니다. 아니, 모든 성공에는 실패가 담겨 있기 때문에 우리 눈앞의 모든 성공 사례들이 곧 실패 극복에 대한 사례이기도 합니다.

월트 디즈니(Walt Disney)는 신문사에서 만화가로 일했는데, 실력이 부족하다고 해고를 당한 뒤 그 뒤로도 많은 실패 끝에 〈백설공주〉를 선보였고, 이후 세계적인 사랑을 받는 애니메이션들을 탄생시켰습니다. 미국을 대표하는 쇼호스트인 오프라 윈프리(Oprah Gaile Winfrey)는 어린 시절 지독하게 가난했고, 성폭행을 당한 상처를 안고 있습니다. 이런 고통의 시간을 이겨내고 더욱 공감할 수 있는 인물로 성장했습니다. 해리포터의 작가 조앤 케이 롤링(Joanne Kathleen Rowling)은 자신의 첫 번째 책을 발표하기 전까지는 사회 복지의 도움을 받아서 딸을 혼자 키우면서 글을 썼습니다. 그렇게 〈해리 포터〉가 탄생했습니다.

실패하지 않는 것이 성공?

우리는 실패를 두려워합니다. 학생이라면 성적이 낮은 것에 민감하게 반응하는 부모님 때문에 더욱 실패를 꺼릴 수 있습니다. 우리네 문화는 결과를 중시해왔습니다. 한국전쟁 이후 '한강의 기적'이라고 불린 빠른 경제 발전을 해왔기에 뭐든지 더 빨리 더 효율적으로 처리하려고 합니다. 실패는 이 과정을 지연시키기 때문에 환영받지 못하고 피해야 하는 것으로 인식되어 왔습니다. 이런 분위기에서 우리는 과정에서의 실패를 결과의 실패로 잘못 이해하고 있습니다.

우리는 성공 신화에 속고 있습니다. 사회적으로 큰 부와 명성을 누리는 이들의 '결과'를 보느라 그 과정에서의 실패를 못 보고 있습니다.

한 번쯤은 광고에서 들어봤을 '야나두'의 대표 김민철 씨는 유튜브 세바시 강연에서 자신이 27개의 프로젝트 중 24개를 실패했으며 그 과정에서 150억 원의 돈을 잃었다고 합니다. 보통 사람이면 두 번 다시 일어날 수 없었을 겁니다. 그는 평소 야구를 좋아해서 야구팀 신문을 만들었지만 실패를 했고, 다시 도전해 야구장의 응원용품 중 하나인 머리띠를 만들어서 빚을 갚고 3억 원을 모았다고 합니다. 이 돈으로 'EBS토익목표달성'이라는 사업을 하면서 큰 매출을 올리고 투자금을 받으면서 사업을 계속할 수 있었다고 합니다. 그 이후에도 여러 사업을 하면서 또 돈을 잃었다고 합니다. 그렇게 27번의 시도 끝에 탄생한 것이 '야나두'입니다. 2022년에 매출 1천억 원을 돌파하며 업계 1위에 오르는 사업 성공을 거두었습니다. 그가 강의를 통해 밝힌 성공의 비결은 다음과 같습니다.

야나두 김민철 대표가 밝힌 성공 비결
- 이를 하루 3번 이상 3분 이상 닦는 것
- 내가 반드시 성공할 수 있는 일부터 시작하는 것

이를 3번 이상 3분 이상 닦는다는 것은 일상을 묵묵히 이어간다는 의미입니다. 실패 때문에 주눅들거나 좌절하지 않고, 하던 일을 계속하는 것을 말합니다. 그는 실패했지만 일상을 이어나갔고, 할 수 있는 일을 하면서 도전을 멈추지 않았습니다. 우리는 실패를 하면 움츠려 듭니다. 다시는 도전하고 싶지 않습니다. 하지만 야나두 김민철 대표는 조금씩 움직이면서 앞으로 나아갔습니다. 그만의 실패를 극복하는 방법이었던 겁니다.

성공이란 과연 무엇일까요?

우리가 열심히 공부를 해야 하는 이유는 성공을 하기 위해서이겠죠. 실패 없이 문제를 맞추어서 대입에서 성공하고, 명문대에 입학해서 이를 바탕으로 성공한 삶을 살고 싶기 때문에 지금 공부를 하고 있습니다.

그런데 성공이란 과연 무엇일까요? 자본주의 사회에서 돈을 많이 벌고 사회적인 명성을 얻으면 이것을 성공이라고 정의할 수 있을까요? 킨트라 홀(Kindra Hall)이 쓴 『히든 스토리』에서는 성공한 사람들이 내린 '성공에 대한 정의'를 엿볼 수 있습니다. 사회 각 분야에서 인정받는 사람들이 내린 성공에 대한 정의는 다음과 같습니다.

> **성공한 사람들의 '성공'에 대한 정의**
> - 스스로 한계에 도전하고, 그 과정에서 성공하든 실패하든 결과적으로 자기가 내린 결정을 감수하는 능력
> - 자신의 가치관을 반영하는 일을 할 수 있고, 다른 사람들이 꿈을 믿고 성취할 수 있도록 돕는 일
> - 자기가 하고 있는 일이 자기 자신보다 더 크다는 사실을 아는 것

성공한 사람들은 성공을, 실패하지 않고 원하는 것을 얻는 것으로 정의하고 있지 않았습니다. 그들에게 성공은 물질적 부를 축척하고, 사람들로부터 존경을 받는 것이 아니었습니다. 그들이 말하는 성공은 스

스로의 한계에 도전하고, 그 과정에 따른 결과를 감수하는 것입니다. 그들은 이 과정에서 실패를 두려워하지 않았고, 실패로 인해 좌절하지 않았기 때문에 지금의 성취를 할 수 있었다고도 말할 수 있습니다.

대한민국에서 태어나 학창 시절을 보내면 우리는 실패를 자연히 두려워하게 됩니다. 입시를 향한 경쟁에서 같은 시간에 더 효율을 높여야 하고, 남들보다 하나라도 문제를 더 맞춰야 된다는 생각을 하기 때문입니다. 하지만 정작 성공한 사람들은 실패를 줄이고 남들보다 앞서가는 것을 성공으로 인식하고 있지 않습니다.

20세에 원하는 대학에 들어간다고 해서 성공하는 것이 아니며, 그렇지 못하다고 해서 실패도 아닙니다. 인생을 길게 보면 우리에게 필요한 것은 실패를 두려워하지 않고 계속해서 도전하는 마인드입니다. 이는 공부를 본격적으로 시작하면서 꼭 갖춰야 하는 마인드이자, 우리의 인생에서 가장 귀중한 마음가짐입니다.

ACTION

- 모든 성공에는 실패가 뒤따릅니다.
- 실패를 이겨내고 계속 도전하는 정신이 필요합니다.

공부 잘하는 법 5
환경 바꾸기

의지는 환경을 이길 수 없습니다

우리의 행동의 47%는 습관처럼 일어난다고 합니다. 하루에 하는 절반 정도의 행동이 무의식중에 자동적으로 이루어지는 겁니다. 그런데 우리가 하루의 절반 이상을 멍하게 보내는 것은 아닙니다. 분명히 생각을 하고 있고, 그에 따라 부지런히 움직이고 있습니다. 우리의 행동이 자동으로 일어난다는 것이 아무 생각 없이 행동이 일어난다는 의미는 아닙니다. 우리의 행동은 환경에서부터 어떤 신호를 받아서 시작됩니다.

습관에 대한 연구들에서 공통적으로 이야기하는 것은 '우리의 행동은 신호로부터 시작된다'는 점입니다. 그리고 그 신호는 환경에서

부터 올 때가 많습니다. 반대로 환경을 바꾸어서 신호 자체를 제거하면 해당 행동은 일어나지 않습니다.

밤에 공부를 할 때 자꾸 스마트폰을 만지작거리다가 공부를 제대로 못하는 습관이 있다고 생각해보죠. 이 습관을 없애고 싶을 겁니다. 방에 혼자 있을 때 신호를 보내는 것은 스마트폰입니다. 공부를 시작하기 전에 스트레스를 받은 마음도 스마트폰을 하도록 부추기고 있을 겁니다. 공부를 하다가 힘들어지면 우리는 어느덧 스마트폰을 하게 됩니다.

공부를 하고자 결심했으면 방을 둘러보고 공부에 도움이 되지 않는 요소들을 제거해야 합니다. 가장 좋은 것은 거실에서 공부를 하는 겁니다. 방에 혼자 있는 것 자체가 공부에 좋은 환경이 아닙니다. 특히 공부 습관이 잡히지 않은 초기에는 더욱 그렇습니다.

제 사례를 들어보죠. 저는 이 책을 거실에서 거의 대부분 집필했습니다. 제 방이 멀쩡하게 있지만 어느 순간 집필의 스트레스로 인해서 제가 자꾸 딴짓을 하는 것을 알게 되었습니다. 글을 쓰지 않고 인터넷 서핑을 하거나 유튜브에서 영상들을 보고 있는 저를 발견했습니다. 책을 쓰고 일을 하기 위해서 방에 들어갔는데 정작 스트레스로 인해서 제대로 일을 못했던 것이죠. 여러분들이 공부를 할 때도 비슷하지 않나요? 그래서 저는 과감하게 거실에 작은 책상을 마련해서 가족들이 모두 있는 거실에서 책을 썼습니다.

아이들이 거실에 돌아다녀서 약간의 방해를 받았지만, 그래도 모두가 지켜보고 있기 때문에 방 안에 혼자 있을 때보다 훨씬 더 집중

거실 구석에 마련한 책상

해서 글을 쓸 수 있었습니다. 지금 이 순간에도 제가 책을 쓰는 옆에서 아이들이 뛰어놀고 있습니다. 방 안에서 혼자 조용히 공부를 하면 공부가 잘 될 것 같지만 그런 생각이나 의지는 결코 환경을 이기지 못합니다.

생각해보세요. 지금 다이어트를 하고 있어서 하루 종일 제대로 먹지 못했습니다. 그런데 집에 왔더니 아빠가 김이 모락모락 나는 치킨을 사 오셨습니다. 피자도 함께 말이죠. 이 상황에서 다이어트를 한다고 이걸 안 먹을 수 있을까요? 한 번은 안 먹을 수 있을 겁니다. 하지만 이런 상황이 일주일 내내 반복되면 나는 그걸 참을 수 있을까요? 참지 못하거나 참는다고 해도 너무나도 고통스러울 겁니다. 환경이 다이어트에 적합하지 않은 겁니다.

공부할 때도 마찬가지입니다. 공부에 방해가 되는 요소들이 가득한 방에서 공부를 하겠다고 하는 것은 배고픈 상태에서 옆에 치킨을 두는 것과 똑같습니다. 한두 번은 유혹을 참겠지만 결국은 유혹에 무너지게 될 겁니다.

그리고 또 하나. 참는 과정에서 너무 많은 에너지를 쓰게 될 겁니다. 공부를 하는 데 에너지를 써야 하는데, 참는 데 에너지를 다 써버리면 정작 공부할 힘이 없습니다.

그래서 공부를 결심했다면 환경부터 조성해야 하는 겁니다. 스마트폰을 끄거나 다른 방에 두어야 하고, 제일 좋은 방법은 모두가 볼 수 있는 거실에 나와서 공부를 하는 겁니다.

스타벅스에서 공부가 잘 되는 이유

'카공족'이라는 말을 들어보셨나요? 카페에서 음료를 주문하고 공부를 하는 사람들을 뜻합니다. 사실 카페는 음악도 꽤 시끄럽고 옆에 이야기를 나누는 사람들이 많기 때문에 조용한 곳은 아닙니다. 그런데도 카페에서는 공부가 꽤 잘 되기 때문에 많은 사람들이 카페를 찾습니다. 왜 카페에서는 공부가 잘 될까요? 그 이유는 환경적으로 공부에 방해되는 요소가 적기 때문입니다.

집에서는 공부에 도움이 되는 것들도 있지만 방해 요소들도 많습니다. 마음만 먹으면 침대에 누울 수도 있고, 괜히 출출해서 냉장고 문을 열러 갈 수도 있습니다. 괜히 화장실에 가서 손을 씻고 싶기도 합니다. 은근히 공부를 하기 어려운 곳이 집입니다. 방에서 공부를 한다면 더욱 유혹에 빠지기 쉽습니다.

하지만 카페 테이블에는 아무것도 없습니다. 내가 책을 편다면 공부를 하기 위한 자극만 존재하는 겁니다. 스마트폰이나 인터넷 사용 정도만 통제를 하면 꽤 공부에 집중할 수 있습니다. 이것이 사람들이 공부를 위해서 카페를 찾는 이유입니다.

저는 공부를 해야 할 때 대형 마트의 푸드코트를 찾습니다. 이 책의 마무리는 푸드코트에서 주로 썼습니다. 대형 마트를 둘러보면 다른 분들께 피해를 주지 않고 조용히 앉을 수 있는 테이블이 하나둘쯤 있습니다. 그곳에서 공부를 하는 이유는 스스로 공부를 할 수밖에 없도록 제약을 두기 위해서입니다.

카페에서는 영화를 보는 사람도 있고, 게임을 하는 사람도 있습니다. 저도 카페에서 일을 한다면 그런 여유를 즐기게 될 것입니다. 그런데 사람들이 수시로 오가는 마트 한가운데서 여러분은 노트북을 펴고 게임을 할 수 있나요? 오며가며 사람들이 쳐다보고 있는 와중에 딴짓을 하지 못합니다. 제가 열심히 몰두해서 일을 하면 그제서야 사람들은 저 사람이 굉장히 바쁜 일을 처리하고 있다고 생각할 겁니다. 그렇게 저는 마감 시간까지 일을 하고 장을 봐서 집에 돌아가는 식으로 이 책의 마지막 검토 작업을 했습니다.

뭘 이렇게까지 해야 하나 싶겠지만, 반대로 생각하면 제가 지극히 평범한 의지와 집중력을 가졌기 때문에 환경을 바꿀 수밖에 없는 겁니다. 책상에 앉으면 딴짓을 하고, 부모님이 안 계시면 SNS나 게임을 하고 싶다면 나의 의지를 믿지 말고 과감하게 환경을 바꾸어야 합니다. 공부밖에 할 것이 없어야 공부를 합니다.

공부가 잘 되는 환경

사람에 따라서 공부가 잘 되는 장소가 다릅니다. 집에서 공부를 곧잘 하는 학생들이 있는가 하면, 집에서는 죽어도 공부가 안 된다는 학생도 있습니다. 여러 장소를 옮겨서 공부를 해보면서 자신이 가장 오래 집중할 수 있는 곳을 찾으세요.

타인의 시선이 없을 때 유독 집중을 못하는 경우가 있습니다. 저도 그런 편입니다. 자기 방에서 공부를 하는 것이 당연해 보이지만, 우리의 삶은 기본적으로 피곤하기 때문에 방에 혼자 있으면 쉬고 싶고 눕고 싶은 심리가 발동할 수 있습니다.

그래서 저는 아예 밖에서 일을 하고 집에 가서는 아이들과 시간을 보내거나, 꼭 일을 해야 할 때는 거실로 나가서 하는 것을 선호합니다. 옆에서 지켜보는 시선이 있으면 딴짓을 하지 않게 되기 때문입니다.

예전에는 야간자율학습이라고 해서, 이름에는 '자율'이 들어 있음에도 불구하고 타율적으로 학교에 남아서 공부를 하던 시스템이 있었습니다. 기성세대들은 모두 아실 겁니다. 숨죽여서 학교에 남아서 공부를 했고, 소위 '땡땡이'라고 해서 자율학습을 하지 않고 도망가서 놀다가 걸리면 다음 날 선생님께 매를 맞기도 했습니다. 자율학습 감독을 하는 선생님들은 수시로 복도를 순찰하면서 자거나 공부를 하지 않는 학생을 불러내어 혼내셨습니다. 그런 긴장감 속에서 학생들은 '타율적'으로 공부를 했습니다.

요즘은 학생들의 권리를 존중해 자율학습의 참여 여부는 학생들의 선택에 맡기고 있습니다. 제가 관찰한 바로는 공부를 이미 잘하는 학생들은 자율학습에 참여하고, 오랜 시간 자신과의 약속을 지키면서 공부를 합니다. 공부를 어려워하는 학생들은 자율학습에 잘 참여하지 않을뿐더러 오랜 시간 앉아 있지를 못합니다. 집중력의 부익부 빈익빈 현상이 심화된 상황이라고 느낍니다.

본격적으로 공부를 하기로 마음을 먹었다면 치열하게 고민하고 노력해야 합니다. 공부에 적합한 환경을 만들고, 공부를 잘할 수 있는 환경을 찾는 것은 어쩌면 공부를 시작하면서 할 수 있는 가장 쉬운 작업일 수 있습니다.

ACTION

- **공부에 적합한 환경을 만드세요.**
- **타인의 시선이 공부를 지속하는 데 도움이 됩니다.**

작은 성공 만들기

학습된 무기력

공부를 못하는 아이들은 대체로 공부에 대한 자신감이 없습니다. 공부법을 다루고 있는 책에서는 '공부는 자신감 있게 시작해야 한다'고 하는데, 자신감이 없으니 공부를 시작하는 것 자체가 너무나 어려운 겁니다.

인지 심리학에는 '학습된 무기력'이라는 개념이 있습니다. 피할 수 없는 힘든 상황을 반복적으로 겪으면, 그 상황을 피할 수 있는 상황이 와도 극복하려는 시도조차 없이 자포자기하는 현상입니다.

1967년 미국의 심리학자 마틴 셀리그먼(Martin Seligman)과 스티브 마이어(Steve Maier)는 24마리의 개를 세 집단으로 나누어서 전기 충격을 주었습니다. 1집단은 코로 조작기를 누르면 전기 충격을 스스로 멈출 수 있습니다. 2집단은 코로 조작기를 눌러도 전기 충격을 피할 수 없습니다. 3집단은 전기 충격을 주지 않는 상자에 집어넣었습니다.

24시간이 흐른 뒤 세 집단을 모두 다른 상자에 넣고 전기 충격을 주었을 때 이들은 어떤 반응을 보였을까요? 이 상자들은 담을 넘어 도망가면 전기 충격을 피할 수 있도록 설계가 되었는데요, 딱 한 집단만 탈출하지 못했습니다. 바로 2집단이었습니다. 어떻게 해도 전기 충격을 받아야만 했던 2집단은 환경이 바뀌었음에도 무기력하게 반응하면서 구석에 웅크리고 전기 충격을 그대로 받았습니다.

무기력은 이렇게 학습이 된다는 겁니다. 한두 번 도전해서 결과가 안 좋으면 우리는 다음 도전을 망설이게 됩니다. 그리고 이 무기력은 세상에 대해서 부정적인 관점을 만들어낸다는 미국의 인지치료자 에런 벡(Aron Temkin Beck)의 연구 결과도 있습니다. 무기력이 계속되면 치명적인 결과로 이어지는 겁니다.

실패가 쌓이면 아이들은 무기력함을 느낍니다. 도전을 망설이게 되고, 세상에 대해서는 염세적이고 부정적인 관점을 갖게 되고, 우울감을 느낍니다. 성적을 잣대로 평가받는 대한민국의 학교에서는 이런 무기력함이 더욱 빨리 형성됩니다. 그래서 성적이 안 좋은 아이들이 더 열심히 공부를 해야 하고, 성적이 좋은 아이들은 쉬엄쉬엄 해도 되는데, 현실은 정반대로 흘러갑니다.

성적이 좋은 아이들은 더욱 열심히 공부합니다. 반면에 성적이 안 좋은 아이들은 자신을 지배하는 무기력함과 먼저 싸워야 합니다. 시작도 하기 전에 안 될 것 같다는 심리에 휩싸여서 제대로 된 노력을 시작하거나 지속하지 못합니다.

학습된 낙관주의

다행인 것은 미래를 긍정적이고 낙관적으로 바라보는 것도 학습이 된다는 점입니다. 이 역시 셀리그먼이 연구한 개념입니다. 그는 무기력을 극복하고 낙관주의를 탑재할 수 있는 4가지 방법을 제시했습니다. 지금 자신이 상자 속에서 웅크리고 전기 충격을 그대로 받고 있는 상황처럼 느껴진다면 아래의 방법에 주목하세요.

무기력을 극복하는 4가지 방법

방법 1 : 작은 성공 경험

방법 2 : 강점 주목

방법 3 : 의미와 가치 부여

방법 4 : 성장형 사고방식

2, 3, 4번 방법은 마음가짐이나 태도에 대한 이야기입니다. 자신의 강점에 주목하세요. 사람은 누구나 강점과 약점이 있습니다. 완벽한 사람은 없습니다.

지금 여러분은 어떤 한 측면에서만 드러나는 여러분의 약점에 주목하고 있을 수 있습니다. '나는 집중력이 약하다, 나는 시간 관리를 못한다, 나는 약속에 늘 늦는다, 나는 잠이 많다, 나는 늘 불안하다' 등 이런 것은 누구나 가질 수 있는 약점 중 하나입니다. 저도 여기에 해당하는 약점이 많이 있습니다. 중요한 점은 이건 내가 가지고 있는 수많은 면 중에 하나에 불과하다는 점입니다.

분명 여러분의 강점이 있습니다. 여러분의 강점을 바탕으로 공부든 도전이든 앞으로의 인생을 살아가면 되는 겁니다. 모든 사람들이 유머 감각이 있으면서 사교성도 좋고, 인성적으로 올바르면서 자기 일에도 완벽한 것이 아닙니다. 그런 사람은 세상에 없습니다. 단, 성공한 사람들은 자신의 강점을 확실하게 파악하고 그것을 바탕으로 자신감 있게 인생을 살았기에 성공한 겁니다.

스티브 잡스는 그의 훌륭한 업적에 비해서 인성적으로 부족했다는 주변 동료들의 평가를 받았습니다. 만약 그가 매일 밤 자신의 부족한 인성적인 면 때문에 고민하면서 아무 일도 손에 잡지 못했다면 지금 여러분들 손에 들려 있는 스마트폰은 세상에 나오지 않았을 겁니다.

여러분은 '성장할 수 있다'는 믿음을 바탕으로 여러분이 하는 일에 의미와 가치를 부여해야 합니다. 결과를 떠나서 시작하기 위해서는 무조건 여러분의 힘을 믿어야 합니다.

스탠퍼드 대학교 심리학과 교수인 캐롤 드웩(Carol Susan Dweck)은 고정형 사고방식과 성장형 사고방식에 대해서 이야기합니다. 고정형 사고방식을 가진 학생은 지능은 고정되어 있기에 잘 변하지 않는다고 믿습니다. 반면에 성장형 사고방식을 가진 학생은 타고난 능력은 각자 다르지만 누구나 그런 능력을 변화시키고 '성장'할 수 있다고 믿습니다.

사실 '지능이 고정적이냐, 아니면 변하는 것이냐' 하는 것은 과학자들이 연구할 대상입니다. 우리는 이것에 대해서 개인적인 믿음을 가질 뿐입니다. 하지만 이런 믿음이 달라지면 개인의 사고방식과 행동이 달라지고, 이는 결국 결과에서의 차이를 만들어냅니다.

'공부 머리는 타고난 것이다, 나는 그런 머리를 타고나지 않았다'라고 생각하면 바로 '그 생각' 때문에 나는 제대로 된 노력을 안 할 것이고, 그러니까 성적이 안 나오는 겁니다. 해도 안 될 것이라고 생각하면서 노력하는 흉내만 내면 어떻게 변화가 일어나겠습니까.

'나의 지능이나 공부와 관련된 특성들은 변할 수 있다'고 믿어야 합니다. 그리고 '그것을 위해서 나는 의미 있는 공부를 하고 있다'고 생각해야 합니다. 그때 진정한 공부가 시작됩니다. 그리고 이 마음가짐을 바탕으로 진짜 변화가 일어나려면 작은 성공이 필요합니다.

작은 성공의 놀라운 힘

'나는 잘할 수 있는 사람'이라는 확신을 갖기 위해서 우리는 작은 성공을 경험해야 합니다. 자기계발서로 유명한 『타이탄의 도구들』에서는 성공한 사람들의 비결을 다루고 있습니다. 성공한 이들은 아침에 3분 정도 잠자리를 정리하는 시간을 가졌습니다. 이는 일어나서 첫 번째 과업을 달성한다는 의미입니다. 성취감이 자존감으로 이어지면서 하루를 기분 좋게 시작할 수 있습니다. 성공한 이들은 자신이 통제할 수 있는 일을 찾아서 한다고 합니다. 하루를 작은 성공과 함께 시작하려는 시도입니다.

겨우 잠자리를 정리하는 것이 성공으로 이어질 수 있을까요? 이 사실에 의심을 품고 작은 실천조차 하지 않는다면 그런 태도 때문에 지금의 상태를 벗어나지 못하는 겁니다.

실제로 저는 아침에 찬물로 샤워를 하는 '아주 간단한 일'에 도전해보았습니다. 찬물로 샤워를 하는 것은 약간의 용기가 필요합니다. 추운 겨울에는 더욱 그러합니다. 놀랍게도 찬물로 샤워하는 도전에 성공하는 것만으로 아침에 뭔가 뿌듯한 마음이 생깁니다.

저는 지금도 해야 할 일이 잔뜩 있는 아침에는 정신도 깨울 겸 꼭 찬물로 샤워를 합니다. 진짜 별것 아닌 일이지만 이 작은 성취감이 우리 일상에 퍼져서 하루의 컨디션에 영향을 미칩니다.

작은 성공에 안주하라는 말이 아닙니다. 무기력함을 합리화하는 부정적인 생각을 떨치라는 겁니다. '사교육을 충분히 받지 못했으니까, 우리 부모님은 명문대 출신이 아니니까, 나는 초등학교 때부터 성적이 낮았으니까, 지난번에 열심히 했는데 성적이 오히려 더 떨어졌으니까'와 같은 생각들은 여러분들의 노력을 막는 이유가 될 수 없습니다. 심하게 말하면 더 노력하고 싶지 않은 결정에 대한 자기 합리화라고 볼 수 있습니다.

변하기로 결정했다면, 내가 달성할 수 있는 목표를 설정하고 이것을 하나하나 지켜보세요. 일상의 작은 변화도 좋습니다. '평소보다 30

분만 일찍 일어나는 것을 일주일 성공하는 것. SNS는 하루 한 번만 보는 것을 일주일 성공하는 것' 등 일상에서 여러분들이 바람직하다고 생각하는 것들로 목표를 만들어서 작은 성공을 경험하세요.

부담스럽게 큰 목표를 잡지 말고, 되도록 지킬 수 있는 약속으로 목표를 설정하세요. 학생인 여러분들의 삶을 변화시킬 수 있는 작은 성공들의 예시는 다음과 같습니다.

학생이 실천할 수 있는 작은 성공들

- SNS를 지운다.
- 30분 일찍 일어난다.
- 군것질을 줄이고 건강한 음식을 먹는다.
- 하루 10분이라도 산책을 한다.
- 하루 10분이라도 독서를 한다.
- 부모님께 사랑한다고 말한다.
- 부모님과 스킨십을 한다.
- 자기 전 감사한 일 1개를 정해서 감사 일기를 작성한다.
- 최소 6시간은 수면한다.

그리고 이 성공들에 의미를 부여해서 나에게 작은 상을 주세요. 일주일간 군것질을 하지 않았다면 주말에는 나에게 작은 보상을 해주세요. 내가 무엇에 기뻐하고 만족하는지는 자신이 제일 잘 알기 때문에 여러분들만의 보상을 설정해서 약속을 지켜 작은 성공을 이어나

간 나에게 상을 주세요. 이 보상들은 다음번 도전을 성공할 수 있는 든든한 기초를 제공합니다.

작은 행동의 놀라운 힘

작은 성공을 하고 싶지만 막상 이런 일상의 변화에 거부감을 느낄 수 있습니다. 하루에 30분 일찍 일어나는 것은 나에게 작은 변화가 아닐 수 있습니다. 아침에 5분만 더 자도 살 것 같은데, 무려 30분이나 일찍 일어나는 것은 나에게 너무나 큰 부담일 수 있습니다.

원래 인간의 두뇌는 변화를 싫어하기 때문에 이런 거부 반응은 지극히 정상적입니다. 『아주 작은 반복의 힘』의 저자 로버트 마우어 (Robert Maurer)는 그의 책에서 우리 두뇌의 메커니즘을 다음과 같이 정리합니다.

두뇌의 메커니즘
- 큰 목표 → 두려움 직면 → 대뇌피질 기능 저하 → 실패
- 작은 목표 → 두려움 우회 → 대뇌피질 기능 정상 → 성공

대뇌피질은 동물과 구별되게 인류가 문명·예술·과학·음악을 가능하게 하는 부분으로, 변화하거나 창조적인 일을 하기 위해서 필요합니다. 우리가 큰 목표를 추구하면 두렵기 때문에 방어 기제가 발동하

면서 대뇌피질 기능이 저하되어 우리는 다시 예전의 상태로 돌아간 다고 합니다.

인류는 동물에 비해서 강한 존재가 아닙니다. 위협적인 상대로부 터 방어를 해야 했고, 그 방어는 중뇌의 편도체라고 불리는 조직이 담 당하고 있는데 변하고자 하는 시도 또한 우리에게는 위협으로 인식 이 되기 때문에 편도체가 작용해 그 변화를 막는 겁니다.

그러니 우리는 과감한 변화를 새해에 시도하고도 두뇌의 방해로 이를 꾸준히 실천하지 못하는 것입니다. 두뇌의 작용은 우리가 알 길 이 없으니 우리는 이것을 재능 부족, 의지 부족이라고 생각하면서 '나 는 안 된다'는 무기력함에 빠져 올해도 작년과 동일하게 살아가게 됩 니다.

아주 작은 행동을 통해서 우리는 변화를 시작할 수 있습니다. 운동 을 하기로 결심했다면 저녁 먹고 10분이라도 산책을 해보세요. 빨리 걷지 말고 슬슬 걸으세요. 이게 운동인가 싶을 정도로 운동이 아닌 듯 이 걸으세요. 그것이 바로 작은 행동입니다. 이렇게 두뇌의 저항을 막 으면서 행동의 변화를 시작하면 우리는 점점 원하는 모습으로 변하 게 됩니다.

이것조차 부담스럽고 힘들다면 더 작은 행동을 하세요. 10분이 아 니라 5분만 걸어도 되고, 평소보다 아주 조금만 더 움직여도 좋습니 다. 그렇게 작은 변화를 시작하는 겁니다.

공부를 하기로 마음을 먹었다면 일단 작은 변화를 시작해보세요. '10분만 책상에 앉아보자. 인터넷 강의를 30분만 들어보자' 등 공부에 도움이 될 만한 작은 습관들을 스스로 조금씩 만들어보세요. 불안해 하면서 아무것도 안 할 때보다 훨씬 더 큰 변화의 시작이 될 수 있습 니다.

세상의 거대한 변화는 모두 아주 작은 움직임들로부터 시작되었습 니다. 사소하다고 생각하지 말고, 작은 변화를 스스로 지속적으로 실 천해보세요.

ACTION

- 큰 변화는 작은 행동에서 시작됩니다.
- 작은 변화를 통해서 작은 성공을 이루세요.
- 작은 성공에 대해서 보상을 주세요.

공부 잘하는 법 7
습관처럼 공부하기

늦는 학생이 매일 늦습니다

학교에서 아이들을 지켜보면, 지각을 하는 아이들이 늘 지각을 합니다. 매번 말하는 지각의 원인은 다양합니다. 하지만 이 아이는 습관처럼 지각을 하고 있는 겁니다.

아침에 비슷한 시간에 일어나서 비슷하게 행동을 하면 지각을 할 수밖에 없습니다. 지각을 하지 않으려면 일어나는 시간을 앞당기거나 일어나서 하는 행동을 바꾸어야 하는데, 이 과정은 쉽지 않습니다. 인간의 두뇌는 변화를 싫어하기 때문입니다. 두뇌의 편도체는 변화를 위협으로 인식한다고 하죠. 우리는 변화를 거부하고 원래 상태로 돌아가려는 초기 상태를 갖고 있습니다.

습관은 이런 점에서 무섭습니다. 좋은 습관을 가진 사람은 인생에 도움이 되는 행동을 지속해 계속 긍정적인 방향으로 나아가고, 안 좋은 습관을 가진 사람은 계속해서 부정적인 방향으로 갑니다. 하루만 떼놓고 보면 누군가는 지각을 하고 누군가는 30분 공부를 하는 정도의 차이이지만, 이것이 누적되면 두 학생의 차이는 엄청나게 커집니다.

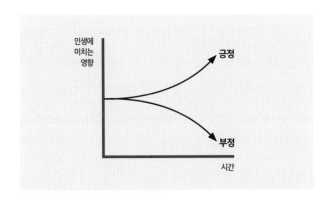

하루의 습관이 누적되어 결과를 좌우하기 때문에 공부를 잘하고 싶다면 나의 하루의 크고 작은 습관들을 점검해야 합니다.

루틴은 선택이 아닌 필수입니다

상위권 학생들은 공부의 양이 많습니다. '상위권들이 공부를 잘하는 이유는 공부를 많이 하기 때문'이라는 생각에 확신을 줄 정도로 상위권은 공부를 집중해서 오래 합니다.

저는 컨디션 점검 차원에서 학생들에게 "공부가 너무 힘들지 않냐"고 주기적으로 물어봅니다. 그러면 상위권 학생들에게서 돌아오는 대답은 "피곤하긴 하지만 할 만합니다"입니다. 신체적으로 피곤한 것은 어쩔 수 없지만 상위권 학생들에게 공부는 지독하게 힘들고 고통스러운 활동이 아닙니다. 그들은 정해진 루틴으로 공부를 하고 있기 때문입니다.

공부를 본격적으로 하겠다고 마음을 먹고 하루 이틀 열정을 불태우다가 곧 원래의 모습으로 돌아가서 공부를 포기한 경험이 있나요? 다이어트를 결심하고 일주일 정도 적게 먹고 관리를 하다가 어느새 정신을 차려 보면 원래대로 살고 있는 것을 발견한 때가 있나요? 우리는 루틴으로 결국 돌아가게 되어 있습니다.

공부를 잘하겠다는 것은 나의 하루의 행동이 바뀌어야 한다는 의미입니다. 나의 행동들은 절반 정도가 습관적으로 일어납니다. 결국 루틴을 바꾸어야 공부를 잘할 수 있는 것입니다. 단순한 결심이나 다짐 정도로는 루틴을 바꿀 수 없습니다.

'작심삼일'이라는 말이 괜히 있는 것이 아닙니다. 다짐하는 대로 행동이 쉽게 변한다면 세상 모든 사람들이 자신이 원하는 바를 성취하면서 살 겁니다.

공부를 잘하고 싶다면, 그래서 루틴을 바꾸어야 한다면 이론적이고 과학적인 접근이 필요합니다. 그런 의미에서 우리가 미처 몰랐던 습관의 과학에 대해 살펴보도록 하죠.

새로운 습관의 형성

'새로운 습관이 형성되는 데에는 얼마의 시간이 필요할까?' 이에 대해서는 다양한 연구들이 있습니다. 저명한 자기계발서 저자인 맥스웰 몰츠(Maxwell Maltz)는 21일을 주장했습니다. 1960년에 출간한 『성공의 법칙』이라는 책에서 그는 성형 수술을 마친 환자가 자신의 새로운 얼굴에 적응하는 데 걸리는 시간이 21일이라고 말하며, 새로운 습관 형성의 기간을 21일로 제시했습니다.

그 뒤로 21일이라는 기간이 습관과 관련된 콘텐츠에 다수 활용되었는데, 솔직히 21일은 새로운 습관으로 변화를 정착시키기에는 짧은 시간이라는 생각이 듭니다. 다만 작심삼일에 그칠 수도 있는 우리의 의지는 너무나 약하기에 최소한 21일 이상은 지속해야 한다고 받아들이면 좋을 것 같습니다.

연구원 필리파 랠리(Phillippa Lally)는 런던대학교 학생들을 대상으로 연구를 진행해 각자 만들고 싶은 습관을 자연스럽게 할 수 있을 때까지 걸리는 시간을 조사했습니다. 매일 운동하기로 결심을 했다면 학생들은 매일 이 동작을 수행하면서 얼마나 편하게 이 동작을 자연스럽게 했는지를 기록했습니다. 자동으로 했는지, 생각 없이 했는지, 의식적으로 했는지를 기록한 것입니다.

사실 이 연구에서 목표에 따라서, 이 목표를 습관처럼 실천하는 데 걸린 시간이 다르게 측정되었습니다. 이들 일수의 평균이 66일 정도였습니다. 이 연구를 통해서, 목표하는 행동에 따라 어느 정도의 차이는 있을 수 있지만, 우리가 새로운 습관을 만드는 데에는 66일, 약 두 달의 시간이 필요하다는 것을 알 수 있습니다.

다만 이 연구의 맹점은 실제 연구에서 중도에 목표 달성 자체를 포기한 학생들도 다수였다는 것입니다. 우리의 약한 의지를 생각해보면 이는 당연합니다. 두 달 정도 되는 기간 동안 습관을 만들기 위해서 노력할 만큼 그들의 의지는 강하지 않았던 것입니다.

새로운 습관을 만들고 이를 루틴처럼 실천하기 위해서는 두 달 정도의 시간이 필요합니다. 하지만 우리는 두 달이 너무나도 긴 시간임을 잘 알고 있습니다. 이 정도의 기간을 버틸 수 있는 의지가 있었다면 우리는 습관에 대해서 애당초 고민 자체를 안 할 겁니다.

운동을 두 달 동안 하면 살도 빠지고 건강해질 겁니다. 어떤 과목을 공부하더라도 두 달 정도를 공부하면 성적이 오를 겁니다. 그 두 달을 어떻게 지속할 것인지에 대한 전략이 필요합니다. 이 부분에서는 단계적이고 세밀한 접근이 필요합니다.

새로운 습관 만들기

『아주 작은 습관의 힘』의 저자 제임스 클리어는 '습관 고리'라는 개념을 소개합니다. 우리가 습관적으로 행동을 하는 것은 다음과 같은 4단계 과정을 통해 이루어진다는 겁니다. 습관에 대한 다른 연구들에서도 우리의 행동이 일어나는 것은 비슷한 과정을 거친다고 파악하고 있습니다.

> 신호 – 뇌가 행동을 하도록 하는 자극
>
> 열망 – 습관 뒤에 있는 동기적 힘
>
> 반응 – 우리가 수행하는 실제 습관
>
> 보상 – 습관을 통한 욕구의 충족

예를 들어 우리가 저녁 늦게 야식을 먹게 되는 과정을 분석하면 다음과 같습니다.

> 신호 – 야간에 퇴근하면서 엘리베이터에서 치킨 냄새를 맡는다
>
> 열망 – 치킨을 오랜만에 먹고 싶은 마음이 생긴다
>
> 반응 – 배달앱으로 치킨을 주문해서 먹는다
>
> 보상 – 배가 부르고 기분이 좋아진다

이런 과정이 계속 반복되면 이것은 우리의 일시적 행동이 아닌 습관이 됩니다. 나에게 만족스러운 결과를 가져다준 이 행동은 나에게 강화가 되는 겁니다.

그래서 다음에는 퇴근하면서 엘리베이터에서 치킨 냄새를 맡는 순간 정신을 차려 보면 집에 치킨이 배달되어 있을 겁니다. 야식은 어느새 나의 습관이 된 것이죠.

공부를 할 때 집중을 하지 못하고 스마트폰을 만지작거리는 학생

들이 다수 있습니다. 스마트폰을 쉴 새 없이 만지작거리는 행위도 다음과 같이 습관모형으로 설명할 수 있습니다.

> **신호 - 공부를 할 때 스트레스를 받는다**
>
> **열망 - 공부 스트레스를 스마트폰으로 풀고자 한다**
>
> **반응 - 스마트폰을 사용하면서 시간을 보낸다**
>
> **보상 - 공부를 할 때의 스트레스로부터 탈출한다**

공부에 대한 스트레스가 다른 행동을 통해서 해소되면서 스트레스가 없어지고, 이 행위는 습관이 됩니다. 공부를 하기 전에 청소를 하는 행동도, 갑자기 샤워를 하는 것도, 냉장고를 향해서 걸어가는 것도 공부에 대한 스트레스가 만드는 행동들입니다.

인간이라면 누구나 두뇌를 이용해서 하루를 살아가기 때문에 비슷하게 행동합니다. 저도 이 행동에서 자유롭지 못합니다. 저는 공부를 하기 전에 청소를 자주 합니다. 힘든 일을 하기 전에 느끼는 스트레스가 저를 자꾸 청소하게 만드는 겁니다.

중요한 점은 이 행동이 일어나는 원리를 이해하는 것입니다. 그러면 자책을 하지 않게 되고 나를 객관적으로 바라볼 수 있게 됩니다. 그리고 이 행동을 개선할 수 있습니다.

공부를 잘한다는 것, 더 나은 인생을 사는 것은 결국 좋은 습관을 만들고, 나쁜 습관은 버리는 과정입니다. 『아주 작은 습관의 힘』에서는 습관이 형성되는 과정을 이용해서 좋은 습관을 만들고, 나쁜 습관을 없애는 방법을 다음과 같이 제시합니다.

◆ 좋은 습관을 만드는 방법 ◆

신호	분명하게 만들어라
열망	매력적으로 만들어라
반응	하기 쉽게 만들어라
보상	만족스럽게 만들어라

◆ 나쁜 습관을 없애는 방법 ◆

신호	보이지 않게 만들어라
열망	매력적이지 않게 만들어라
반응	하기 어렵게 만들어라
보상	불만족스럽게 만들어라

출처 : 『아주 작은 습관의 힘』

좋은 습관을 만들기 위해서는 여러분이 원하는 것을 더욱 매력적으로 만들고, 그 행동을 하기 수월하게 만들어야 합니다. 그리고 보상을 주면서 이 행동을 만족스럽게 인식해야 합니다. 앞서 언급한 작은 성공에서의 사례처럼 작은 행동 하나에도 의미를 부여하고, 그 행동을 수월하게 할 수 있는 환경을 만들고, 이에 대해서 보상을 주면 우리는 좋은 습관을 만들 수 있습니다. 공부에 더욱 도움이 되는 것은 나쁜 습관을 없애는 것입니다.

이 방법을 이용해서 스마트폰 보는 습관을 없애봅시다.

신호 – 스마트폰을 공부할 때 안 보이게 한다

열망 – 스마트폰을 한다는 행위를 매력적이지 않게 만든다

　　ex) 공부를 회피하는 수단으로 생각하고, 공부를 하기 싫어서 하는 행동
　　이라고 생각

반응 – 스마트폰을 끄거나 다른 방에 두면서 동작을 하기 어렵게 만든다

보상 – 스마트폰을 하는 행위를 부끄럽게 느낀다

스마트폰을 보는 습관에 대한 해결책으로 과감하게 스마트폰을 없애거나 구형 휴대폰으로 바꾸는 경우가 있습니다. 공부를 위한 스마트폰이라고 해 구형 휴대폰이 유행하기도 했었죠. 이는 '습관의 형성과 제거'라는 관점에서 굉장히 합리적입니다.

휴대폰을 없애버리면 휴대폰이 안 보이니 '신호'가 없습니다. 그리고 기능이 제한된 구형 휴대폰을 자주 만지고 싶은 '열망'이 생기지 않을 겁니다. 당연히 스마트폰을 작동할 수 없으니 '반응'할 수도 없습니다. 이에 대한 보상도 사라져서 습관의 고리가 끊깁니다. 공부하기 싫어서 스마트폰을 하게 되는 습관의 순환은 사라질 겁니다.

전국의 특목고와 자사고에서는 스마트폰을 수거합니다. 스마트폰을 수거해도 태블릿이나 노트북을 이용해서 하고 싶은 것을 다 하겠

지만, 그럼에도 스마트폰이 바로 손닿는 거리에 있을 때보다는 공부가 더 잘될 수밖에 없습니다. 책상에 올려져 있는 스마트폰은 우리에게 계속해서 신호를 보냅니다. '나를 켜, SNS의 피드를 확인해, 유튜브 영상을 봐, 넷플릭스에 새로 나온 드라마를 봐, 공부하지 말고 그냥 놀아' 등등의 신호를 보내는 겁니다.

어제와 똑같이 행동하면 오늘의 나는 발전이 없고, 앞으로도 그럴 것입니다. 변하고자 한다면 무조건 어제와는 다르게 행동해야 합니다. 그리고 습관의 본질을 파악하고 좋은 공부 습관을 내 것으로 만들어야 합니다. 나쁜 습관을 이겨내면서 공부를 하는 것은 너무나 비효율적입니다.

성공한 사람들은 남들보다 의지력이 남다르게 센 것이 아니라 이러한 비효율을 없앤 사람들입니다. 좋은 습관을 더 쉽게 실행하기 위해 노력하고, 나쁜 습관은 실행에 옮기기 어렵게 만들면서 자신이 원하는 행동을 많이 한 사람들이 마침내 목표를 달성합니다.

ACTION

- **습관으로 우리의 하루는 만들어집니다.**
- **공부에 도움이 되는 습관은 강화하거나 새로 만드세요.**
- **공부에 방해가 되는 습관은 제거하세요.**

정말 우리는 놀 때 행복할까요?

우리는 언제 행복을 느낀다고 생각하시나요? 지금 제 머릿속에 떠
오르는 것처럼 에메랄드빛의 바닷가에서 따뜻한 햇살을 받으면서 느
긋하게 앉아서 여유를 즐길 때, 마음속에 아무 걱정도 없을 때, 그리
고 곁들여서 맛있는 것을 먹을 때 아마도 절로 "행복하다"라는 말이
나올 겁니다.

그런데 긍정심리학의 대가인 미하이 칙센트미하이(Mihaly Csikszentmihalyi)
는 다른 견해를 펼칩니다. 인간이 어떤 과제를 수행할 때, 즉 어떤 일
을 할 때에도 살아 있음을 느낄 수 있다는 겁니다. 그것이 그가 말하
는 이른바 '몰입'의 느낌입니다.

미하이 칙센트미하이는 책 『몰입』에서 무언가에 푹 빠진 몰입의 순간이 가진 8가지 특징을 말합니다.

> **몰입의 순간이 가진 8가지 특징**
> - 온전한 집중
> - 목표에만 집중하기
> - 시간이 빨라지거나 느려지는 느낌
> - 경험 자체가 보상 같은 느낌
> - 수월한 느낌
> - 힘들지만 지나치게 어렵지는 않은 경험
> - 거의 저절로 행동이 이뤄지는 느낌
> - 하고 있는 일에 편안함을 느낌

그는 사람들이 편히 쉬고 있을 때뿐 아니라 일을 할 때에도 몰입을 통한 편안함을 느낀다고 주장합니다. 그는 일주일 동안 성인들이 호출기를 들고 다니면서 자신이 행복을 느낄 때마다 호출기를 누르게 했고, 이때마다 연구팀이 미리 나누어준 설문지를 작성하도록 했습니다. 이 연구 결과에 따르면 사람들은 어떤 일에 몰입을 하고 있을 때 행복감을 느꼈습니다. 사람들은 무언가 목표를 향해서 몰입되어 있을 때 마치 하늘을 날아가는 것 같은 느낌을 느꼈다고 합니다.

생각해보면 동의할 수 있는 부분입니다. 만약 우리가 무언가를 하지 않으면서 계속 쉬기만 한다면 어떨까요? 매일 바닷가에 나가서 오직 쉬기만 해야 한다면 금세 질려버리지 않을까요? 그 상태에서는 제대로 된 삶의 의미를 찾기 어려울 겁니다.

쉬면서 느끼는 행복보다 우리는 분명 힘든 과제를 해냈을 때, 무언가 노력을 기울여서 결국 성취했을 때 더 큰 기쁨과 만족감을 느낍니다. 공부나 일을 통해서도 행복해질 수 있다는 것을 우리는 분명 경험을 통해 알고 있습니다.

몰입은 연습입니다

20년 정도 학교에 있으면서 저는 공부를 잘하는 학생과 공부를 어려워하는 학생들의 차이를 계속해서 관찰했습니다. 성적에는 수많은 변인들이 결과에 영향을 미치기 때문에 일반화가 쉽지 않지만, 가장 자신 있게 말할 수 있는 것은 공부를 잘하는 학생이 가장 공부를 많이 하더라는 점입니다.

성적이 낮은 학생이 더 많이 공부해야 하고, 성적이 높은 학생은 공부를 조금만 해도 될 텐데, 어김없이 전교 1등의 공부량이 가장 많습니다. '전교 1등은 타고난 머리가 좋을 것이다, 좋은 학원을 다닐 것이다' 등 다양한 상상을 할 수 있지만 제가 눈으로 20여 년간 직접 확인한 사실은 전교 1등이 가장 공부를 많이 한다는 것입니다.

치열한 공부를 하는 특목고의 전교 1등은 아침부터 밤늦게까지 흐트러진 모습을 보이지 않습니다. 그런 아이들을 볼 때 항상 물어보고 신경 쓰는 것은 "공부가 너무 힘들지 않냐"는 것입니다. 놀랍게도 전교 1등 학생을 비롯한 상위권 학생들은 "공부가 할 만하다"고 이야기합니다. "체력적으로는 힘들지만 정신적으로는 괜찮다"고 말합니다. 공부가 힘들고 고통스러운 것이라면 제일 많은 시간을 공부에 투자하는 상위권이 제일 힘들어야 하는데, 현실은 그렇지 않은 겁니다.

기숙사 생활을 하는 전국의 고등학교에서는 아침 6시 30분에 일어나서 하루 일과를 시작하고, 밤 11시 전후까지 공부를 합니다. 학생들이 잠자리에 드는 시간은 보통 밤 12시 전후입니다. 그렇게 몇 시간을 자고 다시 다음 날 새벽에 일어나서 하루를 시작합니다.

하루 일과 중에 틈틈이 잘 수도 있고, 놀 수도 있지만 상위권 학생들은 쉼 없이 공부를 합니다. 많은 학생들이 여유 있는 일상을 보내는 시간에도 상위권 학생들은 공부를 합니다. 그들은 분명히 '몰입'해서 공부하고 있습니다.

공부나 일을 최고 수준으로 지속하는 사람들은 몰입해서 그 행동을 하고 있습니다. 그렇기 때문에 최고 수준의 능력을 갖추게 된 것입니다. 그러므로 여러분이 공부를 제대로 하고자 한다면 몰입에 관심을 가져야 합니다.

몰입해서 공부하는 방법

'몰입'은 미하이 칙센트미하이 박사가 창시한 개념입니다. 그는 자신의 책 『몰입의 즐거움』에서 몰입을 위한 조건을 제시합니다. 몰입의 핵심은 수행하는 과제의 '난이도'입니다.

이를 공부 이야기에 바로 적용해보겠습니다. 칙센트미하이 박사는 과제와 실력의 함수 관계에 따른 경험의 질을 다음과 같은 그래프로 제시합니다.

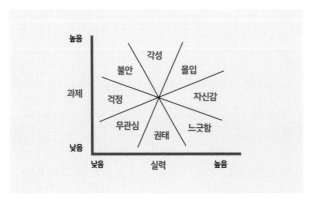

출처 : 『몰입의 즐거움』

공부가 어려운 학생들은 현재 실력이 낮습니다. 위 그래프의 가로 축에서 실력이 낮은 부분을 보세요. 이때 과제의 난이도가 낮으면 우리는 그 과제에 무관심합니다. 그리고 과제의 난이도가 높아지면 걱정과 불안이 찾아옵니다. 공부를 어려워하는 학생들에게 나타날 수 있는 반응입니다. 이때는 실력을 쌓는 것이 가장 좋은 해결책입니다. 가로축의 실력을 높이면 각성의 상태에 도달할 수 있습니다. 각성 상태에 놓이면 정신을 집중하고 있기 때문에 훨씬 더 발전할 수 있는 상태가 됩니다.

우리가 도달해야 하는 지점은 '몰입'입니다. 위의 그래프에서 몰입이 위치한 자리를 찾아보세요. 일단 실력을 갖추어야 몰입에 도전할 수 있습니다. 실력이 갖춰진 상태에서 나에게 도전적인 수준의 과제가 주어지면 우리는 몰입을 경험하게 됩니다. 실력에 비해서 너무 쉬운 과제를 수행하면 느긋함을 느끼거나 자신감에 차서 제대로 된 노력을 안 하고, 몰입을 경험하지 못합니다.

몰입을 경험하기 위해서는 실력이 어느 정도는 있어야 한다는 것을 알 수 있습니다. 그런데 실력이 없어 답답한데, 몰입을 위해서는 실력이 있어야 한다고 하니 더 어렵게 느껴질 수 있습니다. 그래서 습관을 이야기한 다음에 몰입에 대한 이야기를 하는 겁니다.

일단, 좋은 공부 습관을 만들어서 실력을 점점 높여야 합니다. 그리고 자신에게 도전할 만한 수준의 과제를 부여하면서 계속해서 공부해야 합니다. 그래프를 다시 참고하면, 실력이 높아지기 시작하면 과제를 통해서 자신감이 차오르고 계속 공부를 할 수 있는 힘이 생깁니다. 그리고 마침내 실력이 오르고, 내가 도전할 만한 적절한 과제에 도전할 때 우리는 비로소 몰입을 경험하게 됩니다.

전교 1등이 다른 학생들은 다 노는 상황에서도 공부에 푹 빠져 있는 모습을 본 적이 있을 겁니다. 잘 살펴보면 그들은 어려운 수학 문제를 가지고 씨름하고 있는 경우가 많습니다. 자기 실력으로 난제에 도전하고 있기 때문에 주변이 시끄러운 쉬는 시간에도 문제에 몰입할 수 있는 겁니다.

몰입이 무서운 이유는 모든 분야에서 실력에 따른 부익부 빈익빈 현상을 가속화시키기 때문입니다. 왼쪽의 그래프에서 실력이 낮은 학생들은 과제의 난이도와 상관없이 부정적인 감정만을 경험하게 됩니다. 무관심, 걱정, 불안 등을 경험하는 것이죠. 공부를 지속할 수 없는 조건입니다.

반면에 공부를 잘하는 학생들은 과제의 난이도만 높이면 몰입을 경험할 수 있습니다. 그들은 느긋함을 느끼면서 마냥 여유를 부리지는 않을 겁니다. 자신의 수준에 맞는 과제를 찾아서 계속해서 몰입을 하게 될 겁니다. 그렇게 두 그룹 간의 실력의 차이는 계속해서 벌어지게 되는 겁니다.

몰입이라는 최고의 경지

〈위플래쉬〉라는 영화가 있습니다. 2015년 개봉해서 국내에서 큰 인기를 얻었던 영화입니다. 이 영화는 뉴욕의 명문 음악학교에서 신입생 앤드류가 최고의 지휘자이자 폭군 그 자체인 플레처 교수를 만나 드러머로서 성장하는 과정을 담고 있습니다.

영화 속에서 평범한 실력으로 시작한 주인공 앤드류는 플레처 교수에게 욕은 기본이고 온갖 수모를 겪으면서 실력 있는 드러머로 성장하게 됩니다. 영화를 보면서 도대체 저렇게 악독한 교수로부터 왜 도망치지 않고 주인공이 드럼 연주를 계속하는지 궁금할 수 있습니다. 이는 몰입으로 설명할 수 있습니다.

교수의 혹독한 지도를 통해서 주인공은 드럼 연주 실력이 발전합니다. 실력이 발전한 만큼 교수는 더 어려운 과제를 주인공에게 부여합니다. 그리고 또다시 교수의 지독한 지도를 받으면서 주인공의 실력은 발전합니다. 그리고 이제 주인공은 마침내 교수가 없이도 몰입해 드럼을 연주합니다.

여러분이 공부에서 성취하고자 하는 목표가 높을수록 몰입의 경지를 꿈꾸어야 합니다. 자신감을 바탕으로 실패를 두려워하지 말고 공부에 도전해야 하고, 습관처럼 공부해야 합니다. 나쁜 습관을 없애고, 공부에 적합한 환경에서 매일매일 공부를 해야 합니다.

그렇게 실력이 쌓이기 시작하면, 좀 더 어려운 과제에 도전하면서 계속해서 실력을 높입니다. 그리고 여러분이 최고의 집중을 발휘하게 되는 몰입의 단계에 도달하게 되면 여러분은 누가 시키지 않아도 공부를 계속할 겁니다.

여러분의 성적이 전교 꼴찌에서 1등으로 바뀌게 된다면, 주변 사람들은 여러분들의 타고난 재능 때문이라고 생각할 겁니다. 원래부터 공부 머리가 좋았다고 할 겁니다. 하지만 여러분 스스로는 알고 있습니다. 이것은 여러분이 실패를 두려워하지 않았기 때문이고, 습관을 개선하기 위해 치열하게 노력한 결과입니다. 그리고 몰입의 경지에 다다랐기 때문에 이룰 수 있는 성취입니다.

물론 몰입으로 가는 길이 쉽지는 않습니다. 공부는 기본적으로 힘들기 때문입니다. 공부를 하면서 행복하다고 느끼는 사람은 그리 많지 않습니다. 공부는 시작이 어렵고, 지속하기도 어렵습니다. 그래도 공부를 하면서 몰입을 경험해봐야 합니다.

몰입은 우리 인생에서도 중요합니다. 우리는 평생 일을 해야 합니다. 이 일을 고통으로만 생각하면 우리의 인생에는 발전이 없을 것입니다. 실력을 쌓아서 일을 몰입해서 처리해야 합니다. 그러면 여러분들은 계속 발전할 것이고, 그러면 몰입은 더 쉬워집니다.

더 많은 것을 성취하고 싶다면 남들보다 더 많은 일을 해야 할 것입니다. 그 길이 고통으로 가득할 것이라고 겁먹지는 마세요. 공부를 하면서도, 일을 하면서도 여러분은 몰입을 통해서 살아 있음을 느낄 수 있습니다.

ACTION

- 몰입을 통해서 살아 있음을 느낄 수 있습니다.
- 여러분의 실력보다 약간 더 어려운 과제에 도전하세요.
- 실력이 높아질수록 진정한 몰입을 경험할 수 있습니다.

스마트폰과 게임을 이겨내기

스티브 잡스는 왜 그랬을까요?

결론부터 솔직하게 이야기하겠습니다. 저는 스마트폰을 쓰지 말자는 이야기를 할 겁니다. 그러면 여러분은 스마트폰의 긍정적 영향을 이야기하면서 제 이야기에 반박을 할 겁니다.

스마트폰과 관련한 이야기는 늘 이런 식입니다. 스마트폰을 쓴다는 것이 반드시 공부를 망친다는 의미는 절대로 아닙니다. 스마트폰을 슬기롭게 사용하면서도 공부를 잘할 수 있습니다. 단, 스스로 스마트폰을 절제해서 사용하지 못하면서 자기합리화를 위해서 스마트폰의 긍정적인 효과를 인용해서는 안 됩니다.

부모님들도 마찬가지입니다. 자신도 스마트폰을 마음껏 하고 편하게 지내려는 마음으로 자녀에게 스마트폰을 사주고는 '스마트폰이 미래 사회에 필요하다'는 등의 이야기를 끌어와서는 안 됩니다. 스마트폰이 문제가 아니라 스마트폰을 절제하지 못하는 것이 문제이고, 자녀에게 스마트폰을 사주는 것 자체가 문제가 아니라 사주는 의도가 무엇인지가 쟁점입니다.

그럼에도 저는 공부를 위해서는 스마트폰 사용을 금하거나 절제해야 한다고 생각합니다. 아이폰과 아이패드를 만든 스티브 잡스는 자신이 만든 스마트기기들을 자녀가 함부로 사용하지 못하도록 했습니다. 이유는 짐작이 되시죠? 스마트기기가 아이들의 성장에 방해가 된다고 생각했기 때문입니다.

잡스는 매일 저녁 주방에 있는 긴 식탁에 둘러앉아 자녀와 저녁 식사를 하면서 책과 역사를 토론하는 등 다양한 이야기를 나누었다고 합니다. 마이크로소프트의 CEO 빌 게이츠도 아이가 14세가 될 때까지 휴대전화 사용을 금지했다고 합니다.

실리콘밸리의 부모들은 대부분 IT분야 종사자들입니다. 이들 중 다수는 자녀가 IT기기를 사용하지 못하게 하는 것으로 유명합니다. 왜 그럴까요? 여기에 대한 답은 넷플릭스의 다큐멘터리 〈소셜 딜레마〉에서 확인할 수 있습니다. 이 다큐멘터리에서는 실리콘밸리의 전문가들이 자신들이 만든 앱이 어떤 식으로 10대들의 관심을 유도하면서 그들을 중독시키는지를 고발합니다.

SNS를 개발하는 기업들은 최고의 전문가들을 동원해서 사람들이 SNS를 사용할 수밖에 없도록 합니다. 이런 기술과 지식의 총체인

SNS를 한 명의 10대가 절제해 사용한다는 것은 어불성설입니다. 이를 잘 아는 실리콘밸리의 전문가들은 자신의 자녀들을 SNS로부터 보호하는 겁니다.

게임과 SNS를 하는 게 뭐가 문제일까요?

영국의 소설가 올더스 헉슬리(Aldous Huxley)의 1932년작 『멋진 신세계』에서는 '소마'라는, 국가가 허용한 일종의 마약이 등장합니다. 소마를 복용하면 사람들은 최상의 행복한 상태를 느낄 수 있습니다. 덕분에 이 사회에는 갈등이 없습니다. 사람들은 소마를 복용하면서 어떤 불행도 느끼지 않고 행복한 감정만 느낍니다.

사회의 갈등을 없애고, 개인에게는 행복감을 주는 마약은 왜 금지되어야 할까요? 평생 소마를 복용하면서 살다가 행복하게 죽는 것에 어떤 문제가 있나요?

이에 대한 해석은 다양하겠지만 저는 그 이유를 인간은 그저 이렇게 살다가 죽는 존재가 아니라고 생각하기 때문입니다. 소마를 복용하는 것도 개인의 선택, 그렇게 살다가 죽는 것도 개인이 선택했다고 착각할 수 있지만, 사실 그 선택은 자신의 것이 아닙니다. 사회와 국가가 만들어낸 시스템에서 자신도 모르게 강요된 선택을 하고 있는 겁니다.

손가락 몇 번만 까딱하면 접속할 수 있는 SNS 세상에서 평생을 산다고 해도, 타인에게는 전혀 피해를 주지 않습니다. 평생 게임을 하면서 방에서 나오지 않는다고 해도 그것이 우리 사회에 해악을 끼치는 것은 아닙니다. 부모님의 속은 타들어가겠지만요.

이것은 부도덕한 것도 아니고, 범죄도 아닙니다. 그럼에도 우리는 여기서 벗어날 필요가 있습니다. 왜냐하면 이것이 완전히 나의 의지로 선택한 것이 아니기 때문입니다. 스마트폰이 손에 쥐어졌고, 마크 저커버그라는 천재가 만든 페이스북부터 시작해서 원래 세상에는 없던 것들이 만들어져서 우리의 주의를 끌고 시간을 쏟게 만들고 있습니다. 이런 환경에서 태어난 아이들이 SNS나 게임에 빠진 것이 과연 그들의 순수한 의지를 바탕으로 한 선택이라고 할 수 있을까요? 이것은 시대와 환경에 의해서 강요된 선택입니다. 그리고 이 상태가 지속되는 것을 우리는 '중독'이라고 부릅니다.

스스로의 의지로 지속하는 일에 대해서 '중독'이라는 말을 붙이지는 않습니다. 공부 중독, 요리 중독, 청소 중독이라는 말은 세상에 없습니다. 쾌락을 느끼면 두뇌에서 도파민이 분비되면서 동일한 쾌락을 느끼기 위해 해당 행위를 더 많이 해야만 하는 상태에 빠집니다. 자신의 의지와 관계없이 그 행위를 계속하게 되는 문제적 상황을 '중독'이라고 부릅니다. 알코올 중독, 게임 중독, 도박 중독, SNS 중독이 여기에 해당합니다.

이 시대를 살아가면서 스마트폰 사용이나 SNS를 거부한다면 도저히 살기 어려울 겁니다. 하지만 아이들은 최대한 이러한 문물에 늦게 노출될 필요가 있습니다. 그리고 사용을 시작했다면 철저하게 절제할 수 있는 훈련을 해야 합니다.

스마트폰에서 벗어나기 – 부모 편

스마트폰 이야기를 할 때 부모님을 빼놓을 수 없습니다. 부모님이 스마트폰을 사주기 때문입니다. 부모님들이 어떤 이야기를 하셔도 저의 주관은 변하지 않습니다. 스마트폰은 늦게 사줄수록 학습에 유리하며, 사주는 순간부터 절제력을 기르는 연습을 시작해야 합니다.

부모가 스마트폰을 마음껏 사용하기 위해서 아이들도 스마트폰을 사주고, 양육을 편하게 하기 위해서 아이들에게 스마트폰을 쥐여주고 영상을 틀어주면서 스마트폰의 긍정적 효과를 끌어와서 합리화를 하는 것은 궤변입니다.

사실 스마트폰의 문제가 무엇인지 우리는 잘 알고 있습니다. 스마트폰을 안 사줄 때의 장단점, 스마트폰을 사줄 때의 장단점에 대해서 여기에 쓰는 것이 지면이 아까울 만큼 너무 잘 알고 있습니다. 그런데 왜 이 문제를 계속해서 고민하나요?

스마트폰을 사주고 편하게 키우고 싶은데 자꾸 문제가 생기니까, 사주면서도 자녀를 잘 키울 수 있는 방법은 없는지를 찾는 겁니다. 스마트폰이 자녀의 학습이나 발달에 부정적일 것이라 생각되면 아예 안 사주는 것이 무조건 정답입니다.

안 사주면 생길 때의 단점들이나 사줄 때의 단점들이나 열거하면 비슷합니다. 예를 들면, 스마트폰을 안 사주면 아이들의 톡방에 들어갈 수가 없어서 아이들과의 소통이 어렵고 왕따가 될 수 있다는 생각을 하실 수 있습니다. 일면 맞는 이야기입니다. 하지만 그 톡방을 이용해서 누군가에 대한 험담을 하고, 선을 넘는 이야기를 하는 순간 순식간에 학교폭력의 가해자가 될 수도 있습니다. 톡방에 없었다면 일어나지 않을 일들이 온라인상에서 일어나는 겁니다.

스마트폰과 관련해서는 원론적인 이야기를 할 수밖에 없습니다. 스마트폰의 부정적 효과가 걱정된다면 부모의 역할에 대한 모범 답안은 아래와 같이 명확합니다. 그리고 아이가 스마트폰에 중독되어 버렸다면 그때는 부모의 역량을 벗어난 사례이기 때문에 치료의 개념으로 접근해야 합니다.

자녀가 스마트폰에서 벗어날 수 있도록 하는 부모의 역할

- 최대한 스마트폰을 늦게 사준다
- 아이가 보는 앞에서 스마트폰을 사용하지 않는다
- 아이에게 운동이나 악기 등을 가르친다
- 캠핑처럼 스마트폰이 없이도 즐거운 경험을 한다

아이들과의 유대나 학급 담임 선생님과의 소통을 위해서 스마트폰 구입을 이른 나이에 고민하는 가정이 있을 겁니다. 합리적인 걱정이긴 하지만, 반대로 이를 염려해 스마트폰을 조기에 손에 쥐여주었을 때 겪을 부작용 또한 어마어마하다는 사실을 인지해야 합니다. 학교의 일정은 초등학교에서는 클래스팅을 이용해서 중고등학교에서는 리로스쿨과 같은 수단을 이용해서 컴퓨터로 모두 확인할 수 있습니다.

아이들이 갖은 이야기를 나누는 톡방은 유대의 장이기도 하지만, 만만치 않은 부작용도 있습니다. 자존감이 높은 아이는 아이들과 수시로 톡을 나누지 않는다고 해서 불편하지 않습니다. 아이들과 나누는 온라인 대화가 그들의 진짜 우정은 아닙니다.

스마트폰에서 벗어나기 – 자녀 편

현대 사회를 살아가면서 스마트폰을 사용하지 않을 수는 없지만, 스마트폰에 중독되어 노예로 살아가서는 안 됩니다. 자신이 스마트폰에 빠져 있다면 그 행동 뒤에 있는 나의 욕구를 파악해야 합니다.

심리학자 리처드 라이언(Richard Ryan) 박사와 에드워드 데시(Edward Deci) 박사는 자기결정 이론(Self-determination theory)을 통해서 인간 행동의 동기를 설명합니다. 이 이론에서는 인간은 유능성, 관계성, 자율성을 바탕으로 내적 동기가 생겨서 행동을 스스로 한다고 말합니다.

스마트폰과 내적 동기의 관계
- 유능성(내가 능숙하게 잘하는 일을 더 하고 싶다)
  - 스마트폰을 남들보다 유능하게 다루면서 자신감이 생긴다
- 관계성(다른 사람이 인정해줄 때 더 하고 싶다)
  - 스마트폰을 사용하는 사람끼리 동질감을 느낀다
- 자율성(내가 하고 싶은 일을 할 때 더 하고 싶다)
  - 스마트폰을 자유 의지에 따라서 마음대로 사용한다

유능성, 관계성, 자율성은 모두 스마트폰을 하면서 충족시킬 수 있는 요소들입니다.

유능성, 관계성, 자율성이 충족되면 이 행동은 스스로의 의지로 계속하게 됩니다. 스마트폰은 이 요소들을 모두 충족시키기 때문에 우리는 누가 시키지 않아도 손에서 스마트폰을 놓지 못하는 겁니다.

공부는 위의 3가지 요소가 모두 충족되지 못하는 행동입니다. 내가 잘하지도 못하고(유능성), 공부를 통해서 친구를 맺는 것도 아닙니다(관계성). 게다가 내가 스스로 하고 싶은 일도 아닙니다(자율성).

이를 생각하면, 우리는 당연히 공부가 아닌 스마트폰을 할 수밖에 없습니다. 그렇기 때문에 스마트폰에서 벗어나기 위해서는 다음과 같은 의식적인 노력이 반드시 필요합니다.

스마트폰에서 벗어나는 4단계

- 스스로 스마트폰 사용을 줄여야 하는 이유를 만드세요
- 평소 스마트폰을 사용하도록 이끄는 자신의 욕구를 파악하세요
- 해당 욕구를 대신해 충족할 수 있는 활동을 하세요
- 벗어나기가 어렵다면, 스마트폰을 제거하는 것도 방법입니다

만약 여러분이 유능감 때문에 스마트폰을 하는 거라면, 자신이 잘할 수 있는 다른 무언가를 개발하세요. 그것이 운동일 수도 있고, 악기일 수도 있습니다. 아니면 그림 그리기가 될 수도 있습니다. 관계를 맺고 싶다면 온라인이 아닌 현실에서 친구들과 어울리세요. 같은 취

미를 가진 친구를 사귀는 것도 좋습니다.

그럼에도 스마트폰을 계속해서 하고 싶을 수 있습니다. 스마트폰만큼 수월하게 만족감을 주는 행동을 찾지 못할 수 있습니다. 이때의 해결책은 스마트폰을 눈앞에서 없애는 겁니다. 앞서 '습관 편'에서 이야기한 것처럼 스마트폰이라는 '신호'를 계속 받으면 이것에 대해서 반응을 할 수밖에 없습니다. 뻔히 스마트폰의 유혹에 빠질 것을 알면서도 손닿을 거리에 스마트폰을 두는 것은 결코 이길 수 없는 전투를 시작하는 겁니다.

스마트폰을 없애는 것이 부담스럽다면 공부할 때만이라도 스마트폰을 _끄_거나 가방 깊이 넣으세요. 연락이 오는데 확인하지 못하는 것이 불안하다면 2~3시간 정도 공부를 하고 확인해도 전혀 늦지 않을 겁니다. 공부하는 책상에서 스마트폰을 치우는 것은 언제나 최고의 해결책 중 하나입니다.

게임에서 어떻게 벗어날 수 있을까요?

저는 게임을 굉장히 좋아했고 지금도 좋아합니다. 여러분과 차이점이 있다면 저는 제 의지대로 게임하는 것을 통제할 수 있다는 것입니다. 청소년기를 보내는 여러분이 게임에 빠져 있다면, 게임을 하지 않는 어른들이 하는 이야기보다 제 이야기가 게임을 절제할 수 있는데 도움이 될 겁니다.

게임은 크게 2종류라고 봅니다. 새롭고 예술적인 것을 추구하는 혁신적인 게임들과, 사람들이 오래 플레이하는 것을 목표로 하는 게임들이 있습니다. 문제는 후자의 게임들이며, 특히 우리나라에서는 사람들이 더 오랜 시간 게임에 머물면서 돈을 쓰도록 하는 게임들이 유행입니다.

혹시 여러분이 게임에 한창 빠져 있는데, 이제는 게임을 절제하고 싶다면 지금 게임의 어떤 요소에 매력을 느끼는지를 스스로 파악해야 합니다. 약 30년간 게임을 즐기면서 제가 정리한 게임의 일반적인 매력(?)은 다음과 같습니다.

> **게임의 매력**
> - 생각 없이 시간을 떼우기 좋다(간단한 모바일 게임들)
> - 게임 속에서 남들보다 좋은 아이템을 장착해서 뽐낼 수 있다
>   (현금으로 아이템을 사는 게임들)
> - 게임 속에서 남들보다 게임을 잘해서 돋보일 수 있다(랭킹을 부여하는 게임들)

이 중에서도 가장 중독성이 강한 것은 두 번째와 세 번째의 경우입니다. 이들은 다른 사람과의 '관계'를 지향하는 인간의 본성을 이용합니다. 2021년 1월 기준 '리니지M'이라는 게임에서 검의 일종인 집행검은 1억 7천만 원까지 시세가 형성되었다고 합니다. 게임을 하지 않는 사람들은 100번을 고쳐 생각해도 컴퓨터 속 아이템을 1억 7천만 원을 주고 구매하는 것을 이해하지 못할 겁니다.

게임을 하는 사람과 하지 않는 사람의 차이는 '관계성'에 있습니

다. 게임 속에서 플레이어들은 그들만의 온라인 사회를 만듭니다. 그 속에서 희소한 아이템을 갖는 것은 현실에서와 같은 쾌감을 안겨줍니다. 알아주는 사람이 없다면 절대로 그 아이템을 돈 주고 사지 않을 겁니다. 나만 혼자 플레이를 하고 있는 상황에서 아이템을 1억 원씩 주고 구매하는 일은 없겠죠? 결국 우리는 아이템을 사는 것이 아니라 관계 속에서 느끼는 '인정'을 사고자 하는 겁니다.

게임 실력으로 인정을 받는 것도 관계에 기반합니다. 학생들이 많이 하는 '리그 오브 레전드'라는 게임이 있습니다. 이 게임에는 '등급'이 존재합니다. 게임 내에서는 '티어'라고 불리는 개념입니다. 아이언, 브론즈, 실버, 골드, 플래티넘, 다이아몬드, 마스터, 그랜드마스터, 챌린저로 등급을 분류합니다. 이 게임을 하는 사람들끼리는 이 등급이 높은 것이 최고입니다. 이를 위해서는 밤낮으로 실력을 연마해야 합니다. 만약 아무런 관계를 맺지 않고 혼자서 게임을 하는 것이라면 이 정도까지 게임에 시간을 투자하지 않을 겁니다.

게임에 빠져드는 키워드가 관계라면 여기서 벗어날 수 있는 것도 '관계'를 이용하는 겁니다. 다른 사람과 함께하는 게임을 하지 마세요. 게임 속에서 관계를 맺지 마세요.

그러면 무슨 재미로 게임을 하냐구요? 세상에는 미술과 음악처럼 게임을 하나의 문화의 장르로 생각하면서 예술적이고 혁신적인 것을 지향하는 게임들이 있습니다. 게임 전문 매거진들에서는 그해 최고의 게임을 선정하는데, 이를 Game Of the Year, 줄여서 GOTY라고 부릅니다. 해마다 선정되는 최고의 게임들은, 플레이어끼리 경쟁을 하고 돈을 지불하는 그런 게임들이 아닙니다. 제가 게임을 절제할 수 있는 이유는 관계를 맺지 않는 게임만 하기 때문입니다.

관계를 맺지 않는 게임을 하면 혼자서 하다가 그만하기가 쉽습니다. 할 일이 있을 때는 게임을 아예 안 하다가, 한가하거나 스트레스를 풀고 싶을 때만 게임을 합니다. 게임을 통해 다른 사람들에게 인정을 받거나 경쟁을 할 필요가 없기 때문에 쫓기듯 게임을 할 이유가 없습니다.

게임을 좋아하는 여러분을 위해 여러분보다 20년 이상 게임을 더 많이 한 선배로서 조언합니다. 아래와 같이 게임을 하면 게임을 하나의 문화로 받아들일 수 있고, 게임을 진정으로 사랑하게 될 겁니다.

게임에서 벗어나는 방법

- 다른 사람들과 함께하는 게임은 최대한 하지 않는다
- 끝이 명확하게 있는 게임 위주로 플레이한다
- GOTY 수상작 위주로 플레이한다
- 게임 외에 즐거움을 주는 다른 취미 활동을 꼭 만든다

게임을 하는 것이 부끄럽거나 잘못된 일이 아닙니다. 대한민국에서 가장 성공한 사람 중 한 명인 요리전문가 겸 사업가 백종원 씨는 유명한 게임 마니아입니다. 백종원 씨는 2022년 가장 유행한 게임의 엔딩을 7번이나 봤다고 합니다. 이동하는 차 안에서 콘솔 게임기를

연결해 플레이하는 모습이 방송에 비춰졌습니다. 이 모습을 보고 게임에 중독된 백종원 씨를 걱정하는 이는 없을 겁니다. 자신의 일도, 취미도 열심히 하는 모습을 멋있다고 생각할 겁니다.

　건강하게 즐기는 게임은 인생의 좋은 취미가 될 수 있다고 생각합니다. 단, 게임에 중독이 되어 게임의 노예로 살아간다면 게임은 취미가 아니라 질병이 됩니다. 게임은 반드시 절제할 수 있어야 합니다.

ACTION

- 스마트폰과 게임에서 벗어나야 합니다.
- 자신의 욕구를 정확하게 파악하세요. 그리고 욕구를 충족할 수 있는 다른 수단을 찾으세요.
- 스마트폰과 게임은 반드시 절제할 수 있어야 합니다.

공부의 기술

여러분들이 본격적으로 공부를 하기로 마음을 먹었다면 공부의 효율을 높여주는 기술을 배워 더욱 공부의 효율을 높일 수 있습니다. 여러분들의 공부에 날개를 달아줄 핵심적인 기술들을 몇 가지 소개합니다.

공부를 위한 나만의 의식 만들기

프로 스포츠 선수들은 그들만의 의식을 가지고 있습니다. 야구 경기를 보면, 타석에 들어서는 타자는 부지런히 장갑을 다시 끼고, 여기저기를 만지면서 자신만의 의식을 수행합니다.

영어로 리츄얼(ritual)은 중요한 일을 수행하기 전에 치르는 의식을 말합니다. 프로테니스 선수가 서브를 넣기 전에, 야구에서 타자가 타석에 들어서기 전에 선수들은 자신만의 의식을 통해서 불안감을 줄이고 자신감을 높입니다. 중요한 경기를 앞두고 늘 듣던 자신만의 음악을 듣는 것도 일반적인 의식입니다.

심리학에서 의식은 긍정적인 기억과 연결시켜 특별한 의미를 부여하는 반복 행위를 말합니다. 좋은 결과를 냈던 어떤 행동을 실행하면 자신감이 생겨서 좋은 결과를 낸다는 겁니다. 단순한 미신으로 여길 수도 있지만, 실제로 자신감이 생기면 수행의 결과가 좋을 수밖에 없으니 의식은 효과가 있습니다. 이런 의식이 하나하나 쌓이다 보니 프로 스포츠 선수들은 굉장히 복잡한 동작을 수행하는 겁니다.

테니스계의 전설인 라파엘 나달(Rafael Nadal Parera) 선수는 서브하기 전에 7개의 신체 부위를 만져야 합니다. 또 다른 전설적인 선수인 테니스 스타 로저 페더러(Roger Federer)는 물병과 타월을 꼭 8개씩 들고 다녔다고 합니다. 신체 부위나 물병, 타월은 승리와 관련이 있을 수가 없지만, 관련이 있다고 믿고 자신감 있게 플레이를 했기 때문에 승리할 수 있었던 겁니다. 이렇게 자신만의 의식이 만들어집니다.

공부를 할 때에도 자신만의 의식은 힘을 발휘할 수 있습니다. 저는 어려운 공부를 하기 전에 믹스커피를 한 잔 마시는 의식이 있습니다. 하루에 2잔의 믹스 커피를 마시는데, 힘든 일을 하기 전에 믹스커피를 마시면 기분이 좋아지면서 해낼 수 있다는 자신감이 생깁니다. 공부할 때 쓰는 펜도 정해서 사용합니다. 이것저것 사용하면 집중력이 흩어지는 느낌이라서 사용하는 샤프, 볼펜, 형광펜을 정해서 같은 브랜드의 제품만을 사용하고 있습니다. 집중이 안 되기 시작하면 노이즈캔슬링 이어폰을 귀에 꽂습니다. 더 집중이 안 되면 음악을 듣습니다. 음악은 늘 듣는 가사가 없는 재즈 음악을 반복적으로 듣습니다. 그래도 집중이 또 안 되면 안경을 착용합니다. 그러면 뭔가 똑똑해진 느낌에 다시 한 번 집중하게 됩니다.

명장은 도구를 가리지 않는다고 하는데, 저는 집중력이 약한 지극히 평범한 사람이기 때문에 도구를 가리고 의식을 챙깁니다. 여러분도 공부를 위한 여러분들만의 의식을 만들어보세요. 공부를 시작하거나 지속하는 데 분명 도움이 될 겁니다.

포모도로 기법

포모도로 기법은 1980년대 후반 프란체스코 시릴로(Francesco Cirillo)가 토마토 모양의 타이머로 시간 관리를 한 데서 유래되었습니다. 그는 인간의 집중력이 제한적이라는 것을 인정했습니다. 그래서 25분만 집중하는 것을 제안합니다. 미시간대학교에서 실시한 연구에서 학생들이 집중을 시작한 이후 집중력이 흩어진다고 생각한 순간을 기록하도록 했는데 이것이 25~30분이었다고 합니다.

심리학에서는 '초두 효과'라고 해서 우리 머릿속에 제일 먼저 들어온 정보를 가장 오래 기억한다는 연구 결과가 있습니다. 그러니 짧게 여러 번 공부하는 것이 초두 효과를 최대한 활용할 수 있는 방법입니다.

포모도로 기법을 보다 잘 활용하기 위해서
는 타이머를 이용하면 좋습니다. 구글 직원들
이 시간 관리를 위해서 사용한다고 해서 유행
한 '타임 타이머'라는 제품이 있습니다. 손으로
돌려 사용하는 제품으로 시간이 경과하면서 빨

간색 부분이 줄어듭니다. 눈으로 시간의 흐름을 확인할 수 있어 더욱
집중해 공부를 할 수 있습니다. 오리지널 타임 타이머는 꽤 가격이 비
쌌는데, 유사품이 다수 제조되어 현재는 저렴하게 구할 수 있습니다.

코넬식 필기법

코넬식 필기법은 코넬대학교에서 개발한 대중적인 필기법입니다.
워낙 유명해서 코넬식 필기법으로 내지가 구성된 노트들이 흔히 판
매됩니다. 노트를 따로 구매하지 않아도 다음과 같이 영역별로 나누
어서 필기를 하면 코넬식 필기법이 완성됩니다.

1	주제

2	키워드	3	내용 필기

4	요약 정리

한 페이지를 나누어 주제, 키워드, 내용, 요약 정리를 합니다. 주제 칸에는 강의 주제를 적습니다. 3번 내용 필기에는 수업 중 강의 내용을 필기합니다. 간결하게 내용을 정리하고, 마인드맵이나 도표를 사용해서 이해를 도울 수 있습니다. 2번 키워드는 수업 후에 작성하는 부분입니다. 필기 내용을 다시 보면서 키워드를 골라내서 작성합니다. 자연스러운 복습 효과가 있습니다. 4번 요약 영역은 수업 후에 중요한 내용을 2~4줄 정도로 정리하는 것입니다. 간단해 보이지만, 굉장히 효율적인 방법입니다.

수업에서 필기를 하다 보면 선생님이 하시는 말씀이나 선생님의 필기 내용을 아무 생각 없이 옮겨 적기만 하는 경우가 있습니다. 이런 수동적인 받아쓰기는 결코 내 지식이 되지 않습니다.

수업에서 배우는 내용을 여러분이 능동적으로 받아들이기 위해서는 선을 3개만 그어주세요. 그러면 바로 코넬식 필기를 할 수 있습니다. 배운 내용을 여러분들만의 키워드와 요약으로 정리하면서 완전히 내 것으로 만드세요.

설명하면서 공부하기

인터넷 강의를 들으면서 아이들이 겪는 가장 큰 시행착오는 강의를 들을 때는 내용을 알 것 같은데, 정작 혼자 해보면 배운 내용을 이해하지 못하는 것입니다. 이는 단순히 강의를 듣는 것만으로는 학습이 되지 않기 때문입니다.

미국 MIT대학교의 사회심리학자 쿠르트 레빈(Kurt Lewin)이 세운 응용행동과학연구소인 미국행동과학연구소에서는 '학습 피라미드'라는 것을 발표했습니다. 학습의 방법에 따라서 얼마나 평균적으로 배운 내용을 기억하는지를 피라미드 형태로 정리한 것입니다.

강의를 듣는 것만으로는 평균 기억률이 5%에 불과합니다. 수업이나 인터넷 강의를 듣기만 해서는 학습이 안 된다는 의미입니다. 적어도 집단으로 토의를 하고, 궁극적으로는 상대방을 가르치면서 학습 내용이 완전히 내 것이 됩니다.

유대인이나 핀란드식의 교육이 세계적으로 주목받는 이유는 그들의 수업이 주로 대화와 토의를 통해서 이루어지기 때문입니다. 주제에 대해서 서로 다른 의견을 나누고 질문을 하고 답을 하면서 다루는 내용을 완전히 기억하고 내 것으로 만들 수 있는 겁니다.

입시를 위한 교육의 대부분은 강의식으로 이루어집니다. 시험에

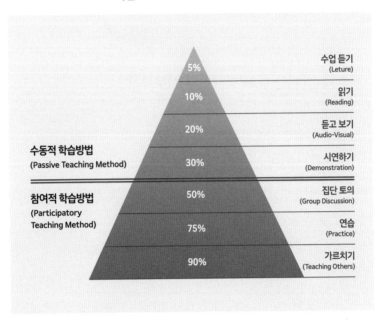

◆ **학습 피라미드 (Learning Pyramid)** ◆

	수업 듣기 (Leture) — 5%
	읽기 (Reading) — 10%
	듣고 보기 (Audio-Visual) — 20%
수동적 학습방법 (Passive Teaching Method)	시연하기 (Demonstration) — 30%
참여적 학습방법 (Participatory Teaching Method)	집단 토의 (Group Discussion) — 50%
	연습 (Practice) — 75%
	가르치기 (Teaching Others) — 90%

필요한 개념을 집약적으로 알려주어야 하기 때문에 학생들에게 강의 형태로 전달이 됩니다. 하지만 수업을 듣기만 하면 그 내용은 금세 기억에서 사라집니다. 스스로 공부를 할 때만이라도 학습 피라미드에 따라 기억에 오래 남는 방법으로 공부를 해야 합니다.

배운 내용에 대해서 친구와 이야기를 나누거나, 친구에게 내용을 설명하면서 더 오래 기억할 수 있습니다. 친구가 없어도 '가르치기 기법'은 활용할 수 있습니다. 백지에 내용을 적어가면서 가상의 대상에게 배운 개념을 설명하는 식으로 진행하면 됩니다. 이 과정에서 내가 완전히 이해한 것과 헷갈리는 개념을 알게 됩니다.

시간 간격을 두고 복습하기

예습과 복습 중 무엇이 더 중요할까요? 예습은 학습의 호기심을 고취한다는 점에서 중요하지만 대부분의 전문가들은 복습을 더 강조할 겁니다. 저도 그중 한 명입니다. 개념을 완전히 기억하기 위해서는 예습보다는 복습이 결정적이기 때문입니다.

우리는 망각의 동물입니다. 배운 내용이 하루만 지나도 생각이 제대로 나지 않습니다. 학원에서 영단어 100개를 시험 보면 그날 100점을 받고도 다음 날 똑같은 시험을 다시 치면 절대 100점을 받지 못합니다. 에빙하우스의 망각곡선에 따르면 30점을 받을 겁니다.

독일의 심리학자였던 헤르만 에빙하우스(Hermann Ebbinghaus)는 기억 실험 연구의 대가입니다. 그는 우리의 망각 정도를 아래의 그래프처럼 정리했습니다. 하루가 지나면 배운 내용의 70%를 잊게 되는 겁

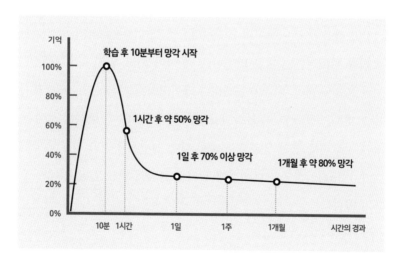

니다. 잔인하지 않습니까? 힘들게 100개의 단어를 외우면 그중 30개만 다음 날 기억에 남아 있는 겁니다. 더 잔인한 사실은 거기서 또 시간이 지나면 더 잊어버리게 되어서 결국에는 배운 내용을 모두 잊게 된다는 겁니다. 성인들 중에서 학창 시절 때 배운 교과서의 내용을 기억하는 사람은 극히 드물 것입니다. 인간은 망각의 동물이기 때문이죠.

에빙하우스의 망각곡선은 복습을 계획할 때 매우 중요한 시사점이 있습니다. 복습은 어느 정도 시간 간격을 두고 하는 것이 좋다는 것입니다. 1일 후, 일주일 후처럼 일정한 시간을 두고 복습을 해야 큰 효과가 있습니다.

예를 들어, 우리가 영단어 100개를 외운다고 가정해봅시다. 오늘 하루 8시간을 들여서 이 100개의 단어를 외우는 것은 효과적인 전략이 아닙니다. 8시간을 쪼개서 오늘 2시간 암기를 하고, 내일 2시간 암기를 하고, 일주일 후에 2시간 암기를 하고, 1개월 후에 2시간 암기하는 식으로 진행하는 것이 훨씬 더 효율적입니다. 복습은 이런 식으로 시간 간격을 두고 이루어져야 합니다.

이를 위해서는 계획을 면밀하게 잘 짜야 하고, 잊지 않고 해당 시기에 복습을 해야 합니다. 플래너나 다이어리를 적극적으로 활용해서 복습 계획을 잘 짜고 이를 실천해야 합니다. 대다수의 학생들은 이 과정이 지루해서 참지 못하고 복습에 실패합니다. 하지만 명심해야 합니다. 벼락치기식으로 단기간에 암기를 몰아서 하는 것은 절대로 효과가 없습니다.

불안한 감정을 노트에 적어보세요

불안한 감정을 노트에 써보세요. 쓰기는 굉장한 힘이 있습니다. 적으면서 고민이 정리되고, 때론 고민이 사라지기도 합니다. 부정적인 감정이 글로 바뀌어 빠져나간다고 생각하면 더욱 도움이 될 겁니다.

저는 공부를 할 때 떠오르는 잡생각을 적기도 했습니다. 공부는 힘들기 때문에 막상 하려고 하면 온몸에서 거부를 합니다. 갑자기 놀고 싶기도 하고, 사고 싶은 것이 생기기도 합니다. 이것은 힘든 일을 앞두고 제 두뇌가 장난을 치는 겁니다. 이것들을 하나의 노트에 싹 적어보세요. 적고 나면 내 안의 잡생각이 빠져나가고, 비로소 공부에 집중을 하게 됩니다. 지금도 책을 쓰면서 떠오르는 관련 없는 생각들은 메모장에 적고 있습니다.

성공한 사람이라고 해서 누구나 엄청난 집중력을 가지고 일을 한 것은 아닙니다. 『타이탄의 도구들』이라는 책에서는 소설 「연금술사」로 유명한 파울로 코엘료(Paulo Coelho)의 인터뷰 내용을 소개합니다.

"먼저 자리에 앉는다. 머릿속에는 꺼내야 할 책이 들어 있다. 하지만 미루기 시작한다. 아침에는 이메일과 뉴스 등 뭐든지 다 확인한다. 자리에 앉아 나 자신과 마주해야 하는 일을 조금이라도 미루기 위해서다. 3시간 동안 '아니야, 나중에, 나중에' 한다. 그러다 어느 순간 나 자신에게 체면을 구기지 않기 위해 '자리에 앉아서 30분 동안 글을 쓰자' 생각하고 정말로 그렇게 한다. 물론 이 30분이 결국은 10시간 연속이 된다."

최고의 작가도 앉아서 일을 시작하기가 어렵습니다. 파울로 코엘료는 낮 4~5시간 동안에 죄책감에 괴로워하지 않고 글을 쓰면 좋겠지만 자신에게는 불가능한 일이라고 말합니다. 정말 공감되지 않나요?

우리도 미리미리 낮 시간에 공부를 해야 하는데, 꼭 마지막까지 미루다가 공부를 하게 됩니다. 하지만 파울로 코엘료는 자신의 이런 습성을 인정하면서 계속해서 도전했기 때문에 결국 세계적인 인기를 누린 책을 만들어냈습니다.

우리도 계속해서 도전해야 합니다. 책상에 계속해서 앉아야 하고, 공부를 방해하는 생각과 끊임없이 싸워야 합니다. 책상에 앉았을 때 머릿속에 떠오르는 부정적인 생각들, 잡생각은 노트에 적으세요. 그 노트는 부정적인 감정과 생각의 쓰레기통 역할을 해주어서 우리의 정신을 공부에 집중할 수 있도록 해줄 겁니다.

빠른 보상 기법

보상은 특별한 기법이라기보다는 공부를 지속하기 위한 팁입니다. 여러분이 공부를 위해서 세운 목표를 달성했다면 보상을 주세요. 자신이 좋아하는 것을 먹거나 평소 사고 싶었던 것을 사는 것이 보상이 될 수 있습니다.

보상의 크기는 중요하지 않습니다. 되도록 작으면 부담이 없겠죠. 중요한 것은 보상을 빠르게, 자주 주는 것입니다.

중간고사를 두세 달 앞둔 시점에서 시험 결과가 좋으면 스스로에게 보상을 주겠다고 약속하는 것은 보상까지의 기간이 너무 깁니다. 보상을 받기 전에 공부하다가 지쳐버릴 수 있습니다. 자신이 공부에 고통을 느끼고 있다면 보상의 시기를 더 빨리 당기세요. 하루의 공부를 마치고 보상을 줄 수도 있고, 반나절 공부를 성공한 것에 대해서 보상을 할 수도 있습니다. 공부를 한 다음에 보상을 받는 것을 통해서 우리의 두뇌는 공부를 유익한 행동으로 인식할 것이고, 다음에도 보상을 위해서 빠르게 협조할 것입니다.

부모님이 하루 단위로 보상을 해주시기에는 무리가 있습니다. 스스로 자신에게 줄 수 있는 작은 선물을 마련해서 힘든 공부를 두뇌가 긍정적으로 인식할 수 있도록 해주세요.

ACTION

- 공부를 할 때 자신만의 의식은 힘을 발휘할 수 있습니다.
- 영역별로 나누어서 필기를 하면 코넬식 필기법 완성입니다.
- 배운 내용에 대해 친구와 이야기를 나누거나, 친구에게 그 내용을 설명해 보세요.
- 개념을 완전히 이해하려면 예습보다는 복습이 결정적입니다.
- 불안한 감정을 노트에 써보세요. 쓰기는 굉장한 힘이 있습니다.
- 여러분이 공부를 위해서 세운 목표를 달성했다면 빨리 보상을 주세요.

많은 가정에 약이 되고
위로가 되길 바라며!

이 책을 집필하면서 혼자서 고민이 많았습니다. 어느 가정에는 꼭 필요한 이야기일 수 있지만 사교육에 종사하고 계신 강사분들이나 사교육을 열심히 시키고 계신 가정에 상처가 되지는 않을까 고민을 많이 했습니다.

이 책은 누군가를 비판하려고 쓴 책이 아닙니다. 학교에 몸담고 있지만 저도 온라인 영어강의를 제작하는 강사로서 10년 이상 일했습니다. 그래서 콘텐츠를 만들고 아이들에게 강의를 한다는 것이 얼마나 치열한 일인지 잘 알고 있습니다. 사교육에 몸담고 계신 원장님, 강사님들이 얼마나 치열한 삶을 살고 있는지 너무나 잘 알고 있습니다. 학원에서 제공하는 콘텐츠가 나쁜 것이고, 사교육은 비판의 대상이기 때문에 사교육을 줄이자는 식의 이야기를 이 책에서 하는 것이 결코 아닙니다.

학교와 학원을 오가는 아이들의 일상이 당연한 것이 아니며, 사교육을 고민하느라 양육의 본질을 놓치고 있는 것은 아닌지 주위를 환기하기 위해서 사교육 이야기를 나눈 것입니다. 이 문제에 대해서 명확한 답이 있는 것은 아니지만, 함께 이야기를 한 번쯤은 나누고 싶었습니다.

우리는 대한민국 사회가 만들어낸 거대한 시스템 속에서 살아갑니다. 우리 사회의 일자리는 한정적이고, 이 일자리를 얻기 위해서 대학은 서열화가 되었습니다. 최근 들어 학벌을 따지지 않는 블라인드 채용이 확대되었고, 명문대 간판이 만들어내는 후광이 많이 줄었다고는 하지만, 여전히 '인서울 명문대'를 목표로 각 가정에서는 조금이라도 앞서가기 위해서 노력합니다. 사교육은 각 학원의 원장님들이 만들어 냈다기보다는 우리 사회 전체와 각 가정의 욕망이 만들어낸 시대의 산물입니다.

학교는 입시에 가까워질수록 전인적인 교육을 하기보다는 아이들의 성적을 올리고 스펙을 쌓는 데 집중합니다. 학교 선생님들은 사명감을 가지고 담임반 아이들이 더 좋은 대학에 갈 수 있도록 생활기록부를 가득 채우고, 상담을 합니다. 성적을 올리라고 1년 내내 격려를 하고, 이제는 사라진 자기소개서를 수십 번 수정하면서 아이를 대학에 보내기 위한 노력을 합니다. 아이들, 그들의 부모, 사교육 종사자분들, 학교 선생님들 등 우리 모두의 어마어마한 에너지와 시간이 입시에 바쳐지고 있습니다.

이토록 많은 시간과 에너지를 바친 결과가 인서울 명문대 입학에 그치면 너무 억울하지 않을까요? 명문대에 입학할 정도의 역량과 인성을 갖추고, 우리 사회의 미래 일꾼을 길러냈다면 억울할 것이 없는데, 초중고 12년 동안 우리가 그런 인재 양성을 목표로 하고 있지는 않은 것 같습니다.

저는 지독한 현실주의자입니다. 적당히 가난해보았고, 남들만큼 열심히 일하면서 하나하나 제 손으로 제 인생을 일으키면서 살았기 때문에 현실을 뒤로하고 이상적인 이야기를 할 만큼 마음의 여유가 없습니다. 그럼에도 사교육을 줄이자는 이야기를 이 책에서 감히 하는 것은, 이 책을 읽는 순간만이라도 한 번은 멈추어 숨을 돌리면서 주변을 살필 필요가 있어서입니다.

우리 아이는 오늘 어떤 눈빛이었나요? 최근에 우리 아이와 나눈 대화는 무엇이었나요? 혹시 아이가 학교에서 있었던 힘든 일을 부모님에게 숨기고 있지는 않나요? 아이가 잔소리를 하는 엄마, 아빠 때문에 상처를 안고 있지는 않을까요? 아이는 요즘 무슨 고민을 하고 있을까요?

부모는 잔소리를 안 하면서 아이들이 공부를 스스로 알아서 하도록 하는 불가능한 임무를 부여받았습니다. 아이들은 행복할 수 없는 입시 환경에서도 우울해지지 않고 스스로 공부를 해야 하는 불가능한 미션을 부여받았습니다.

영화 〈미션 임파서블〉에서는 주인공 톰 크루즈가 동료들과 불가능한 미션에 도전해서 언제나 기가 막히게 성공합니다. 적들에 맞서 총격전을 하기도 하고, 변장을 하기도 하면서 갖은 방법으로 미션을 성공합니다. 영화 제목은 '미션 임파서블'이지만 결국 그들은 미션을 성공합니다.

우리가 부여받은 미션이 '인서울 명문대 입학'이 아니길 바랍니다. 자녀가 건강하게 성장해 멋진 어른이 되어 독립하고, 부모도 꿈꾸던 인생의 2막을 맞이하는 그런 미션이기를 바랍니다. 미션 임파서블만큼이나 만만치 않은 임무이지만 여러분들과 함께 생각을 나누며 이 미션에 도전하려 합니다.

저도 아이들을 키우면서 흔들릴 때마다 여러분들과 생각을 나누도록 하겠습니다. 저의 생각은 유튜브 '정승익TV'를 통해서 계속 지켜

보실 수 있습니다. 이 채널을 통해서 꾸준히 소통하며 여러분과 더불어 성장하도록 하겠습니다.

함께해주시는 모든 분들께 진심으로 감사드립니다. 부디 제가 세상에 내놓은 이야기가 누군가에게 상처가 되는 것이 아닌, 많은 가정에 약이 되고 위로가 되는 이야기이면 좋겠습니다.

두 아이의 아빠

정승익

어머니, 사교육을 줄이셔야 합니다

■ 독자 여러분의 소중한 원고를 기다립니다

메이트북스는 독자 여러분의 소중한 원고를 기다리고 있습니다. 집필을 끝냈거나 집필중인 원고가 있으신 분은 khg0109@hanmail.net으로 원고의 간단한 기획의도와 개요, 연락처 등과 함께 보내주시면 최대한 빨리 검토한 후에 연락드리겠습니다. 머뭇거리지 마시고 언제라도 메이트북스의 문을 두드리시면 반갑게 맞이하겠습니다.

■ 메이트북스 SNS는 보물창고입니다

메이트북스 홈페이지 matebooks.co.kr

홈페이지에 회원가입을 하시면 신속한 도서정보 및
출간도서에는 없는 미공개 원고를 보실 수 있습니다.

메이트북스 유튜브 bit.ly/2qXrcUb

활발하게 업로드되는 저자의 인터뷰, 책 소개 동영상을 통해 책에서는 접할 수 없었던 입체적인 정보들을 경험하실 수 있습니다.

메이트북스 블로그 blog.naver.com/1n1media

1분 전문가 칼럼, 화제의 책, 화제의 동영상 등 독자 여러분을 위해 다양한 콘텐츠를 매일 올리고 있습니다.

메이트북스 네이버 포스트 post.naver.com/1n1media

도서 내용을 재구성해 만든 블로그형, 카드뉴스형 포스트를 통해 유익하고 통찰력 있는 정보들을 경험하실 수 있습니다.

STEP 1. 네이버 검색창 옆의 카메라 모양 아이콘을 누르세요.   STEP 2. 스마트렌즈를 통해 각 QR코드를 스캔하시면 됩니다.
STEP 3. 팝업창을 누르시면 메이트북스의 SNS가 나옵니다.